Knaur

W0035553

Über die Autorin:

Sree Chakravarti wurde 1926 in Bhagalpur in Indien geboren und wuchs dort in einer wohlhabenden Hindu-Familie auf. Zunächst schlug sie den »klassischen« Weg einer indischen Frau ein und wurde Ehefrau, Mutter und Hausfrau. Nach dem frühen Tod ihres Sohnes und eigener jahrelanger Krankheit erfolgte eine Umorientierung und die Entdeckung ihrer heilenden Fähigkeiten.

Sree Chakravarti

Mein Weg als Heilerin

Aus dem Englischen
von Ulrike Ziegra

Knaur

Die amerikanische Originalausgabe
erschien 1993 unter dem Titel »A Healer's Journey«
bei Rudra Press, Portland/Oregon

Besuchen Sie uns im Internet:
www.droemer-knaur.de

Deutsche Erstausgabe September 1999
Copyright © 1993 Sree Chakravarti
Copyright © 1999 der deutschsprachigen Ausgabe
Droemersche Verlagsanstalt Th. Knaur Nachf., München
Umschlaggestaltung: Susannah zu Knyphausen
Redaktion: Regina Konrad
Satz: Setzerei Vornehm GmbH, München
Druck und Bindung: Ebner Ulm
Printed in Germany
ISBN 3-426-76208-0

2   4   5   3   1

Dieses Buch ist Sai Baba, dem Heiligen von Shirdi, und meinem geliebten Mann Satyandranath gewidmet. Sai Baba hat mir den Weg gewiesen und führt meine Hand, wenn ich diagnostiziere und heile. Mein Mann, dessen Unterstützung für mich sehr wichtig war, starb, noch ehe dieses Buch veröffentlicht werden konnte. Ich vermisse seine Liebe und seinen Zuspruch sehr.

Inhalt

Dank

Ich glaube, ich hätte dieses Buch nie ohne die Unterstützung von Tara Ali Baig und Margaret Beveridge, zwei sehr guten Freundinnen von mir, schreiben können.

Tara Ali Baig, eine bekannte indische Autorin und Sozialkritikerin, brachte mich auf die Idee, ein Buch über meine Erfahrungen zu schreiben, als ich ihr von meiner Reise nach Saudi-Arabien, wo ich die königliche Familie behandelt hatte, erzählte. Kurz bevor sie starb, schickte ich ihr die ersten Seiten dieses Buches und bat sie um ihre »ehrliche Meinung«. Sie schrieb mir einen wundervollen Brief, der mir soviel Mut machte, daß ich zum ersten Mal ernsthaft daran glaubte, daß aus diesem Buch etwas werden würde.

Von unserer ersten Begegnung an hatte meine gute Freundin Margaret Beveridge, eine kanadische Filmproduzentin, einen Film über meine Heiltätigkeit drehen wollen. Vielleicht war es nicht Gottes Wille, daß sie dieses Projekt realisierte. Alle Filmaufnahmen und die Mitschnitte der Interviews, die sie mit mir geführt hatte, gingen bei einem Unfall verloren. Sie war sehr traurig, aber als ich ihr die ersten Kapitel dieses Buches zeigte, begeisterte sie sich sehr für das neue Projekt. Sie war der Motor, der mich zum Weitermachen antrieb, wenn mir nicht nach Schreiben zumute war und ich Zweifel an meiner Arbeit hatte. Sie war meine Freundin und Begleiterin – wie eine liebevolle Mutter, die manchmal lobt und manchmal kritisiert. Heute wünsche ich mir nichts sehnlicher, als ihr das fertige Buch zeigen zu können, aber das Schicksal wollte es leider anders. Ihr Tod wird immer ein großer Schmerz für mich sein.

Veronica Hauge bin ich zu großem Dank dafür verpflichtet, daß sie das Lektorat übernommen hat. Ich finde keine Worte, um ihr gebührend dafür zu danken. Bevor sie ihre magische Feder zückte, war mein Buch wie eine Blume, die nicht duftet. Ich empfinde ihr Lektorat als Geschenk Gottes, und wenn es das ist, kann man nur Gott dafür danken, daß er so großzügig war. Deshalb will ich es dabei belassen und zu Gott beten, daß er sie segnen und ihr Gesundheit, Frieden und ein langes, glückliches Leben mit ihrem Mann bescheren möge.

Nicht zuletzt möchte ich auch meiner Freundin Joan Ames danken, die mein Buch ebenfalls gelesen und Änderungsvorschläge gemacht hat, die es lebendiger und interessanter werden ließen.

Anmerkungen der Lektorin

Sree Chakravartis autobiographischer Bericht über ihr Wirken als Heilerin ist so schlicht und sachlich gehalten, daß einem als Leser* vielleicht gar nicht bewußt wird, welche Wunder sie bei ihrer Arbeit vollbracht hat.

Da ich sie häufig in ihrem Heim besuchte, konnte ich immer wieder die Verwandlung der Menschen beobachten, die zu ihr kamen, weil sie Hilfe brauchten.

Hier ein Beispiel: Ein junger Offiziersanwärter fliegt extra von der Militärakademie in Südindien nach Delhi, um sich von Sree behandeln zu lassen. Sein Problem: ein Bandscheibenvorfall, der so schmerzhaft ist, daß er sich von der für ihn so wichtigen Ausbildung freistellen lassen mußte. Sein Vater, ein Offizier außer Dienst, der angespannt und aufgeregt ist, begleitet ihn. Wir warten darauf, daß Sree die Behandlung der Patientin, die gerade in ihrem Zimmer ist, abschließt. Jetzt führt Sree eine ältere Frau herein. »Setzen Sie sich, ruhen Sie sich aus, und entspannen Sie sich für ein paar Minuten. Brauchen Sie ein Taxi?« Sree vergewissert sich, daß die Frau bequem sitzt, und eilt dann davon, um das Taxi zu rufen und sich die Hände zu waschen, damit diese gereinigt und gekühlt werden. Als sie zurückkommt, springt der Vater auf. Sein Sohn stemmt sich mühsam mit seinem Stock hoch. Sie befragt den jungen Mann lebhaft, während sein Vater aufgeregt neben den beiden steht. Schließ-

* Bei Substantiven, bei denen vom Bedeutungsgehalt her sowohl die weibliche als auch die männliche Form gemeint ist, wird aus Platz- und Übersichtlichkeitsgründen nur die männliche Form verwendet. Damit ist keine Abwertung o. ä. von Frauen beabsichtigt.

lich sagt sie: »Kommen Sie, ich werde Sie mir einmal ansehen.«
Der junge Mann humpelt daraufhin ins Behandlungszimmer.

Während wir warten, beruhigt Srees freundlicher Mann, ein
Oberst außer Dienst, der viele Jahre lang in dem Wohnzimmer,
in dem wir uns befinden, das Regiment führte, den Vater. Um
uns abzulenken, schauen wir auf die Vögel, die über dem Fut-
ter flattern, das Sree jeden Tag auf dem Balkon auslegt. Ungefähr nach zehn Minuten kehren Sree und der junge Mann
zurück. Er lächelt und geht viel weniger steif. Wieder springt
der Vater auf. »Wird er gesund werden?«

»Schauen Sie ihn an, was meinen Sie? Natürlich geht es ihm
schon viel besser, aber er muß dreimal am Tag Kulthi-Wasser
trinken, dazu mindestens acht Gläser Wasser, um die Verspannungen in seinem Körper zu lösen. Kommen Sie morgen zur
gleichen Zeit wieder. Was Sie mir schulden? Nichts! Meine heilenden Fähigkeiten sind ein Geschenk Gottes. Wie könnte ich
dafür etwas verlangen?«

Jetzt bin ich an der Reihe. Wie verläuft eine Sitzung bei Sree?
Srees Behandlungszimmer ist gleichzeitig ihr Eßzimmer. Auf
einer Seite des Zimmers steht eine Liege, auf der sie ihre
Patienten behandelt. Die Ecke, in der sich die Liege befindet, ist
mit Bildern und Statuen von Sai Baba von Shirdi geschmückt.
Sree glaubt, daß dieser indische Heilige ihr ihre Heilkraft verleiht. Neben den Statuen stehen Bücherregale, die vor Büchern
über Ayurveda überquellen. Sree beschreibt in ihrem Buch, wie
sie mit ihrer rechten Hand Krankheiten diagnostiziert: Ihre Hand
beginnt spontan zu vibrieren und zeigt dadurch mit außergewöhnlicher Genauigkeit den Krankheitsherd an. Während der
eigentlichen Heilbehandlung berührt Sree den Patienten nur
mit den Fingerspitzen. Ihre Hand fährt behutsam über einen
bestimmten Körperbereich, bis die Vibrationen von alleine ab-
klingen.

Diese Behandlung hat nichts mit einem geheimen mystischen Kult zu tun. Ehe Sree mit der Behandlung beginnt, sitzt sie mit abgewandtem Gesicht einen Augenblick lang ruhig da und nimmt einen tiefen Atemzug, um sich zu zentrieren und ihre Kräfte zu sammeln. Während ihre Hand vibriert, plaudert sie dagegen über Gott und die Welt und lächelt oder lacht dabei. Ihr langjähriger Hausangestellter Mungal Singh kommt vielleicht herein, um etwas aus dem Kühlschrank zu holen. Manchmal klingelt das Telefon, und Sree gibt über die Schulter hinweg eine Nachricht für den Anrufer weiter.

Schon bei der ersten Behandlung beginnt man unmerklich, sich zu entspannen, Vertrauen zu gewinnen und an das Unfaßbare zu glauben – daß die Hand dieser einzigartigen Frau heilen *kann*. Menschen, die nur die westliche Schulmedizin kennen, haben meist Schwierigkeiten, dies zu akzeptieren. Auch ich war äußerst skeptisch, bis ich selbst behandelt wurde. Nach der Behandlung brauchte ich die Bestätigung der Computertomographie, die man in einem Krankenhaus durchführt, im Grunde nicht mehr. Tief drinnen wußte ich, daß es mir besser ging, weil Sree nicht nur den Körper, sondern vor allem auch den Geist heilt und Menschen den Glauben an die Ordnung und Ganzheit des Lebens – und dadurch auch den Lebenswillen – wiedergibt.

Vielleicht denken Sie, daß der Heilerfolg bei dem jungen Offiziersanwärter – er konnte seine Ausbildung binnen einer Woche wiederaufnehmen – auch durch die Behandlung eines fähigen Chiropraktikers oder Krankengymnasten möglich gewesen wäre. Doch was ist mit der Patientin, die acht Jahre lang ununterbrochen geweint hatte? Am ersten Tag an dem die Frau mittleren Alters zur Behandlung kam, saß sie im Wartezimmer und weinte – ein Bild völliger Niedergeschlagenheit. Ihre Freundin erklärte, daß sie sie aufgefordert hatte, Sree aufzusuchen, als sie hörte, daß Ärzte in London und New York ihr nicht hatten helfen können. Als die Patientin nach ihrer allerersten Behandlung aus Srees Zimmer kam, war sie wie verwandelt und wollte einfach nicht aufhören zu lächeln. Sie konnte kaum glauben, daß ihre Tränen versiegt waren! Sree selbst lachte. »Ist es nicht erstaunlich, ich kann es selbst kaum fassen. Ich habe noch nie von so etwas gehört, von so einem seltsamen Zustand.«

Sree ist jetzt Ende sechzig und hat sich mit Yoga fit gehalten – sie kann, ohne einen Augenblick zu zögern, einen Kopfstand machen oder sich mit durchgedrückten Knien hinunterbeugen und die Hände flach auf den Boden legen. Sie ist nicht groß, und doch scheint es so, weil sie so jugendlich wirkt und sich so gerade hält. Ihre Hände, an denen sie mehrere Ringe trägt, sind klein wie die eines Kindes, besitzen aber eine unglaubliche Kraft. Ihr ehemals dunkles Haar wird langsam grau. Sie läßt es häufig offen über die Schultern fallen. Sie trägt immer einen Sari und um den Hals eine Kette mit einem Medaillon des alten Sai Baba, des Heiligen von Shirdi.

Sree ist allen Menschen gegenüber sehr offen, und ihr ausdrucksvolles Gesicht strahlt echtes Mitgefühl und eine Mütterlichkeit aus, die heute nicht mehr zu finden ist. Es fällt ihr schwer, Urteile über andere Menschen zu fällen und jemanden nicht zu mögen oder zu kritisieren. Sie drückt das so aus: »Ich schaue nach dem Licht in den Menschen, nicht nach der Dunkelheit.« Reichtum oder Macht kann sie überhaupt nicht beeindrucken, und sie behandelt alle Patienten gleich, seien es Minister, reiche Industrielle, junge Büroangestellte oder Taxifahrer. Die Menschen, die zu ihr kommen, spüren, daß sie eine Freundin fürs Leben gewonnen haben, und viele bleiben jahrelang mit ihr in Kontakt, unabhängig davon, ob sie noch behandelt werden. Sie besitzt die Gaben, die ein wahrer Heiler haben muß, in Hülle und Fülle: Liebe, Mitgefühl und spirituelle Bewußtheit.

Sree ist von Tara Ali Beg, die sie sehr bewundert, als »eine einfache Hausfrau aus Delhi« beschrieben worden. In gewissem Sinne ist diese Aussage richtig, weil Sree ihre Ehe und die Führung ihres Haushalts immer ein großes Anliegen waren. Oberflächlich betrachtet, wirkt sie ungewöhnlich freundlich und fast wie eine normale Frau. Sie macht keinen Kult aus sich und spricht sehr nüchtern über ihre Kräfte. Sie erklärt sie als elektromagnetische Vibrationen. In ihrem Innern ist sie jedoch eine höchst spirituelle Frau mit starken Überzeugungen, die ihre im Grunde rational nicht erklärbaren Fähigkeiten mit Ehrfurcht betrachtet. Ich fragte sie, ob sie sich vorstellen könne, irgendwann mit dem Heilen aufzuhören. Ihre spontane Antwort darauf war: »Nein«.

Für die Menschen, die Sree kennen, ist der Gedanke daran, daß es ihr nicht möglich ist, ihre Gabe des Heilens weiterzugeben, beinahe unerträglich. In diesem Buch berichtet sie nicht nur über ihr Leben im Dienste der Menschheit, sondern läßt uns auch an ihrer praktischen Erfahrungen teilhaben. In einem detaillierten Praxisteil stellt sie die pflanzlichen Heilmittel und Übungen vor, die sie als Ergänzung ihrer Behandlung einsetzt. Sie empfiehlt nur die Behandlungsmethoden, von denen sie aus eigener Erfahrung weiß, daß sie helfen, und hofft, daß viele Leidende sie – mit Vorsicht und Genauigkeit – anwenden können, um sich selbst zu heilen.

Veronica Hauge
Westport, Connecticut
USA

Vorwort

Über geistiges Heilen ist schon viel geschrieben worden. Dennoch betrachten es die meisten Wissenschaftler kritisch. Würde ich die verfügbare Literatur studieren, ohne persönliche Erfahrungen zu haben, dann würde ich auch zu den Skeptikern gehören. Das ist jedoch nicht der Fall, da ich Sree Chakravarti vor mehr als 22 Jahren in Neu-Delhi kennengelernt habe.

Ich war damals kanadischer Oberkommissar in Indien und Botschafter in Nepal. An meinem rechten Schulterblatt hatte sich eine Wucherung in der Größe eines Golfballs gebildet, und ich fühlte, daß mein ganzer Körper davon bedroht war. Körper und Geist waren krank. Etwa einen Monat vor der geplanten Operation begann Sree, mich zu behandeln. Während ich in ihrem Haus in Neu-Delhi auf einer Couch lag, fuhr sie mir mit der rechten Hand über den Rücken, ohne mich zu berühren. Als ihre Hand sich dem Tumor näherte, begann sie heftig zu vibrieren. Die Vibration ließ nach, sobald sie sich von dieser Stelle entfernte. Ich konnte Sree in einem Spiegel beobachten. Auf der Konsole unter dem Spiegel stand eine Postkarte von Sai Baba – nicht von dem heute lebenden, sondern von dem indischen Heiligen des letzten Jahrhunderts, zu dessen Grab in Shirdi jedes Jahr Tausende von Pilgern reisen, um geheilt zu werden. Jedesmal wenn ihre Hand über mein rechtes Schulterblatt fuhr, konnte ich um den Tumor herum eine intensive Wärme spüren, so als würde eine starke Infrarotlampe ein- und ausgeschaltet. Als ich nach Abschluß der Behandlungen auf den Operationstermin wartete, machte ich mir keine Sorgen mehr. Mir ging es wieder gut, und auch das Gefühl der Bedrohung war verschwunden. Bei der nach der Operation erfolgenden Biopsie diagnostizierte man meinen »Golfball« als gutartiges Lymphom.

Ich hatte das Gefühl, daß Sree eine bösartige Wucherung in eine gutartige verwandelt hatte. Ich habe keine rationale Erklärung dafür, aber es fühlte sich für mich so an. Und da meine Gefühle und mein Verstand noch immer im gleichen Körper zu Hause sind, bleibt die Frage, ob es wirklich so war, bis heute unbeantwortet.

Schulmediziner würden meine Erfahrung als »subjektive Wahrnehmung« bezeichnen, die keine Beweiskraft hat und daher nicht von echtem wissenschaftlichem Wert ist. Doch ich stehe mit meiner Erfahrung nicht allein da. Sree hat unzählige Heilerfolge erzielt, die ebenso überzeugend oder noch überzeugender sind als meine. Und Sree ist nicht die einzige Geistheilerin. Im Laufe der Geschichte wurden zahlreiche Menschen durch Handauflegen bzw. Berührung, d. h. durch Energie, die von den Händen ausströmt und in den erkrankten Körperteil eindringt, geheilt. Natürlich hat es auch Tausende von Pseudoheilern und Scharlatanen gegeben, die aus der Leichtgläubigkeit der Kranken, die auf ein Wunder hofften, Profit schlugen.

Wie wirklich ist die Wirklichkeit, nachdem wir uns aller Illusionen entledigt haben? Ich denke, daß die Menschen, die dazu bereit sind, Srees Bericht über ihr Wirken als Heilerin mit offenem Geist und offenen Herzen aufzunehmen, wertvolle Hinweise auf unerklärliche Phänomene finden werden – unerklärlich deshalb, weil wir es aller Wahrscheinlichkeit nach mit der Wirkung höherer Realitätsebenen auf unsere dreidimensionale Welt zu tun haben. Das Konzept »höherer Realitätsebenen« paßt nicht zu unserem modernen Weltbild. Unser Bewußtsein löst sich erst seit kurzem von den Paradigmen, die von der Newtonschen Weltsicht – alle Uhrwerke funktionieren auf der gleichen mechanischen Ebene – geprägt sind. Durch unser immer größer werdendes Wissen über den Makrokosmos und den menschlichen Mikrokosmos, beginnen wir anzuerkennen, daß es auch eine Realität geben muß, deren Gesetze anders sind. Irgendwann im Laufe des nächsten Jahrhunderts werden wir vielleicht der Realität des Geistes, der Bewußtheit, des ethischen Bewußtseins und der Liebe, die die Wurzel allen Seins bildet, einen Schritt näher kommen. Erst dann, so scheint es mir, werden wir ein echtes Verständnis dafür entwickeln können, was durch so ungewöhnliche Menschen wie Sree wirklich geschieht. Auf eine Weise, die uns immer ein Geheimnis bleiben wird, sind diese Menschen in der Lage, Energien zu kanalisieren, die wir nur höhere Energien nennen können. Diese Energien leiten auch uns – »durch die Kraft der Zeichen und Wunder und durch die Kraft des Geistes Gottes«, wie es der heilige Paulus vor langer Zeit beschrieben hat. Wir stehen unser ganzes Leben lang auf eine natürliche Weise mit diesen Energien in Verbindung, wie mit der Luft, die wir einatmen. Wenn wir krank sind, hat möglicherweise etwas die Verbindung beeinträchtigt. Vielleicht brauchen wir Hilfe, um sie wiederherzustellen, so wie Mund-zu-Mund-Beatmung einen Menschen wiederbeleben kann, der beinahe ertrunken ist.

Aus Srees Bericht über ihre Erfahrungen als Heilerin wird eines ganz deutlich: Die höheren Energien weigern sich, durch das Ego zu fließen. Wenn der Erfolg eines Heilers ihm Ruhm, Geld oder Macht beschert und das sein Ego anspricht und ihm zu Kopf steigt, wird dieser Heiler bald entdecken, daß er die Gabe des Heilens verloren hat. Die Forderungen der höheren Mächte sind rigoros. Behält der Heiler keine altruistische Haltung bei, so fließen die Energien nicht wirklich. Wahrscheinlich beschloß Sree deshalb, die meisten der Aufzeichnungen, die sie von ihren Fällen aufbewahrt hatte, zu vernichten. Es ist besser, heilende

Kräfte zu haben, als Ruhm, der immer verführerisch sein kann. Selbst der größte Heiler weiß, daß man sich in den Dienst der heilenden Energien stellen muß und keine Macht über sie hat. Sie sind zweifellos auf einer höheren Ebene angesiedelt. Die Heiler, die das vergessen, verlieren sie.

Aus dieser Perspektive betrachtet, ist das Leben eines Heilers notwendigerweise ein Leben des Praktizierens und des Dienstes am Menschen. »Nicht mein Wille, sondern der deine geschehe«, wie der leidende Christus gesagt hat. Wenn man das Leiden und den Dienst am Menschen bewußt erlebt, können Wunder geschehen. Doch der Heiler spürt, daß er diesen altruistischen Zustand mit beständiger Wachsamkeit beibehalten muß. Sonst gewinnt das Ego die Oberhand, und die Verbindung bricht ab. Es ist »Zen in jedem Augenblick«. Heilung kann nur im Hier und Jetzt stattfinden, wenn die Seele des Heilers rein ist. Relativ gesehen, gilt das für uns alle, nicht nur für Sree. Jeder von uns kann danach streben, sein Selbst zu heilen – als ersten Schritt zu der Fähigkeit, anderen zu helfen.

Sree, ich danke Ihnen dafür, daß Sie mich geheilt haben, und für die Liebe, die es Ihnen ermöglicht zu heilen.

James George
Port Murray
USA

19

ERSTER TEIL

Mein Weg als Heilerin

Ein Leben im Dienst am Menschen

Mein Gebet

Dies ist mein Gebet an Dich, mein Gott:

Gib mir die Kraft, meinem Leben durch den Dienst an anderen Menschen Sinn zu verleihen, und gib mir die Kraft, mich Deinem Willen in Liebe hinzugeben.

Rabindranath Tagore

Ich fühle, daß meine Reise bald zu Ende geht. Deshalb muß ich niederschreiben, was ich zu sagen habe. Ein innerer Impuls zwingt mich, über mich selbst und all die Patienten, die ich behandelt habe, zu schreiben. Niemand wird sie je so kennen, wie ich sie kenne. Für mich sind sie keine gewöhnlichen Menschen – sie sind wie ein Blumenstrauß mit verschiedenen Farbtönen und Düften. Sie haben mein Leben verändert.

Es war mein Lebensziel, Mutter meiner Kinder zu werden. Heute bin ich Mutter vieler Menschen. Sie gehören verschiedenen Gesellschaftsschichten, Religionen und Nationalitäten an. Gott hat meinen Wunsch erfüllt, Mutter zu werden, obwohl ich keine eigenen Kinder zur Welt gebracht habe.

König der Könige, komm und nimm Dich meiner an, damit ich schreiben kann. Gott, Du hast mich mit einem Körnchen Staub von Deinen Füßen und einer rechten Hand beehrt, die durch Berühren heilen kann. Es ist meine Hand, aber es ist Deine Kraft, die heilt. Du bist es, nicht ich.

Einführung

Es war sehr schwierig für mich, dieses Buch zu schreiben. Ich habe noch nie vorher etwas geschrieben, und ich bin mit meiner Heiltätigkeit sehr beschäftigt – und manchmal sehr müde. Viele meiner Patienten und sogar Ärzte und andere Heiler haben mich gebeten, meine Arbeit zu dokumentieren. Man hat auch den Wunsch an mich herangetragen, in einem Praxisteil die natürlichen Heilmethoden und Yoga-Übungen vorzustellen, die ich als Ergänzung meiner Behandlung empfehle. Obwohl ich glaube, daß meine Fähigkeit, Menschen zu heilen, ein Geschenk ist und ich Sie weder anderen lehren noch sie an andere weitergeben kann, möchte ich auch diesem Wunsch entsprechen. Meine einzige Sorge ist, daß einige Leser mich mißverstehen und denken könnten, ich würde versuchen, die Werbetrommel für mich zu rühren. Hoffentlich wird in diesem Buch deutlich, daß dem nicht so ist. In den mehr als dreißig Jahren, in denen ich als Heilerin gewirkt habe, muß ich über dreißigtausend Patienten behandelt haben. Trotzdem habe ich immer noch zu viele Patienten, und viele warten auf einen Termin bei mir.

Alle, die ich kennenlerne, fragen, wie ich Krankheiten diagnostiziere, wie ich die Behandlung durchführe, welche Erkrankungen ich heilen kann, ob ich eine medizinische Ausbildung habe. Ich habe keine medizinische Ausbildung, aber nachdem ich viele Jahre lang mit zahlreichen Patienten und Ärzten zusammengearbeitet habe, kann ich sagen, daß ich einen Einblick in die Beschaffenheit und Funktionsweise des menschlichen Körpers gewonnen habe. Meine Fähigkeiten haben sich langsam entwickelt, und ich entdecke immer noch neue Bereiche, in denen ich zu helfen vermag. Meine größten Erfolge habe ich jedoch bei folgenden gesundheitlichen Problemen erzielt: Bandscheibenvorfälle, entzündliche Wirbelgelenkserkrankungen (Spondylitis), Geschwüre, Blutgerinnsel, einige Herzerkrankungen, Schilddrüsenüberfunktion, Nierenerkrankungen (mit Ausnahme von Nierenversagen), Hirnverletzungen und Wunden in verschiedenen Körperbereichen, die nicht heilen wollen. Darüber hinaus habe ich eine Reihe von merkwürdigen und ungewöhnlichen Erkrankungen, die die Ärzte vor Rätsel stellten oder als unheilbar angesehen wurden, heilen können.

Es scheint, daß ich mit meiner heilenden Hand nicht viel ausrichten kann, wenn der ganze Körper betroffen ist, wie zum Beispiel bei einem schweren Schlaganfall oder Krankheiten wie zystischer Fibrose, Multipler Sklerose, Muskeldystrophie oder Parkinson. Ich finde es deshalb auch sehr schwierig, mit Krebspatienten zu arbeiten, wenn die Erkrankung zu weit fortgeschritten ist oder wenn die Patienten mit Chemotherapie oder Strahlentherapie – Therapien, die das Immunsystem angreifen – behandelt wurden. Das hat damit zu tun, daß ich unter anderem auf den Thymus einwirke, der meiner Ansicht nach das Immunsystem stimuliert. Wenn meine Hand den Thymus wieder aktivieren kann, kann er einen Gesundungsprozeß im ganzen Körper einleiten. Bei Patienten, bei denen meine Hand über dem Thymus vibriert, kann ich tatsächlich anhand minimaler Veränderungen der Energieströme, die durch meine Finger fließen, feststellen, ob das Immunsystem angegriffen ist. Rührt die Immunschwäche von einer Krebserkrankung her, so scheinen die Vibrationen meiner Hand über dem Thymus viel intensiver zu sein. Ich kann heute keine Krebspatienten mehr behandeln. Das entzieht mir zuviel Energie, und es kommt so häufig vor, daß Krebs, der in einem Körperbereich geheilt wurde, in einem anderen wieder ausbricht.

Gesundheitsstörungen, die ich im allgemeinen ebenfalls nicht behandle, sind Asthma, Hauterkrankungen und alle Arten von psychischen Krankheiten. Bei psychischen Störungen scheint es schwer für mich zu sein, eine Heilwirkung zu erzielen, wenn ich keinen echten Kontakt mit dem Geist des Patienten herstellen kann. Es macht mich sehr traurig, einen Patienten zurückweisen zu müssen, aber ich kann nicht die ganze Welt heilen. Meiner Ansicht nach ist es für mich sinnvoller, meine Energie für die Erkrankungen aufzusparen, bei denen ich weiß, daß ich helfen kann.

Die meisten Menschen sind daran interessiert, wie ich diagnostiziere und heile. Ich führe die Untersuchung am liegenden Patienten durch – wenn ich zu Hause heile, untersuche ich meine Patienten auf der Liege, die ich auch zur Behandlung verwende. Zur Diagnosestellung fahre ich mit der Hand, am Kopf beginnend, in einem Abstand von etwa 15 Zentimetern langsam über den Körper. Es baut sich eine Art elektromagnetisches Feld auf, und meine Hand vibriert am stärksten über dem eigentlichen Krankheitsherd. Diese Vibration entwickelt sich völlig automatisch. Ich glaube, daß Krankheiten entstehen, wenn sich die Elektronen in den Atomen eines aus dem Gleichgewicht geratenen Körperbereichs abnorm verhalten. Es scheint, daß meine rechte Hand zu einer Art elektromagnetischer Vibration fähig ist. Diese Vibration oder Strahlung hilft meiner Ansicht nach, die Elektronen wieder in ihre richtigen Bahnen zu lenken und ein elektromagnetisches Feld zu erzeugen, das den Körper wieder ins Gleichgewicht bringt. Dies ist nur eine Theorie, die ich mir zurechtgelegt habe, aber ich habe das Gefühl, daß es die richtige Erklärung ist. Warum meine Hand diese Kraft hat, das kann nur Gott erklären.

Ich behandele einen Patienten in aller Regel etwa eine halbe Stunde, und zwar zwei- bis dreimal pro Woche. Jede Behandlungsserie ist abgeschlossen, wenn meine Hand aufhört zu vibrieren. Wie lange die Vibrationen anhalten, ist unterschiedlich. Manchmal bekommen die Patienten während der Behandlung Wärmegefühle, Vibrationsempfindungen oder ein Schockerlebnis, oder sie fühlen sich danach erschöpft. Ich fordere sie immer auf, sich nach der Behandlung noch etwas in meinem Wohnzimmer, das gleichzeitig als Wartezimmer dient, auszuruhen.

Meine rechte Hand fühlt sich nach einer Behandlung sehr heiß an, oftmals so als hätte ich mich verbrannt. Ich wasche mir nach jeder Behandlung die Hand, unter anderem, um sie zu kühlen. Alle Behandlungen rauben mir etwas Energie. Ich gestatte es anderen Menschen normalerweise nicht, mich zu berühren, und ich muß mich dazu zwingen, Menschen nicht spontan zu umarmen, was mein natürliches Bedürfnis wäre. Irgendwie habe ich Angst davor, daß zu viele Berührungen außerhalb meiner Heiltätigkeit an meinen Kräften zehren könnten. Man hat mir auch geraten, keine elektrischen Messungen der Vibrationen meiner Hand zuzulassen, weil die elektrischen Impulse, die von meinen Händen ausgehen, dadurch beeinträchtigt werden könnten.

Ich weiß nach zwei oder drei Sitzungen, ob ich einem Patienten helfen kann. Gewöhnlich sind zehn bis zwölf Sitzungen notwendig, bis ein Patient geheilt ist, obwohl es ihm nach der ersten Behandlung schon viel besser gehen kann. Bisweilen nimmt es viel mehr Zeit in Anspruch, bis ich sicher sein kann, daß es einem Patienten wirklich wieder gutgeht. Das ist jedoch zur Zeit eher selten der Fall, denn meine heilenden Tätigkeiten sind von Jahr zu Jahr größer geworden, und es scheint, daß sie immer schneller zunehmen. Ich weiß manche Dinge ganz genau, auch wenn ich Ihnen keine logische Erklärung dafür liefern kann.

Wenn ich von »meiner« Hand rede, bitte ich Sie, folgendes zu berücksichtigen: Ich will ganz bestimmt nicht mit »meinen« Kräften prahlen – es ist nicht meine Hand, die heilt, sondern die Hand Gottes. In der ganzen Zeit, in der ich als Heilerin tätig war, mußte ich mich davor hüten, auf »meine« Arbeit stolz zu sein oder mich mit »meinen« Kräften zu brüsten. Als ich meine Gabe entdeckte, war ich zunächst voller Stolz und begann, Protokoll über alle meine Fälle zu führen – zu welchen Zeiten meine Patienten kamen, an welchen Krankheiten sie litten, wie lange es dauerte, sie zu heilen, usw. Eines Tages wurde mir jedoch klar, daß ich mich töricht verhalte, wenn ich auf meine Fähigkeiten stolz bin, und daß ich Gefahr laufe, sie zu verlieren, wenn ich mich damit brüste oder auch nur eine Minute lang denke, es seien »meine«. Wofür sind Aufzeichnungen gut, wenn meine Hand mir sagt, ob ich heilen kann oder nicht? Nur für mein Ego. Unser Ego ist der Staub auf dem Spiegel, der uns daran hindert, Gott in uns selbst zu sehen. Ich darf nie vergessen, daß ich das Glas und nicht das Wasser darin bin.

Ich bin viele Male gefragt worden, wie ich mich auf das Heilen vorbereite. Ich weiß nicht, ob ich andere heilen könnte, wenn ich nicht meditieren würde. Ich beginne jeden Tag mit Yoga-Atemübungen. Anschließend meditiere ich 15 bis zwanzig Minuten, um mich zu sammeln. Dies war nicht immer so. Als ich entdeckte, daß ich die Gabe des Heilens besitze, war ich selbst krank – manchmal ging es mir so schlecht, daß ich keine fünf Schritte gehen konnte. Ich erkannte damals, daß ich selbst gesund werden mußte, wenn ich andere heilen wollte. Ich begann mit Yoga, erweiterte die Übungen langsam und baute so meine Kraft allmählich auf.

Beim Meditieren erlebe ich es oftmals, daß die gesundheitlichen Probleme eines Patienten vor meinem geistigen Auge auftauchen und sich wie von selbst lösen. Ich glaube auch, daß Sai

Baba, der Heilige von Shirdi, des öfteren zu mir kommt und mir hilft, während ich meditiere. Ich würde noch viel länger meditieren, wenn ich nicht soviel zu tun hätte. Ich bin nicht nur Heilerin, sondern auch Hausfrau, und muß mich um unser Haus und alle darin anfallenden Arbeiten kümmern.

Ich werde häufig gefragt, welche Rolle meine Religion bei meinem Wirken als Heilerin spiele. Ich bin nach dem hinduistischen Glauben erzogen worden, und ich verehre Krishna und die Mutter in all ihren Formen – Durga*, Kali, Sarasvati und Mahalakshmi. Ich glaube jedoch nicht, daß es für mich als Heilerin wichtig ist, welcher Religion ich angehöre. Wenn ich einen Tempel, eine Moschee oder eine Kirche betrete, erlebe ich etwas sehr Seltsames: Mein ganzer Körper vibriert wie ein Saiteninstrument. Stellt man mir Fragen zum Thema Religion, so antworte ich: »Es gibt einen Gott. Spielt es eine Rolle, ob man aus einem Glas oder aus einer Tasse trinkt?« Eines der gravierendsten Probleme in der heutigen Welt ist sicher die zunehmende religiöse Intoleranz.

Viele wollen auch wissen, ob ich eine »geistige« Heilerin sei. Ich glaube, daß Sai Baba, der Heilige von Shirdi, mir meine Kraft verleiht. Es spielt keine Rolle für mich oder die Heilwirkung meiner Hand, ob der Patient an meine Kräfte oder an Sai Baba glaubt. Wenn es mir möglich ist, den Patienten zu heilen, dann wird meine Hand ihn auch heilen, ob er nun daran glaubt oder nicht. Das ist erstaunlich. Eine weitere Besonderheit meiner Fähigkeiten ist, daß ich sie auch zur Selbstheilung einsetzen kann, beinahe so, als würde die Kraft unabhängig von meinem eigenen Körper wirken. Ich habe allerdings nicht das Gefühl, daß ich meine Energien für mich selbst nutzen sollte. Natürlich

* Bei der Umschreibung der Sanskrit- und Hindi-Begriffe wird auf die in der wissenschaftlichen Literatur üblichen diakritischen Zeichen verzichtet, auch lange Vokale werden nicht markiert.

muß es mir gutgehen, damit ich die Kraft habe, andere Menschen zu heilen. Ich verstehe, warum die heilige Bernadette, die Schutzheilige des berühmten Wallfahrtsortes Lourdes, es ablehnte, dort zu baden. Sie sagte: »Es ist nicht für mich bestimmt.«

Geistiges Heilen ist selbstverständlich ein ganzheitliches Heilen. Bei der Behandlung von Menschen stelle ich immer wieder fest, daß Körper und Geist untrennbar miteinander verbunden sind und die meisten Krankheiten psychische Ursachen haben. Ich behandle nie ausschließlich den Körper. Normalerweise spreche ich gerne mit meinen Patienten, während ich ihnen die Hand auflege. Sobald ich meine Patienten berühre, stelle ich fest, daß sie sich wohl fühlen und sich entspannen. Dann versuche ich herauszufinden, ob sie unter Verspannungen oder Ängsten leiden.

Ich erinnere mich an einen klassischen Fall: Eine sehr schöne Frau hatte einen Mann geheiratet, der im Vergleich zu ihr nicht gerade gutaussehend war. Sie war außerdem sehr klug und hatte ihrem Mann geholfen, ein großes Unternehmen aufzubauen. Ohne sich dessen bewußt zu sein, hatte ihr Mann einen Minderwertigkeitskomplex entwickelt und verkrampfte sich in Gegenwart seiner Frau immer mehr. Schließlich suchte er mich wegen, wie er glaubte, körperlicher Störungen auf, die kein Arzt diagnostizieren konnte. Sobald ich meine Hand über ihn hielt, erkannte ich, daß ihm körperlich nichts fehlte. Während meine Hand über seinem Kopf vibrierte, brachen seine ganzen Gefühle aus ihm hervor. Ich erklärte ihm, daß er körperlich gesund sei, daß es sich um Probleme geistig-seelischen Ursprungs handle und daß er sich selbst helfen könne, indem er lerne, sich durch Meditation zu entspannen.

Meiner Erfahrung nach haben körperliche und seelische Störungen meist folgende Ursachen: Gier, Haß, Stolz, Neid und fehlende Einsicht. Indem ich meine Patienten berühre und mit ihnen spreche, versuche ich, ihre Probleme zu verstehen. Ich gebe ihnen behutsam den Rat, daß sie ihre Gewohnheiten und Einstellungen durch Entspannungstechniken und Meditation verändern sollen. Das bedeutet für mich ganzheitliches Heilen.

Im folgenden und auch an anderen Stellen in diesem Buch werde ich einige meiner Träume beschreiben. All meine Träume sind so lebhaft und klar – es ist, als seien sie Wirklichkeit. Manchmal scheinen sie eine besondere Bedeutung zu haben oder mir in meinem Leben und bei meiner Heiltätigkeit die Richtung zu weisen.

Einen der seltsamsten und schönsten Träume meines Lebens hatte ich bald, nachdem ich mit dem Heilen begonnen hatte: Ich sehe mich selbst als einen Katholischen Pater, der jünger ist als ich, sehr groß und schön, mit langem Haar, das auf die Schultern fällt. Ich trage ein Gewand in dem schönsten Blau, das ich je gesehen habe. Das Gewand wird an der Taille von einem seidenen Gürtel zusammengehalten, und ich habe einen Rosenkranz aus kleinen Perlen um den Hals. Ich gehe in einem Krankenhaus von Bett zu Bett und berate zwei diensthabende Krankenschwestern, wie sie die Patienten behandeln sollen. Die Krankenschwestern sind wie Heilige im Dschainismus gekleidet. Als ich hinausgehe, sehe ich Scharen von Männern auf beiden Straßenseiten, die mich begrüßen. In der Menge befinden sich auch ein paar Frauen in Saris, die Stoffmasken über dem Mund tragen.

Als ich nach diesem Traum aufwachte, sehnte ich mich danach, wieder zu ihm zurückzukehren, denn er war so beglückend und wirklichkeitsnah gewesen. Ich habe die gesamte Szene immer noch ganz klar vor Augen.

Ungefähr um die gleiche Zeit hatte ich noch einen weiteren lebhaften Traum: Ich wandere zum Gipfel eines Berges hinauf.

Statt Kleidern habe ich nur ein kleines Stück Stoff auf dem Leibe. Ich folge einem großen alten Mann, während ich weit unten meinen Mann, meinen Vater und einige meiner Verwandten sehen kann. Ich bin nicht traurig, daß sie hinter mir zurückbleiben. Der alte Mann blickt sich um, um sich zu vergewissern, daß ich ihm folge. »Sieh dich nicht um«, sage ich, »ich bin nicht ordnungsgemäß gekleidet.« »Wie kommt es«, schreit der alte Mann mich an, »daß du dich nach allem, was ich dich gelehrt habe, immer noch nicht in deinem Körper wohl fühlst und dich seiner schämst?« Seine Worte sind so hart, daß ich Angst bekomme und aufwache. Ich frage mich, ob der alte Mann Sai Baba gewesen ist. Werde ich diesem Menschen je im wirklichen Leben begegnen?

Am Anfang meiner Tätigkeit als Heilerin hatte ich noch einen weiteren Traum, an den ich mich deutlich erinnere: Ich stehe auf dem Balkon eines Hauses, das sich in der Nähe eines Flusses und eines Tempels befindet. Ich kann niemanden sehen, aber jemand sagt mir, ich solle zum Tempel gehen und beten. »Du brauchst nichts«, sagt die Stimme, »nur deine Hingabe.« Dann fährt die Stimme fort: »Sieh nur den Jungen, der auf dem Wasser wandelt. Er ist auf dem Weg zum Tempel, und seine Hingabe ist so stark, daß er nicht untergeht.« Ich schaue hin und bin nicht überrascht. Dann befinde ich mich im Tempel. Auf einer Plattform steht ein Bild, das mit roten Hibiskusblüten geschmückt ist. In der Nähe ist ein Tablett mit weiteren roten Blüten plaziert. Ich sehe mir das Bild an, kann aber keine bildliche Darstellung erkennen, nur das Wort Hingabe in fett gedruckten, goldenen Buchstaben auf rotem Grund. Jetzt frage ich jemanden, der gerade in den Tempel kommt, ob ich eine rote Hibiskusblüte kaufen kann. Ich gebe ihm Geld, und er überreicht mir Süßigkeiten und eine weiße Blüte. »Ich habe nicht mehr Geld, wie kann ich andächtig sein, wenn ich die rote

Blüte, um die ich gebeten habe, nicht bekomme?« Ich bettele und weine... Nach diesem Traum wachte ich in Tränen aufgelöst auf.

Mehrere Jahre später fuhr ich nach Kalkutta und besuchte den berühmten Tempel der Mutter Kali. Auf einmal sah ich auf einem Balkon die Plattform aus meinem Traum. Darunter war der Fluß zu erkennen. Später erklärte mir ein Astrologe, daß ich »Teil der Mutter« sei und ich sie und Krishna verehren solle. Er sagte, ich würde die Kraft meiner Hand erhöhen, wenn ich die Mutter verehre, weil sie *Shakti* (Energie) symbolisiere.

Der Astrologe gab mir auch ein in Sanskrit geschriebenes Buch mit dem Titel »*Durga Sapa Sati*« (»Die Darstellung der Mutter Durga in siebenhundert Zeilen«), das in Versen erzählt, wie Mutter Durga von allen Göttern gezeugt wurde, um den Teufel zu vernichten. Die Verse *(Slokas)* in diesem Buch zu rezitieren, so erläuterte er, würde mir helfen, meine eigene *Kundalini-Shakti,* die verborgene Kraft, die am unteren Ende der Wirbelsäule sitzt, zu erwecken. Einmal erwacht, kann sie das Böse in uns vernichten, so wie Mutter Durga den Teufel vernichtet hat. Wenn wir so Macht über den Teufel erlangen, können wir auch für andere Gutes tun. Von diesem Tag an habe ich die Mutter und Krishna verehrt. Ich denke oft daran, daß jener frühe Traum über die rote Hibiskusblüte mir wohl sagen wollte, daß ich die Mutter verehren soll, weil der rote Hibiskus die Blume der Mutter ist.

Einen anderen Traum, den ich in der Anfangszeit meiner Tätigkeit als Heilerin hatte, habe ich auch heute immer wieder: Ich betrete ein Zimmer, in dem sich eine kleine Plattform befindet. Manchmal ist es ein großes Zimmer und manchmal ein kleines. Mitunter ist es sehr hell darin, öfter liegt das Zimmer jedoch im Halbdunkel. Es ist immer mit vielen Girlanden und Blumen geschmückt, und es hängt Weihrauchduft in der Luft. Ich sehe niemanden. Ich spüre, daß jemand betet, aber es ist weder ein Priester noch ein Heiligenbild vorhanden. Wenn ich nach diesem Traum die Augen öffne, kann ich immer noch den in der Luft hängenden Weihrauchduft riechen.

Ich werde auch häufig gefragt, ob ich vor der Entdeckung meiner heilenden Fähigkeiten ein Zeichen erhalten habe, daß ich in der Lage sein würde zu heilen. Ich glaube, daß ich zwei Hinweise bekommen habe, als wir das Haus bauten, in dem ich heute als Heilerin wirke. Im Oktober 1962 marschierten die Chinesen in Indien ein. Mein Mann, der zu jener Zeit Oberstleutnant bei der Armee war, hatte deshalb so viel in seinem Büro zu tun, daß ich die Bauarbeiten selbst überwachen mußte. Als alle Vorbereitungen für die letzten Arbeiten am Dach abgeschlossen waren, wurden für Delhi unerwartet starke Regenfälle vorhergesagt, die den Hausbau um Monate verzögert hätten. Als das Unwetter kam, prasselte der Regen in ganz Delhi nieder, und nur ein kleines Gebiet, in dem sich auch unser Haus befand, wurde verschont. Es schien, als hätte Gott gewollt, daß wir mit unserer Arbeit vorankommen.

Das zweite Zeichen erhielt ich etwas später. Als unser Haus fast fertig war, stand ich auf dem Dach direkt über dem Zimmer, in dem ich heute heile. Zu jener Zeit war unser Haus das einzige in der näheren Umgebung, das mehr als ein Stockwerk hatte. Es war ein ruhiger Abend. Plötzlich schwebte aus dem Nichts eine kleine Karte heran und landete zu meinen Füßen. Darauf war ein Bild der Jungfrau Maria mit der heiligen Bernadette zu sehen. Ich konnte mir nicht erklären, wo die Karte hergekommen war, aber ich spürte sofort, daß etwas Magisches an diesem Erlebnis war und es eine besondere Botschaft für mich enthielt. Es gibt einen Film über die heilige Bernadette, den ich mir mehrere Male angesehen habe, ehe ich zu heilen begann – ich spürte ganz stark, daß ihre Arbeit etwas mit meinem eigenen

Leben zu tun hatte. Ich habe die Karte, die mir an jenem Tag zuflog, immer noch. Ich bin mir sicher, daß sie ein Zeichen war und mir meine Bestimmung zur Heilerin aufzeigen sollte.

Im Laufe meiner Arbeit als Heilerin bin ich sehr verschiedenen Menschen begegnet, reichen und armen. Bisweilen habe ich das Gefühl, das Reichtum und Macht ein schreckliches Handicap darstellen. Viele reiche Leute glauben, sich mit ihrem Geld alles kaufen zu können. Wie töricht. Ein sehr reicher Mann aus Kuwait prahlte einmal in meiner Gegenwart: »Ich kann mit meinem Geld alles kaufen, was ich will, ich brauche nur den Mund aufzumachen.«

»Wenn Sie meinen, daß Sie sich alles kaufen können, warum sind Sie dann krank? Kaufen Sie sich mit Ihrem Geld Gesundheit, ich behandle Sie nicht«, erwiderte ich.

Ein anderer reicher Mann, den ich behandelt habe, hatte sehr viele Freunde. Als er in mein Zimmer kam, wollte er wissen, wieviel meine Behandlung koste. »Sie können nicht bezahlen. Ich nehme weder Geld noch Geschenke an«, sagte ich. »Gott verlangt von uns kein Geld für die Sonnenstrahlen. Wie kann ich dann für seine heilende Kraft Geld verlangen?« Mein Patient wurde sehr zornig. Er ließ nicht locker und beharrte darauf, daß ich ihm für die Behandlung etwas berechnen müsste. Deshalb lenkte ich schließlich ein: »Also gut, ich sage Ihnen, was ich als Bezahlung möchte. Wenn Sie wieder gesund werden, dürfen Sie keinem Ihrer Freunde erzählen, wie Sie geheilt wurden.«

»Ich soll ihnen das nicht erzählen?« erwiderte er. »Das ist wirklich unmöglich!« »Ich weiß«, gab ich zurück. »Aus diesem Grund habe ich Ihnen ja gesagt, daß ich dies als Bezahlung möchte.« Erst dann verstand er die Ironie hinter meiner Forderung.

Ich habe mein Buch »Mein Weg als Heilerin« genannt, weil ich das Gefühl habe, daß ich, seit ich von meiner Gabe des Heilens

weiß, einen Weg beschritten habe, der wie eine Entdeckungs-
reise gewesen ist. Zuerst fand ich Sai Baba von Shirdi, dann
zeigte Gott mir, daß ich heilen kann, und auch heute entdecke
ich immer wieder neue Kräfte in meiner Hand. Ich bin im Rahmen meiner Heiltätigkeit so vielen reinen und edlen Menschen
begegnet. Sie bleiben mir alle unvergeßlich, und wann immer
ich mich einsam oder deprimiert fühle, erinnere ich mich an
ihre wundervollen Eigenschaften. Ich denke an sie wie an ein
Blumenbukett, das ich als Dank dafür, daß sie mein leeres Herz
mit Liebe und Mitgefühl erfüllt haben, Gott zu Füßen lege.
Jeden Tag bete ich zu Gott: »Laß mein Leben wie eine Kerze
sein, die an Deinem Altar brennt, bis ihre Flamme erlischt. Und
laß meinen Körper wie Weihrauch werden, der um so mehr
Duft ausströmt, je stärker er brennt. Du hast meinen Körper
mit Deiner Gnade berührt, und der Körper, der aus Staub ist,
verwandelt sich durch Deine Berührung in Sandelholz. Du hast
mich aus dem Nichts geschaffen, damit ich in Deinem Dienst
stehen kann. Laß mich nicht einmal für den Bruchteil einer
Sekunde vergessen, daß ich ohne Deine Gnade und Deine Liebe
ein Niemand bin.«

Kindheit

Schon in meiner Kindheit wurde der Grundstein für mein Wirken als Heilerin gelegt. Ich glaube, daß das, was ich damals über Teilen und den Dienst am Menschen lernte, und der frühe Tod meiner Mutter und Großmutter mein Leben für immer geprägt haben. Über meine Kindheit zu schreiben, bringt meine Erinnerungen an jene Zeit wieder hervor, und ich habe alles so klar vor Augen, als sei es gestern gewesen.

Ich wuchs in einer Großfamilie in Bhagalpur im Bundesstaat Bihar auf. In dem großen Haus wohnten viele Erwachsene und Kinder, die alle auf die gleiche Weise erzogen wurden. Wir hatten alles, was wir brauchten, aber es gab keinen Luxus.

Unser Familienoberhaupt war mein Großvater Charu Chandra Bose, ein gebildeter Mann und berühmter Rechtsanwalt, der immer viel zu tun hatte. Der ganze Haushalt wurde von meiner Großmutter Firoza geführt, die in Ferozpur geboren und aufgewachsen war. Meine Großmutter war außerdem als Sozialarbeiterin tätig. Ich erinnere mich daran, daß sie nur einmal am Tag aß, und zwar zu Mittag, und dann nur, nachdem alle anderen Familienmitglieder, die Hausangestellten eingeschlossen, ihre Mahlzeit beendet hatten. Anschließend zog sie sich einen weißen Sari mit einem hübschen farbigen Saum an und verließ das Haus, um ihrer Tätigkeit als Sozialarbeiterin nachzugehen. Alle Familienangehörigen waren Anhänger von Mahatma Gandhi und engagierten sich in der Befreiungsbewegung, die für die Unabhängigkeit Indiens von Großbritannien kämpfte. Meine Großmutter leitete eine Schule, in der Frauen und junge Mädchen lernten, Flachs zu Garn zu spinnen. Das Garn wurde verwendet, um die einfache *Khadi-Kleidung* zu weben, die von Mahatma Gandhis Anhängern aus Protest gegen den Import von britischen Textilien getragen wurde.

Meine Großmutter legte sehr großen Wert auf Disziplin. Sie duldete keine Flausen, sei es zu Hause oder in der Schule. Sie war eine so starke Frau, daß alle Angst vor ihr hatten. Neben ihrer Tätigkeit als Hausfrau und als Sozialarbeiterin fuhr meine Großmutter von Zeit zu Zeit in das ungefähr 250 Kilometer entfernte Burdwan, wo die Familie Landbesitz hatte. Dort klärte sie Probleme. Den Wünschen Mahatma Gandhis entsprechend verschenkten unsere Großeltern viele Morgen Land an die bisherigen Pächter.

Mein Vater, Mon Motho Nath Bose, bekannt als Mani Bose, war ihr ältester Sohn. Er hatte zwei Brüder und drei Schwestern. Da alle seine Geschwister viel jünger waren als er, war er als kleiner Junge sehr verwöhnt worden. Er war Luftfotograf im Staatsdienst und oft unterwegs. (Später erfuhr ich, daß seine Arbeit für die Briten einige Auseinandersetzungen in der Familie zur Folge hatte.) Darüber hinaus war er ein begabter Hobbymusiker, -künstler und -schauspieler.

Obwohl mein Vater sehr streng mit mir war, hatte ich immer ein enges Verhältnis zu ihm, vor allem, als ich älter wurde. Er beantwortete alle meine Fragen und regte mich mit seinen liberalen Überzeugungen an, selbständig zu denken. »Schau in dein Herz, mein Kind«, sagte er zu mir. »Kümmere dich nicht darum, was die Welt sagt. Frage dich nur immer wieder, ob das, was du tust, richtig ist, und du wirst die Antwort darauf in deinem Herzen finden.«

Meine Mutter Torulata war sehr schön und viel jünger als mein Vater. Sie war sehr sanft und sprach immer ziemlich leise, aber ich kann mich nicht erinnern, daß ich sie je lächeln gesehen hätte. Als Frau des ältesten Sohnes hatte sie die alleinige Verantwortung für das Kochen und den sonstigen Haushalt. Wir hatten viele Hausangestellte, trotzdem mußte meine Mutter von früh bis spät in der Küche sein. Meine Schwestern und ich hatten sehr wenig direkten Kontakt zu ihr und wurden von einer alten Frau aus Bihar, die wir alle liebten, erzogen.

Ich wurde am Sonntag, dem 25. April 1926, um 16:30 Uhr geboren. Meine Eltern hatten schon drei Töchter, und die ganze Familie hatte sich sehr gewünscht, daß das vierte Kind ein Junge werden würde. Wie es bei den Bengalen Brauch ist, suchte der Vater meines Vaters Namen für uns Kinder aus. Mein Großvater hatte allen drei Schwestern, die vor mir geboren worden waren, Namen gegeben, die mit »S« beginnen. Das erste Mädchen bekam den viersilbigen Namen Shakuntala, das zweite den dreisilbigen Savitri, und das dritte erhielt den zweisilbigen Namen Sati. Ich bekam den aus einer Silbe bestehenden Namen Sree. Damit wollten meine Eltern zum Ausdruck bringen, daß ich ihre letzte Tochter sein sollte. Im Sanskrit bedeutet *Sree* unter anderem Energie. Es scheint, als hätte mein Großvater einen wahrlich prophetischen Namen für mich gewählt.

Aus Erzählungen weiß ich, daß niemand in der Familie sich freute, als ich geboren wurde. Ab dem zarten Alter von drei Jahren war ich davon überzeugt, daß niemand mich liebte. Alle verhielten sich so, als sei es mein Fehler oder der meiner Mutter, daß ich kein Junge war. Vielleicht war das der Grund dafür, daß ich sehr lebhaft, spitzbübisch und ungezogen war. Ich konnte keinen Augenblick stillsitzen. Daher geriet ich ständig in Schwierigkeiten und wurde häufig gescholten.

Ich erinnere mich daran, daß ich, als ich etwa drei Jahre alt war, mit einem kleinen Bleistift spielte und ihn dabei in ein Nasenloch steckte. Ich bekam keine Luft mehr und fing an zu weinen. Die ganze Familie versammelte sich um mich, und jemand rannte los, um den Arzt zu holen. Ich fühlte mich sehr schlecht, aber was ich sah, ließ mich daran zweifeln, daß ich nicht geliebt wurde. Alle Familienmitglieder waren bekümmert, und meine Mutter weinte. Wir hatten einen großen Garten, den der Arzt durchqueren mußte, um zum Haupthaus zu gelangen. Als er das Gartentor öffnete, nieste ich, und der Bleistift kam heraus! In dem Augenblick, als er zu sehen war, hörten alle auf zu weinen und begannen, mit mir zu schimpfen. Ich kann mich trotzdem noch sehr gut daran erinnern, daß ich dachte: Wenn all diese Menschen mich nicht lieben, warum weinen sie dann?

Auch ein anderer Vorfall blieb mir im Gedächtnis. Großmutter pflegte jeden Morgen mit einem Pferdewagen zum Ganges zu fahren, um ein Bad zu nehmen. Manchmal hatten wir das Glück, daß sie uns mitnahm. Nach dem Bad stand sie im Fluß, um den Sonnengott anzubeten. Sie sah sehr schön und gelöst aus. Ihr in einen Sari gehüllter Körper war naß, und ihr schwarzes Haar glänzte. Sie hatte den wohlgerundeten Körper einer jungen Frau, der sich bis zu ihrem Tod einige Jahre später nicht veränderte.

Eines Morgens – ich muß fünf oder sechs Jahre alt gewesen sein – ging ich sehr früh mit einem meiner Cousins zum Ganges, der sich in einiger Entfernung von unserem Haus befand. Als wir das Flußufer erreichten, waren erst wenige Menschen da, die ihr Bad nahmen. Nachdem wir eine Zeitlang am Fluß entlanggelaufen waren, beschlossen wir umzukehren. Uns war nicht klar, was für einen Aufruhr wir mit unserem kleinen Ausflug verursacht hatten. Wir waren so viele Kinder, daß ich geglaubt hatte, niemand würde unser Fehlen bemerken. Doch als wir zu unserer Familie zurückkehrten, war dort die Hölle los. Sie hatten das ganze Haus bis zum hintersten Winkel durchsucht. Nachdem sie alles auf den Kopf gestellt hatten, hatten die Kinder und alle anderen Familienangehörigen und Hausangestellten den Garten durchforstet. Nachdem sie auch dort nicht fündig geworden waren, hatten alle Kinder zu weinen angefangen, und auch die Erwachsenen waren in Tränen ausgebrochen.

Als wir zurückkehrten, waren sie überglücklich, daß wir wieder da waren. Ich fragte mich: Haben sie mich vermißt oder nur um meinen Cousin gebangt? Doch ich wußte im Grunde, daß sie um uns beide geweint hatten. Ich überlegte: Wenn sie mich nicht lieben und ich ihnen egal bin, warum haben sie dann geweint? Es tat mir wirklich leid, daß ich eine solche Aufregung verursacht hatte. Ich gab mir die Schuld, da dieses kleine Abenteuer meine Idee gewesen war. Ich war das einzige Mädchen in der Familie, das so ungezogen war. Schon als kleines Mädchen war ich wie ein Wirbelwind.

Zwei Todesfälle

Als ich sieben Jahre alt war, wurde Dirah, meine jüngste Schwester, geboren. Da zwei Jahre zuvor Sujata auf die Welt gekommen war, hatten meine Eltern jetzt sechs Töchter.

Dirah war erst einen Monat alt, als meine Mutter sehr krank wurde. Sie hatte bei der Geburt sehr viel Blut verloren und litt danach an einer schweren Anämie.

Bei den Hinduisten ist es Brauch, eine Zeremonie für ein Neugeborenes abzuhalten, wenn es einen Monat alt ist. Ich erinnere mich daran, daß meine Mutter bei der Zeremonie ganz anders aussah als sonst, wahrscheinlich aufgrund ihrer Krankheit. Sie trug einen Sari mit roter Borte und hatte einen roten *Tikka-Fleck* auf der Stirn. Ihr langes, seidiges, schwarzes Haar wehte im Wind. Ich sprach mit ihr, und sie antwortete auf all meine kindlichen Fragen, aber ich hatte das Gefühl, als sei sie weit entfernt und gehöre nicht mehr zu uns. Es war der letzte Tag, an dem sie am normalen Leben teilnahm. Sie wurde sehr krank, so daß sich andere Frauen aus der Familie um meine kleine Schwester kümmern mußten. Wir durften nicht in ihre Nähe, konnten aber aus der Ferne sehen, wie sie immer dünner und blasser wurde. Meine Großmutter war die ganze Zeit bei ihr. Sie vernachlässigte ihre anderen Pflichten und blieb Tag und Nacht bei meiner Mutter. Eines Morgens stand ich früh auf. Es war sehr still im Haus. Ich rannte in das Zimmer meiner Mutter. Es war keine Spur mehr von ihr vorhanden – keine Mutter, kein Bett, kein Nachttisch – nichts. Der Raum war geputzt und leer, bis auf meine Großmutter, die auf dem Fußboden saß und weinte. Ich fragte sie: »Wo ist Mama?«

Zunächst antwortete sie nicht. Dann sagte sie: »Deine Mutter ist nicht mehr. Sie ist tot. Sie haben sie abgeholt, um sie einzuäschern.«

Ich begriff nichts. Was bedeuteten die Worte »tot« und »einäschern«, und warum war meine Mutter »nicht mehr«? Dann entdeckte ich einen riesigen Korb mit Obst auf der leeren, geputzten Terrasse. »Für wen ist das Obst, Oma?« fragte ich. »Der Vater deiner Mutter hat es geschickt«, erzählte sie mir zwischen Schluchzern. Ich kann mich noch heute daran erinnern, daß ich dachte: »Meine Mutter ist nicht mehr, wer wird denn jetzt das Obst essen?« Bis zum heutigen Tag verfolgt mich dieser riesige Obstkorb. Ich kann nicht vergessen, wie er auf der Terrasse stand – für meine Mutter, die das Obst nie essen würde. Ich wurde ohnmächtig und lag zwei Tage lang im Koma. Danach bekam ich Typhus und war einen Monat lang schwer krank.

Einige Zeit nach dem Tod meiner Mutter zog die ganze Familie nach Kalkutta. Meine Großmutter hatte keinen Lebenswillen mehr – sie saß still da und weinte den ganzen Tag um meine Mutter. Sie konnte ihren Tod nicht ertragen. Sie nahm mich auf den Schoß und erzählte mir, während ihr die Tränen übers Gesicht rannen, wie sie meine Mutter das erste Mal auf einer Hochzeitsfeier gesehen hatte. »Deine Mutter war so schön, so bezaubernd. In dem Augenblick, in dem ich sie sah, wußte ich daß sie die Richtige für deinen Vater war.

Als sie als Braut in unser Haus kam, versprach ich ihrem Vater, daß ich mich so um sie kümmern würde, als sei sie meine eigene Tochter. Ihre Mutter war gestorben, weißt du.« Dann sagte sie immer wieder: »Ich bin schuld am Tod deiner Mutter. Ich hatte nie Zeit für sie, ich habe ihr nie gezeigt, daß ich sie liebe, ich habe sie vernachlässigt.«

Eines Tages fiel meine Großmutter die Treppe hinunter und lag einen Monat lang im Koma. Mein Großvater umsorgte sie, als sei sie ein Kind. Er erlaubte außer mir keinem, sie zu berühren. Obwohl ich erst neun Jahre alt war, bat er mich häufig, mich an ihr Bett zu setzen, und brachte mir bei, ihren Puls zu messen. Ich weiß nicht, warum ich die einzige war, die er an sie heranließ. Wenn ich bei meiner Großmutter saß, stellte ich mir vor, daß sie einfach nur fest schlief und bald wieder aufwachen und sich wie vorher um alle kümmern würde. Es wollte mir nicht in den Kopf, daß ein so aktiver Mensch einfach so dalag. Was hatte es zu bedeuten, daß diese Frau, die sich um den gesamten Familienbesitz gekümmert und so viele Menschen beherbergt hatte, die wie eine Königin gewesen war, so gerne für andere gesorgt und immerfort die Probleme der anderen gelöst hatte, auf einmal so dahinvegetierte? Leider stellte sich heraus, daß sie einen Hirnschaden erlitten hatte und daß die Ärzte ihr nicht helfen konnten. Da wußte ich, daß sie an der Reihe war und meiner Mutter ins Grab folgen würde.

Als meine Großmutter starb, war ich bei ihr. Ich sah, wie sie aufhörte zu atmen und friedlich einschlief. All ihre Kinder waren bei ihr, bis auf meinen Vater. Er konnte erst ein paar Tage nach ihrem Tod kommen.

Ich spürte, daß ich dieses Mal alles sehen wollte, um zu begreifen, was mit meiner Mutter geschehen war. Ich beobachtete, wie sie meine Großmutter wuschen und ihr einen neuen Sari anzogen. Sie schmückten ihren Körper mit Blumen und Girlanden und bestäubten ihre Stirn mit zinnoberrotem Puder. Wie es im Hinduismus Brauch ist, trugen anschließend alle männlichen Familienmitglieder und andere männliche Verwandte und Freunde der Familie den Leichnam in einer Begräbnisprozession zur Einäscherungsstätte. Ich folgte ihnen in einigem Abstand, und zunächst bemerkte mich niemand. Plötzlich entdeckten sie mich, aber sie erlaubten mir, mit ihnen zum brennenden *Ghat*, der Feuerbestattungsstätte am Hoogly River, zu gehen und zuzuschauen, wie der Körper meiner Großmutter verbrannte. Ich sah vor meinem geistigen Auge, wie die Körper von uns allen langsam zu Asche zerfielen. Der ganze Körper meiner Großmutter verbrannte sehr langsam, bis nur noch Asche übrig war.

Mir kam der Gedanke, daß diese starke Frau, die wie ein Diktator über uns geherrscht und ungezogene Kinder in Angst und Schrecken versetzt hatte, nun fort war und keine Spuren hinterlassen hatte. »Was ist dieses Leben dann?« fragte ich mich. »Welchen Sinn hat diese ganze pompöse Show? Wieviel wir auch für unseren Körper tun, wir werden eines Tages doch zu Asche.« Mir brannten so viele Fragen auf der Seele, aber ich wußte nicht, wer mir würde erklären können, was ich so dringend wissen wollte – was nach dem Tod geschieht. Ich hätte gerne meinen Vater gefragt, aber er war nicht da. Ich habe immer noch ganz klar vor Augen, wie das lange, wellige Haar, das Gesicht und der ganze Körper meiner Großmutter nach und nach vom Feuer verschlungen wurden.

Gott wollte, daß ich um den Tod wußte. Schon im zarten Alter von neun Jahren erkannte ich die Wahrheit. Wie wichtig, gesund oder stolz wir auch sein mögen, eines Tages werden wir zu Staub oder Asche. Das ist die endgültige Wahrheit.

Heirat und Herzschmerz

Nach dem Tod meiner Großmutter verließen meine Schwestern und ich die Großfamilie in Kalkutta, um bei meinem Vater in Neu-Delhi zu leben. Meist verbrachten wir den Winter in Delhi und den Sommer in Simla, da die ganze Regierung vor der Hitze in die kühleren Hügel nördlich der indischen Hauptstadt flüchtete.

In der Zeit, in der ich im Hause meines Vaters heranwuchs, war ich weiter das schwarze Schaf der Familie. Ich geriet ständig in Schwierigkeiten – ich stahl zum Beispiel Vaters kostbare Rasierklingen, um sie in der Schule als Bleistiftspitzer zu verteilen, oder stürmte wie ein Wirbelwind durch das Haus, so daß das teure Porzellan hinunterfiel und zerbrach. Es kam vor, daß mein Vater die Geduld verlor und mir einen Klaps gab, aber das machte mir nie etwas aus. Wenn ich krank war, erzählte er meinen Schwestern, daß er das Geräusch meiner Füße, die sonst ständig in Bewegung waren, vermißte. Als ich etwas älter war, half ich ihm bei den Laubsägearbeiten, die er in seiner Freizeit anfertigte. Ich wußte als einzige, wo er all seine Werkzeuge und Utensilien aufbewahrte. Wir Kinder gingen in Delhi zur Schule. Ich lernte Englisch, Sanskrit, Bengali und Hindi und wurde auch in anderen Fächern unterrichtet. Ich war immer sehr gut in Sport. Obwohl ich es gerne gewollt hätte, hatte ich nie die Möglichkeit, naturwissenschaftliche Fächer zu belegen. Heute weiß ich, daß naturwissenschaftliche Kenntnisse mir später bei meiner Heiltätigkeit geholfen hätten. Mein Vater liebte es, Gäste einzuladen, so daß wir immer ein volles Haus hatten. Er lud oft befreundete Moslems zum Abendessen ein, was zu dieser Zeit in strenggläubigen Hindu-Familien nicht üblich war. Auch als Teenager kostete ich meinen Vater Nerven. Die Unabhängigkeitsbewegung gewann nach dem Zweiten Weltkrieg immer mehr Anhänger. Einmal führte ich alle Schüler aus der Schule, um einen Generalstreik zu unterstützen, der von der Friedensbewegung ausgerufen worden war. »Wegen dir werde ich noch meinen Job verlieren, du Satansbraten«, schrie mein Vater mich an. Doch ich wußte immer, daß er mich liebte. Er redete oft mit mir und beantwortete alle Fragen, die ich ihm stellte, mit sehr großer Weisheit.

1947 wurde Indien von Großbritannien unabhängig. Es bildeten sich zwei Staaten: die indische Union und Pakistan. Es kam zu schrecklichen, blutigen Krawallen. Unzählige Hindus und Sikhs starben auf ihrer Flucht von Pakistan nach Indien, ebenso unzählige Moslems, die von Indien nach Pakistan flohen.

Satyandranath, mein zukünftiger Ehemann, war nach seiner Stationierung im Fernen Osten nur ein paar Monate vor der Teilung Indiens nach Delhi versetzt worden. Ich war bei unserer ersten Begegnung anläßlich eines Besuches in unserem Haus erst 16. Davor hatte ich in keinster Weise im Sinn gehabt zu heiraten – ich wollte Lehrerin werden. Nach der Begegnung mit ihm dachte ich jedoch, daß ich, wenn überhaupt, einen Mann wie ihn heiraten würde. Wir heirateten fünf Jahre später an meinem 21. Geburtstag, am 25. April 1947. Mein Vater sagte zu meinen Schwestern: »Ich habe meine rechte Hand verloren.« Das Eheleben entsprach anfangs nicht gerade meinen Vorstellungen. Mein Ehemann war Oberst in der Armee mit einer wichtigen Stellung im Nachrichtendienst. Er bekam keinen Urlaub und hatte kaum freie Tage. Er arbeitete auch an Feiertagen und Sonntagen vom frühen Morgen bis in die Nacht. Wie meine Mutter hatte ich den ältesten Sohn einer Familie geheiratet, und meine Ehe entpuppte sich als eine endlose Aneinanderreihung von Pflichten. Nach der Teilung Indiens war seine Familie gezwungen gewesen, ihr glückliches und sicheres Leben in Sind aufzugeben und nach Indien zu fliehen. Das einzige, was sie hatten mitnehmen können, war der Familienschmuck. Früher war ich so sorglos und wild gewesen, und jetzt brachte ich den ganzen Tag damit zu, mich um all diese Menschen zu kümmern. Ich hatte keine Zeit, darüber nachzudenken. Ich gab einfach nur. Ich mußte mich um alles allein kümmern, und mein Mann und ich schienen nie Zeit für uns zu haben.

Ich beklagte mich nie bei ihm. So vergingen die Jahre. Dann machte ich die schönste Erfahrung meines Lebens – ich wurde schwanger. Nun sah ich die Welt mit anderen Augen. Mein Traum, Mutter zu werden, war in Erfüllung gegangen. Ich brach mein Studium ab, und mein ganzes Bestreben war nun – ebenso wie meine Großmutter –, Oberhaupt einer großen Familie zu werden. Mein Kleiderschrank war voller schöner Kleider, die ich für das Baby, das ich erwartete, bestickte.

Die Geburt war sehr kompliziert. Man brachte mich in eine nahegelegene Privatklinik, in der es keine Sauerstoffversorgung oder andere technische Apparate gab. Ich litt schrecklich, als ich unseren Sohn gebar, und zwei Stunden später war das Kind tot. Das Unvermeidliche war geschehen – ich hatte das Wertvollste in meinem Leben verloren. Ich war Mutter geworden, aber der Sohn unserer Träume war unwiederbringlich verloren. Mit ihm starb auch ein Teil von mir.

Ich sage »das Unvermeidliche war geschehen«, weil ich ein paar Tage vor der Geburt einen persönlichen Schicksalsschlag voraussah. Man könnte diese Vorahnung als natürliche Ängste einer jungen Frau abtun, die ihr erstes Kind erwartet, aber solche Vorahnungen haben sich in meinem ganzen Leben immer als richtig erwiesen und tun es auch heute noch. Vor jedem schrecklichen Ereignis regt sich etwas in meinem Bewußtsein, und ich beginne, tief im Inneren Angst zu empfinden. Warum und wie ich im voraus weiß, daß etwas Furchtbares geschehen wird, kann ich nicht erklären.

Nachdem ich mein Baby verloren hatte, war ich etwa zwölf Jahre lang permanent krank – Fehlgeburten, Operationen, ständige Krankenhausaufenthalte. Die Ärzte waren der Meinung, daß es zu riskant für mich sei, schwanger zu werden, es sei denn, ich unterzöge mich einer großen Operation. Die Militärärzte hatten mich mehrmals operiert – ohne Erfolg. Mein einziger Wunsch war, um jeden Preis Mutter zu werden. Ich betete die ganze Zeit: »O Gott, selbst wenn ich bei der Geburt sterben muß, laß mich Mutter werden.«

In dieser Zeit war mein Mann an verschiedenen Orten stationiert. 1961 kehrten wir schließlich nach Neu-Delhi zurück. Einige Jahre zuvor hatten wir dort ein kleines Stück Land gekauft, auf dem wir dann unser jetziges Haus bauten. Ich überwachte alle Bauarbeiten, weil Indien kurz vor dem Krieg mit China stand und mein Mann im Büro alle Hände voll zu tun hatte. Inzwischen war er zum Oberstleutnant ernannt worden und hatte einen sehr wichtigen Aufgabenbereich, der ihn rund um die Uhr in Anspruch nahm.

Obgleich ich in jener Zeit so beschäftigt war, stand ich meinem Vater immer noch sehr nahe und vermißte ihn sehr. Als die militärische Krise vorbei war, fragte ich meinen Mann, ob ich meinen Vater aus Kalkutta einladen könne, damit er unser Haus vor unserem Einzug segne. Mein Vater nahm die Einladung an. So kam es, daß er den letzten Monat seines Lebens mit uns verbrachte.

Während dieser Zeit geschah etwas, das mein ganzes Leben veränderte. Ich lernte eine Gruppe von Anhängern des 1918 verstorbenen, großen indischen Heiligen Sai Baba von Shirdi kennen. Nur drei Tage vor dem Tod meines Vaters luden sie mich zu einem Gottesdienst zu Ehren des Heiligen ein. Er fand ohne Priester im Hause eines Mitglieds der Gruppe statt. Wir sangen *Bhajans* (Hymnen), und das *Prasad* (Opferspeisen, die zuerst der Gottheit dargeboten werden) war einfache Hausmannskost. Als ich nach Hause kam, erzählte ich meinem Vater, daß ein außergewöhnlicher Frieden mein Herz erfüllt und mich berührt hatte. Ich kann gar nicht genug betonen, wie wichtig dieser Gottesdienst für mich war. Ich glaube, daß ich all das, was ich heute bin, Sai Babas Segen verdanke.

Am Tag vor seinem Tod ruhte sich mein Vater im Garten aus. Als die Dämmerung hereinbrach, rief er mich zu sich. Er war irgendwie verändert. »Mein Kind, meine Zeit ist um«, sagte er. »Ich werde nicht mehr lange leben. Ich habe dich sehr schlecht behandelt. Ich habe nicht erkannt, wer du bist. Ich kann nicht wiedergutmachen, was ich dir angetan habe. Ich war immer unfreundlich zu dir.«

Ich verstand ihn nicht. Ich glaubte nicht, daß er es ernst meinte, und fing an zu lachen. »Ich bin deine Tochter«, gab ich zurück, »und ich war früher sehr ungezogen. Deshalb ist es verständlich, daß du mit mir geschimpft und mir manchmal sogar einen Klaps gegeben hast. Warum sagst du, daß du nicht erkannt hast, wer ich bin? Was ist über dich gekommen? Bist du noch ganz richtig im Kopf?« Als Kind war ich es gewöhnt gewesen, daß er mit mir schimpfte, aber jetzt schien er in eine Art Trance verfallen zu sein.

»Mein Kind«, fuhr er fort, »eines Tages wirst du berühmt sein. Menschen in fernen Ländern werden dich kennen.«

»Werde ich eine solche Schönheit werden?« fragte ich ihn ironisch. »Also wirklich, Vater, das, was du sagst, ergibt keinen Sinn.«

Er schenkte meinen Worten keine Beachtung und wiederholte nochmals: »Ich habe einen großen Fehler gemacht. Es tut mir so leid, daß ich nicht vorher wußte, wer du bist.« Dann fügte er hinzu: »Aber vergiß nicht, mein Kind, erhebe dich nie über Gott, laß dir deinen Erfolg nie zu Kopf steigen, liebe Tochter.«

Damals hatte ich keine Ahnung, wovon er redete. Ich dachte, daß er sehr müde sein müsse, brachte ihm Tee und versuchte, ihn zu beruhigen. Heute wünsche ich mir nichts sehnlicher, als daß ich ihn nicht als Spinner abgetan und ihn statt dessen gefragt hätte, was er meinte. Wir beide standen uns immer so nahe, und ich habe oft darüber nachgedacht, ob er vielleicht in diesem Moment – so kurz vor seinem Tod – eine Vision von meiner Zukunft als Heilerin hatte.

Mein Vater starb am nächsten Morgen nach drei Herzinfarkten, als die Uhr drei schlug. Im Hinduismus ist es Brauch, daß der älteste Sohn eines Verstorbenen bei der Feuerbestattung den Holzstoß anzündet, aber unser Vater hatte nur sechs Töchter. Weil er in unserem Haus gestorben war, war es meine Aufgabe, mich nach seinem Tod um die Begräbniszeremonie zu kümmern.

Im Hinduismus ist es auch Brauch, den Leichnam so bald wie möglich einzuäschern. Nachdem er gewaschen, angezogen und mit Blumen geschmückt worden war, begleiteten mein Mann, ein paar Freunde und ich den Leichnam zum *Ghat,* der Feuerbestattungsstätte am Fluß Jumna. Dieser Fluß ist den Hindus heilig, weil er in Allahabad in den Ganges, den heiligsten Fluß Indiens, mündet. Der Leichnam wurde auf einen Holzstoß gelegt und mit Brennholz bedeckt. Anschließend goß ich aus einem kleinen Topf *Ghee* (geklärte Butter) auf den Holzstoß und hielt ein Streichholz daran.

Es dauerte drei bis vier Stunden, bis der Körper meines Vaters zu Asche zerfallen war. Dann füllte ich einen kleinen, irdenen Topf mit einer Handvoll der abgekühlten Asche und ging ohne die anderen zum Jumna, um sie mit Früchten und Blumen, die als Opfergaben dienten, zu verstreuen. Mit dieser symbolischen Handlung wollen wir die Seele befreien, damit sie ihre Reise antreten kann.

Drei Tage nach dem Tod meines Vaters hielten wir in unserem Haus die *Shraddha*-Zeremonie ab, um der dahingegangenen Seele meines Vaters die letzte Ehre zu erweisen und dafür zu beten, daß sie Frieden findet. Familie und Freunde waren zu einem Mahl eingeladen, und der Priester bekam Opfergaben und Nahrung für die Armen, die der Tempel unterstützte. Schon damals hielten viele Familien die *Shraddha*-Zeremonie im Tempel ab, wir zelebrierten sie jedoch auf traditionelle Weise zu Hause, so wie mein Vater es sich gewünscht hätte.

Nur ein paar Tage nach dem Tod meines Vaters hatte ich einen intensiven Traum. Noch heute, so viele Jahre danach, macht er mir zu schaffen, wenn ich mich daran erinnere. In dem Traum steht mein Vater in einem Zimmer, das keine Decke hat, und sieht mich durch ein vergittertes Fenster an. Mein Vater fleht mich an, die Tür zu öffnen und ihn zu befreien. In dem Traum sage ich zu ihm: »Du bist nicht mein Vater. Ich selbst habe das Feuer für deine Einäscherung angezündet.« Er fleht mich weiter an, ihn zu befreien, und ich antworte immer wieder: »Du bist nicht mein Vater.« Als ich nach diesem Traum aufwachte, fühlte ich mich sehr elend.

Während der darauffolgenden Monate hatte mein Mann wieder viel im Büro zu tun, und ich vermißte meinen Vater sehr. Er war immer dagewesen, um meine Fragen zu beantworten, egal, was ich wissen wollte. Ohne ihn hatte ich das Gefühl, daß niemand da war, der mich verstand.

In dieser Zeit fühlte ich mich ängstlich, einsam und verwirrt und begann über viele Dinge nachzudenken. Ich erkannte, daß mein Mann mir nach unserer Hochzeit sehr viel Liebe geschenkt hatte und daß aus dem Wildfang von einst eine gehorsame, liebende

Ehefrau geworden war. Als ich krank gewesen war, hatte er sich die ganze Zeit um mich gekümmert. Ich hatte keinen Grund, mich zu beklagen. Ich hatte jedoch nur im Sinn gehabt, meinem Mann und seiner Familie zu gefallen.

Es war, als hätte mich der Tod meines Vaters aus einem tiefen Schlaf geweckt. Plötzlich hinterfragte ich mein Leben und sah alles in einem anderen Licht. Ich hatte keinen festen Boden mehr unter den Füßen. Ich stellte all meine Wertvorstellungen, die sich auf bedingungslose Pflichterfüllung und Gehorsam konzentrierten, in Frage. Äußerlich war die Veränderung nicht zu erkennen. Ich spürte jedoch, daß meine Persönlichkeit sich veränderte. Allmählich wurde ich zu einer anderen Frau. Die Frage nach dem Sinn des Lebens beschäftigte mich sehr. Zu jener Zeit wandte ich mich instinktiv an Sai Baba – in der Hoffnung, daß er mir die Richtung weisen würde.

Sai Baba, der Heilige von Shirdi

Sai Baba hat wirklich gelebt – er ist weder eine mythische noch eine fiktive Gestalt. Der Heilige lebte in dem Dorf Shirdi und wurde ungefähr hundert Jahre alt. Am 15. Oktober 1918 verließ er seinen Körper. Er war und ist noch heute die alles durchdringende Energie, die das Leben von Millionen Menschen prägt und wandelt. Seine Anhänger gehören den verschiedensten religiösen Strömungen an. Es sind Hindus, Moslems, Sikhs, Christen und Parsen darunter. Wer war Sai Baba? Was war er? Für was hat er gelebt?

Babas Herkunft ist unbekannt. Er erhielt seinen Namen von Mahalsapathy, einem frommen Brahmanen und Wächter des Hindu-Tempels in Shirdi. Als er den Heiligen das erste Mal sah, nannte er ihn »Sai«, woraus schließlich Sai Baba, der heilige Vater, wurde. Mahalsapathy wurde später einer seiner engsten Jünger.

Sai Baba kam in das Dorf Shirdi im Distrikt Ahmednagar des Bundesstaates Maharashtra, als er ungefähr 16 war. Er richtete sich unter einem Paternosterbaum ein und meditierte den ganzen Tag auf einem Felsen. Die einfachen Leute, die an ihm vorbeikamen, hielten ihn für verrückt. Sie erkannten seine Größe und Göttlichkeit nicht. Er bat nie um Almosen, aber er lehnte sie auch nicht ab, wenn die *Dorfbewohner* sie ihm anboten.

Daß Sai Baba anders war als gewöhnliche Menschen, wurde allen erst klar, als ein Wunder geschah. Einige Schäferjungen spielten in der Nähe des Paternosterbaums, unter dem Sai Baba saß. Plötzlich griff eine ausgewachsene Kobra einen der Jungen an. Der Junge war vor Angst wie gelähmt, während die anderen Kinder wegrannten. Sai Baba blickte auf und erkannte die Gefahr. Kurz bevor die Kobra zubeißen konnte, rügte er sie sanft: »Warum willst du einem unschuldigen Kind weh tun? Bitte weiche zurück.« Die Schlange hielt inne, bewegte sich in Richtung Sai Baba, neigte, ihm zu Füßen liegend, in Ehrerbietung den Kopf und glitt anschließend davon. Die Kinder und zwei ältere Männer, die den Vorfall beobachtet hatten, erzählten den Dorfbewohnern davon. Von da an betrachteten sie Sai Baba mit anderen Augen.

Bald nach diesem Ereignis zog Sai Baba in eine ruhige Ecke einer verfallenen, einst aus Lehm erbauten Moschee, die er Dwarkamai nannte. Dort leisteten ihm nur Schlangen, Fledermäuse und Eulen Gesellschaft. Tagsüber meditierte er weiterhin unter dem Paternosterbaum, den er als Wohnstätte seines Gurus bezeichnete. Noch zu Sai Babas Lebzeiten führte man dort auf die Bitte des Heiligen hin eine Ausgrabung durch und fand unter dem Baum ein Grab mit zwei Grabkammern, in denen Lichter brannten.

Als die Dorfbewohner sich an Sai Baba gewöhnt hatten, bat er sie bisweilen um etwas Öl für die Lampen in seinem Dwarkamai. Eines Tages weigerten sich die Dorfbewohner, ihm etwas zu geben. Er machte ihnen keine Vorwürfe, sondern kehrte bei Einsetzen der Dämmerung wortlos in seine verfallene Moschee zurück. Ein paar neugierige Dorfbewohner folgten ihm und beobachteten, wie er Baumwolldochte in Wasser tauchte und anzündete. Die Lampen brannten die ganze Nacht und verbreiteten einen himmlischen Lichtschein. Da erkannten die Dorfbewohner, daß Sai Baba ein Heiliger war.

Sai Baba war kein Vertreter einer bestimmten religiösen Richtung. Er mischte sich nie in die religiösen Praktiken seiner Anhänger ein. Kaste, Glaubensbekenntnis, Hautfarbe oder Status seiner Anhänger spielte nie eine Rolle für ihn. Er glaubte nur an das göttliche Gesetz der universellen Liebe. Daher gründete er keine neue Glaubensgemeinschaft. Sein Dwarkamai war der Treffpunkt für alle Religionen. Dort lehrte Sai Baba seine Anhänger den Wert der Wahrheit, des Glaubens und der Liebe auf dem Weg zum ewigen Seelenheil.

Es gab einen roten Faden, der sich durch alle Handlungen, Entscheidungen und Worte von Baba zog: seine Entschlossenheit, seinen Anhängern zu helfen, sich über ihr vergängliches Leben zu erheben und in der unsterblichen Bewußtheit ihres göttlichen Wesenskerns aufzugehen. Er war die Verkörperung des Konzepts der universellen Liebe. Wie Krishna in der *Bhagavad-Gita* zu Arjuna sagt:

Ich beneide niemanden, noch bevorzuge ich jemanden. Ich behandle alle gleich. Doch jeder, der mir in Hingabe dient, ist mein Freund, ist in mir, und auch ich bin sein Freund.

Viele Anhänger von Sai Baba pilgern nach Shirdi, um darum zu beten, daß der Heilige ihnen das Geschenk eines Kindes gewährt. Nach dem Tod meines Vaters war ich entschlossen, dorthin zu fahren und Baba um Hilfe zu bitten. Als ich es schließlich tat, wußte ich nicht, daß Sai Baba mich in eine andere Richtung führen würde – zu meiner Bestimmung, andere zu heilen.

Wie ich meine Gabe
des Heilens entdeckte

Die erste Gelegenheit, regelmäßig meine heilenden Fähigkeiten anzuwenden, bot sich mir zufällig, und zwar bald nach dem Tod meines Vaters. Ich litt unter sehr starken Rückenschmerzen und überlegte, ob ich mich wegen einer nach hinten abgeknickten Gebärmutter einer weiteren Operation unterziehen sollte. Eine Freundin erzählte mir von einer Klinik in der Nähe meines Wohnorts, in der Menschen durch Handauflegen geheilt worden seien. In der Klinik gab es keine Ärzte. Der Klinikleiter – ein Geschäftsmann aus Bangalore – hatte bei dem berühmten englischen Heiler Harry Edwards das Handauflegen gelernt und der Schulmedizin den Rücken gekehrt. Er wollte versuchen, mir in der Klinik zu helfen.

Die Vorstellung, jemanden durch Berühren heilen zu können, faszinierte mich. Schon seit dem Tod meines Vaters hatte ich, wann immer jemand krank gewesen war, das Bedürfnis verspürt, den Kranken zu berühren. Irgendwie glaubte ich, daß ich die Person nur dadurch, daß ich sie berührte, heilen könnte. Immer wenn in der Nachbarschaft jemand krank war, zog es mich dorthin. Dieser Drang war so stark, daß ich mich unwohl fühlte. Ich verspürte ihn jedoch nur, wenn ich von einer Erkrankung hörte. Ansonsten dachte ich nie darüber nach.

Als ich in die Klinik ging, stellten sie mir Fragen zu meinem Problem und forderten mich dann auf, mich hinzulegen. Der Klinikleiter und zwei oder drei seiner Helferinnen legten mir die Hände auf den Rücken. »Was fühlen Sie?« fragten sie nach 10 bis 15 Minuten.

»Ich fühle überhaupt nichts«, erwiderte ich. Ich war sehr enttäuscht. »Sie müssen zur Behandlung kommen, bis Sie geheilt sind«, wiesen sie mich an.

Ich ließ mich regelmäßig behandeln. Obwohl es mir nicht besser ging, bestanden sie darauf, daß dies notwendig sei. Später erkannte ich, daß ihr Behandlungsansatz im Grunde eher darin bestand, die Patienten zu positivem Denken anzuregen, als sie durch Berührung zu heilen, wie ich es erwartet hatte. Den Patienten wurde immer wieder gesagt, daß es ihnen schon sehr viel besser gehe. Als ich dem Klinikpersonal berichtete, daß ich bald operiert werden müßte, gab man mir den Rat, an den in London lebenden Harry Edwards zu schreiben und um eine Fernheilung zu bitten. Ich verschob die Operation in der Hoffnung, daß mir die Fernheilung Linderung verschaffen würde.

Obwohl man mir in der Klinik nicht hatte helfen können, fragte ich die Frauen, die dort tätig waren, ob sie an meiner Mitarbeit interessiert wären, weil ich versuchen wollte, Kranke zu heilen. Sie willigten ein. Mittlerweile wurde die Klinik von einer wundervollen Frau und wirklichen Heilerin geleitet, einer Mrs. Narang, die von allen »Bado« genannt wurde. Von Anfang an war sie mir zugetan. Sie hat zwar keine Besserung bei meinen körperlichen Symptomen erzielen können, aber ihre Unterstützung bei meiner Heiltätigkeit hat entscheidend zu dem beigetragen, was ich heute bin.

Eines Tages bemerkte ich, daß meine rechte Hand zu vibrieren begann, wenn ich sie einem Kranken auflegte, und daß die Vibrationen am Erkrankungsherd, wo der Patient Schmerzen empfand, am stärksten waren. Meine Hand hörte von allein wieder auf zu vibrieren, und der Patient begann sich besser zu fühlen.

Daß meine Hand vibrierte, war mir allerdings nicht ganz geheuer. Ich begann zu beten, daß ich nicht an der gefürchteten

Parkinson-Krankheit litt. Als ich mit meinem Mann offen über meine Ängste sprach, stand er meiner Arbeit in der Klinik noch kritischer gegenüber als vorher. »Du bist doch schon so krank, und deine Arbeit dort macht dich noch kränker. Du solltest aufhören, dort zu arbeiten«, warf er mir vor. »Für diese feinen Damen, die nicht wissen, was sie mit sich anfangen sollen, ist es in Ordnung, aber du hast zu Hause wirklich mehr als genug zu tun.«

Trotz seiner Ängste spürte ich, daß ich mit meiner Arbeit in der Klinik fortfahren mußte, weil ich die Gesundheitsstörungen der Menschen offenbar allein dadurch, daß ich mit der rechten Hand über ihren Körper fuhr, diagnostizieren konnte. Ich war auch froh, großenteils ärmere Leute behandeln zu können, die nicht das Geld hatten, zum Arzt zu gehen. Ich behandelte zunächst vor allem Wirbelsäulenerkrankungen, nahm mich aber im Laufe der Zeit auch schwierigerer und ungewöhnlicherer Fälle an.

Leider führte mein Erfolg zu Schwierigkeiten mit manchen Frauen in der Klinik. »Sie verbringen zuviel Zeit mit den Patienten«, beklagten sie sich. »Warum bewegen Sie Ihre Hand auf diese merkwürdige Weise? Warum behandeln Sie die Patienten nicht nach unseren Methoden?«

»Solange meine Hand bei einem Patienten vibriert, muß ich diesen Patienten weiter behandeln«, erklärte ich ihnen. »Dies ist meine Art zu heilen.«

»Es spielt sicher keine Rolle, ob Sie Ihre Hand bewegen oder nicht«, insistierten sie, aber ich ließ mich nicht beirren. Im Laufe der Zeit gelangte ich immer mehr zu der Überzeugung, daß meine rechte Hand eine Art Heilkraft besaß, und ließ mich von meiner Intuition leiten. Ich bemerkte auch, daß die anderen Frauen in der Klinik trotz ihrer Proteste inzwischen ihre Freunde und Verwandten zu mir zur Behandlung schickten.

Mein Gesundheitszustand verschlechterte sich zunehmend. Die Fernheilung hatte mir nicht geholfen. So entschied ich mich für die Operation. Ich war entschlossen, den besten Frauenarzt Indiens – Dr. Shirodkar in Bombay, einen Gynäkologen von internationalem Ruf – aufzusuchen. Ich hatte noch einen anderen Grund, diesen Arzt zu wählen: Ich wußte, daß das Dorf Shirdi, in dem Sai Baba gelebt hatte, nicht weit von Bombay entfernt war. Mein Mann versprach mir, daß er mit mir nach der Operation zum Tempel in Shirdi, der Sai Baba gewidmet ist, fahren würde.

Unmittelbar nach der Operation hatte ich akute Schmerzen. Mein Körper war bandagiert, und ich konnte nicht feststellen, woher die Schmerzen kamen. Die Klinikärzte wiesen meinen Mann an, in einer Apotheke ein bestimmtes Schmerzmittel zu besorgen. Während er unterwegs war, wurden die Schmerzen stärker, bis sie unerträglich waren. Als ich in einem Zustand größter Verzweiflung war, erinnerte ich mich plötzlich an die Heilkraft meiner rechten Hand. Der Arzt hatte mir vor der Operation gesagt, daß er einen seitlichen Schnitt machen wollte, deshalb legte ich meine rechte Hand auf die betreffende Seite. Meine Hand wurde jedoch immer wieder zur Körpermitte gezogen. Ich ließ sie dort, und schon nach ein paar Minuten waren die Schmerzen verschwunden.

Als mein Mann zurückkehrte, erzählte ich ihm, daß meine Hand vibriert und die Schmerzen gelindert hatte. Als der Arzt den Verband später entfernte, sah ich, daß er es sich anders überlegt und den Schnitt in der Mitte gemacht hatte. Ich war sehr überrascht und glaubte zum ersten Mal wirklich an meine Gabe des Heilens.

Nach ein paar Tagen fragte ich meinen Mann, wann wir nach Shirdi fahren würden. »Ich fürchte, Shirdi ist zu weit von Bombay entfernt, als daß du in deinem Zustand dorthin reisen könntest«, erwiderte er. Ich begann zu weinen. »Du weißt doch, daß du schwach bist und starke Schmerzen hast«, sagte er. »Wenn du eine solche Reise unternimmst, würde sich dein Zustand nur wieder verschlechtern.« Ich konnte nicht aufhören zu weinen, und er ging irgendwann in unser Hotel zurück.

Es war ein Donnerstagabend. Ich weiß, daß Donnerstage in bezug auf Sai Baba eine besondere Bedeutung haben. Als ich allein im Zimmer war, kam eine der Krankenschwestern herein. Ich war so traurig, daß ich nicht mitbekam, was sie sagte. Ich machte Sai Baba im Geiste Vorwürfe: »Du weißt, daß die Operation nicht der eigentliche Grund dafür war, daß ich nach Bombay gekommen bin. Du weißt, daß ich die Absicht hatte, nach Shirdi zu fahren. Warum behandelst du mich so?« Plötzlich hörte ich, wie die Krankenschwester die Worte »Sai Baba« aussprach.

»Was haben Sie gesagt?« fragte ich.

»Es gibt einen Sai Baba-Tempel in der Nähe des Krankenhauses«, erwiderte sie. »Wenn Ihr Zustand es nicht erlaubt, daß Sie nach Shirdi reisen, bringe ich Sie gerne zu diesem Tempel, sobald Sie aus dem Krankenhaus entlassen werden.«

Am Tag meiner Entlassung ging es mir so schlecht, daß ich kaum stehen konnte, aber man ließ mich nicht länger bleiben. Obwohl mein Mann sehr wütend auf mich war, machte ich mit der Krankenschwester auf dem Weg zum Hotel einen Abstecher zum Sai Baba-Tempel. Der Tempel befand sich in Privatbesitz, und die Eigentümer hatten eine lebensgroße Statue von Sai Baba in seiner charakteristischen Sitzhaltung anfertigen lassen. Die Statue war so geschickt bemalt, daß sie ganz natürlich aussah, so als sei der Heilige wirklich anwesend. Ich spürte, daß mein Wunsch, Sai Baba zu sehen, erfüllt worden war. Ich kann gar nicht beschreiben, welchen Frieden und Trost ich durch diesen Besuch fand.

Im Hotel litt ich weiterhin unter starken Schmerzen. Ich stand jeden Morgen auf und ging – der Anweisung des Arztes entsprechend langsam herum, aber es fiel mir sehr schwer. Dann sah ich eines Nachts Sai Baba. Er stand an meinem Bett und beugte sich über mich. Er sagte: »Mein Kind, all deine Schmerzen werden verschwinden, und es wird dir wieder besser gehen.« Da ich in meinem ganzen Leben sehr wirklichkeitsnahe Träume hatte, bin ich mir bis heute nicht sicher, ob ich in jener Nacht eine echte Vision hatte und Sai Baba tatsächlich gesehen habe, oder ob es nur ein Traum war.

Am nächsten Morgen hatte ich immer noch starke Schmerzen und dachte, ich hätte nur geträumt. Als ich langsam um das Bett herumzugehen begann, sagte mein Mann, daß er den behandelnden Arzt bitten würde, mich wieder ins Krankenhaus einzuweisen. »Es wird mir heute besser gehen«, erwiderte ich ruhig.

Als ich mich auszog, um ein Bad zu nehmen, war es so, als würde ich mit meinen Kleidern auch die Schmerzen abstreifen. Ich konnte gerade stehen! Daraufhin erzählte ich meinem Mann von meiner nächtlichen Vision. Er traute seinen Augen nicht, als er mich gerade und schmerzfrei dastehen sah. Seit jener Zeit ist mir Sai Baba noch oft erschienen.

Vor unserer Rückkehr nach Neu-Delhi bat ich meinen Mann, den Sai Baba-Tempel in Bombay zu besuchen. Er kehrte mit Blumen und kulinarischen Köstlichkeiten, die im Tempel gesegnet worden waren, zurück, und wir hatten eine sichere Rückreise ohne besondere Vorfälle.

Einige Zeit später bot sich wieder die Gelegenheit, nach Bombay zu fahren. Diesmal machte mein Mann mit mir einen Abstecher nach Shirdi. Es war ein wundervolles Erlebnis. Wir trafen kurz vor der mittags abgehaltenen *Puja* (ritueller Gottesdienst) in Shirdi – damals eine ruhige, kleine Stadt – ein. Als ich in den Tempel eilte, standen alle so still da, daß man eine Stecknadel fallen hören konnte. Sie warteten auf den Beginn der Zeremonie. Gerade in dem Moment, in dem ich die Sai-Baba-Statue erreichte, klingelten die Glocken, und die Musiker fingen an zu spielen. Es war, als hätten die Gläubigen nur auf mich gewartet. Als ich, von dichtem Weihrauch eingehüllt, dastand und von der heiligen Musik und Babas Nähe erfüllt war, verlangte mich plötzlich nach einer winzigen Rosen-knospe, die in der Nähe der Füße der Heiligenstatue lag. Sollte ich den Priester darum bitten, sie mir zu geben? Nein, ich mochte unter so vielen Menschen kein besonderes Anliegen vorbringen. Er muß mir meinen Wunsch irgendwie von den Lippen abgelesen haben. Ohne ein Wort trat der Priester vor, hob die Rosenknospe auf und gab sie mir. Ich besitze die getrocknete Rosenknospe immer noch.

Als ich auf dem Boden des Tempels saß und betete, bat ich Baba, ein Kind bekommen zu dürfen. Dann kamen mir, ohne daß ich bewußt den Gedanken gefaßt hätte, die Worte: »Baba, weise mir den Weg, den ich beschreiten muß.«

Wendepunkte

Nach unserer Rückkehr nach Neu-Delhi begann ich wieder in der Klinik zu arbeiten, als ich mich kräftig genug fühlte. Ich bekam nicht viel Unterstützung von den anderen Frauen, und auch mein Mann stand meiner Arbeit zunehmend kritisch gegenüber. Nachdem ich in Shirdi gewesen war und um ein Kind gebetet hatte, hoffte ich weiterhin, daß ich schwanger werden würde. Mein Wunsch, Kinder zu haben, war so groß, daß ich meine Heiltätigkeit aufgegeben hätte, wenn ich nicht den inneren Drang verspürt hätte, weiterzumachen.

In dieser Zeit quälte mich ein seltsamer, häufig wiederkehrender Traum: Mein Körper wird immer riesiger und schwerer, und ich fühle mich, als sei ich eine winzige Ameise, die von dem Gewicht eines Elefanten zerquetscht wird. Nach dem Aufwachen fragte ich mich immer, ob damit mein Körper oder meine Seele gemeint war. Noch beunruhigender war es, als ich eines Nachmittags, während ich ruhte, aber hellwach war, die gleichen beklemmenden Gefühle bekam: Ich kann mich nicht bewegen, ich werde von dem Gewicht meines Körpers zerdrückt. Nach ein paar Minuten ließ die Empfindung nach, aber ich fühlte mich erschöpft und hatte schreckliche Kopfschmerzen. Jahre später erfuhr ich bei einem Vortrag über das Erwachen der Kundalini-Shakti (der Schlangenkraft oder der kreativen Energie), daß Menschen, deren Kundalini-Shakti erwacht, häufig dieses Gefühl der unerträglichen Schwere des Körpers haben.

In dieser Zeit litt ich auch unter Desorientierung. Ich erinnere mich insbesondere an eine Situation: Ich erwachte um Mitternacht aus einem tiefen Schlaf und hatte keine Ahnung, wo ich war. Ich erkannte meinen Mann neben mir nicht und hatte große Angst. Nach und nach nahm ich im Schein der Nachttischlampe vertraute Bilder und Möbel wahr. Ich wußte wieder, wer mein Mann war. Den Rest der Nacht und den ganzen nächsten Tag hatte ich stechende Kopfschmerzen und wurde von dem Gefühl verfolgt, etwas verloren zu haben. Ich wußte, daß ich mich an etwas sehr Wichtiges nicht erinnern konnte. Hatte ich vielleicht einen Blick auf ein früheres Leben erhascht?

In der Zeit, in der ich von Angst und Unruhe erfüllt war, fiel eines Abends ein Gedichtband von Rabindranath Tagore vom Bücherregal, als ich meine Bücher durchsah. Ich öffnete das Buch bei den folgenden Zeilen:

Wem du auch deine Fahne übergibst, schenke ihm Mut, Liebe und Hingabe, so daß er sie bis zum Ende seines Lebens tragen kann.

Ich war davon überzeugt, daß die Worte eine besondere Bedeutung für mich hatten, daß sie eine Botschaft von Sai Baba waren: Ich muß seine »Fahne« tragen – die Gabe des Heilens –, wie schmerzhaft und schwer die Last auch sein möge. Ich darf diese ehrenhafte Arbeit nicht aufgeben. Gott hat mein Herz mit so viel Hingabe und Liebe erfüllt, daß ich die Fahne bis zum Ende meines Lebens tragen muß.

Einige Zeit nach diesem Vorfall nahm mich ein treuer Anhänger des Heiligen, ein Patient, den ich von einer Wirbelsäulenerkrankung geheilt hatte, zu einer zweiten Reise nach Shirdi mit. Ich betete zu Baba: »Du hast mir den Weg gewiesen. Ich möchte nichts mehr für mich selbst erbitten, aber ich habe eine Freundin, die wie eine Schwester für mich ist und ihren Sohn verloren hat. Wirst du ihr das Geschenk eines Kindes geben?«

Bald nach meiner Rückkehr nach Delhi, erzählte mir meine Freundin, daß sie schwanger sei. »Meine Gebete sind erhört worden«, ließ ich sie wissen. Sie und ihr Mann wurden lebenslange Anhänger von Sai Baba, und ihr Kind ist wie ein Sohn für mich.

Ein wichtiger Wendepunkt

Zu einem weiteren bedeutenden Wendepunkt in meinem Leben kam es, als ich in der Klinik eine Libanesin behandelte, die von ihrem Mann begleitet wurde. Ich wurde gebeten, die Augen der Frau zu untersuchen. Als ich mit meiner Hand über ihre Augen fuhr, sagte sie mir, daß ein Auge sehr viel schwächer war als das andere. Während meine Hand über dem kranken Auge vibrierte, blickte der Mann plötzlich von seinem Buch auf. »Warum schütteln Sie die Hand so?« fragte er.

»Was Sie ›Schütteln‹ nennen, sind automatische Vibrationen meiner Hand«, gab ich zurück. »Ich konzentriere mich auf das rechte Auge, weil meine Hand mir sagt, daß hier der Ursprung des Problems liegt. Wenn meine Hand aufhört zu vibrieren, weiß ich, daß die Behandlung für heute abgeschlossen ist.«

»Ist das nicht erstaunlich?« sagte seine Frau zu ihm. »Ich habe ihr gar nicht gesagt, daß ich auf dem rechten Auge schlechter sehen kann.«

»Sie hat es an deiner Brille gesehen, daß dein rechtes Auge schwach ist«, erwiderte er. Er sprach Arabisch, aber es war nicht schwer zu verstehen, was er meinte. Dann trieb er mich langsam zur Weißglut, weil er wieder fragte, warum ich Schüttelbewegungen mit der Hand mache.

Als ich mit der Behandlung fertig war, tippte ich der Frau leicht auf den Rücken, um ihr zu verstehen zu geben, daß die Behandlung zu Ende war. Sofort fing meine Hand wieder an zu vibrieren. »Haben Sie Probleme mit der Wirbelsäule?« fragte ich. Sie bejahte.

»Siehst du«, wandte sie sich an ihren Mann, »sie *kann* mit ihrer Hand Erkrankungen diagnostizieren. Du hast ja mitbekommen, daß ich ihr nichts über meinen Rücken gesagt habe.«

An diesem Punkt wurde ihr Mann auf einmal sehr neugierig. »Können Sie herausfinden, an was ich leide?« fragte er.

»Das kann ich Ihnen in nur einer Minute sagen, wenn Sie mir gestatten, Sie zu untersuchen«, konterte ich. Ich hätte nicht prahlen sollen, aber er hatte mich mit seinen penetranten Fragen gereizt, und ich war damals so begeistert und voller Stolz auf meine Kräfte. Dann sagte ich: »Ich arbeite heute nicht mehr lange in der Klinik. Sagen Sie mir also nur, ob der Erkrankungsherd auf der Vorderseite oder der Rückseite Ihres Körpers liegt.«

»Auf der Vorderseite, aber ich möchte, daß Sie mich an einem Ort untersuchen, wo wir ungestört sind«, erwiderte er.

Ich ging mit ihm auf die Terrasse und wies ihn an, sich dort auf eine Bank zu legen. Ich begann, ihn zu untersuchen, indem ich mit der rechten Hand in einem Abstand von etwa 15 Zentimetern, am Kopf beginnend, über seinen Körper fuhr. Ich stelle Diagnosen immer auf diese Weise. Es scheint, daß sich eine Art elektromagnetisches Feld aufbaut und meine Hand am eigentlichen Erkrankungsherd am stärksten vibriert. Als meine Hand seinen Unterbauch erreichte, begann sie sehr stark zu vibrieren.

»Ihr Problem liegt hier«, sagte ich, auf seinen Unterbauch weisend. Er reagierte nicht. Später erzählte er mir, er sei verblüfft gewesen, daß ich sofort in der Lage gewesen sei, die Dickdarmentzündung, unter der er in den drei vorhergehenden Monaten gelitten habe, zu diagnostizieren.

Meine Hand vibrierte zehn bis 15 Minuten über dem erkrankten Bereich. Als sie aufhörte, sich zu bewegen, sagte ich, daß ich mit der Behandlung fertig sei. Ich war immer noch ärgerlich darüber, wie er sich mir gegenüber verhalten hatte, und fragte ihn nicht nach seinem Befinden. Als ich ihn besser kannte, erzählte er mir auch, daß es ihn sehr erstaunt habe, wie gut er sich nach dieser Behandlung gefühlt habe.

Als er das nächste Mal mit seiner Frau in die Klinik kam, war er völlig verwandelt. Er wollte alles über mich wissen, welche Fälle ich behandeln konnte, welche Erfolgsquote ich hatte usw. Anschließend erklärte er, warum er so interessiert war. »Würden Sie mit mir zur syrischen Botschaft gehen, um den Botschafter, mit dem ich befreundet bin, zu behandeln?« fragte er. »Er leidet unter einem sehr schweren Bandscheibenvorfall und hat die ganze Zeit Schmerzen. Er ist nicht in der Lage, die rechte Hand zu heben, nicht einmal schreiben kann er.«

»Ich konnte schon bei vielen Bandscheibenvorfällen helfen«, erwiderte ich, »aber ich muß meinen Mann um Erlaubnis bitten, daß ich Ihren Freund behandeln kann.«

Nachdem er und seine Frau gegangen waren, erfuhr ich, daß er Dr. Ala-ud-Din Drooby war, ein berühmter Neurologe und Psychiater, der am amerikanischen Krankenhaus in Beirut arbeitete. Ich fühlte mich ziemlich elend. Wenn ich gewußt hätte, daß er Arzt ist, hätte ich mich nie so mit meinen Fähigkeiten gebrüstet.

Der syrische Botschafter war ein charmanter und gebildeter Mann, ein berühmter arabischer Dichter, der seit über 15 Jahren in Indien lebte. Er sagte frei heraus: »Ich glaube nicht an geistiges Heilen. In ein paar Tagen werde ich operiert. Ich lasse mich nur von Ihnen behandeln, weil Dr. Drooby Sie mir empfohlen hat. Wenn Sie mich jetzt immer noch behandeln wollen, dann nur zu.«

»Es spielt kein Rolle, ob Sie an meine Kräfte glauben«, erwiderte ich. »Ich weiß selbst nicht, wie ich heile. Ich werde Sie nur berühren. Wenn es hilft, um so besser. Wenn nicht, dann vergessen Sie mich einfach, und ich vergesse alles, was ich über Sie weiß. Sie müssen sich auf nichts Konkretes konzentrieren.«

Ich forderte ihn auf, sich zu entspannen, und legte meine Hand auf seine Wirbelsäule. Als die Vibrationen nach etwa zwanzig Minuten aufhörten, fragte ich nicht, wie er sich fühlte.

»O mein Gott«, rief er aus. »Ich kann den Arm heben! Ich habe keine Schmerzen!« Er nahm seinen Mantel und zog ihn an. Er hob einen Stuhl hoch. Er war vollauf begeistert und sagte immer wieder: »Ich kann es nicht glauben, ich kann es nicht glauben!« Dann eilte er zum Telefon und forderte mehrere Freunde auf, sofort vorbeizukommen, um die »Wunderheilerin, die mich geheilt hat« kennenzulernen.

Auch Dr. Drooby war überglücklich. »Habe ich dir nicht gesagt, daß ihre rechte Hand Menschen heilen kann?« sagte er. Ich selbst war über die nachhaltige Wirkung meiner Behandlung sehr überrascht. Ich erklärte dem Botschafter jedoch, was ich aus Erfahrung wußte: daß eine Behandlung nicht ausreichte, um ihn völlig zu heilen, und eine Behandlungsserie erforderlich war.

Durch den Heilerfolg beim syrischen Botschafter, änderte sich mein ganzes Leben. Der Botschafter und seine Frau wollten, daß ich auch ihren Freunden half, und fragten mich, ob ich in ihrem Haus, in dem sich auch die Botschaft befand, eine Praxis eröffnen würde. Nachdem ich mit meinem Mann darüber gesprochen hatte und er einverstanden war, trafen wir die Abmachung, daß ich dreimal pro Woche Patienten in der Botschaft behandeln würde.

Anfangs setzte ich auch die Arbeit in der nahegelegenen Klinik fort. Einige der Frauen, die in der Klinik tätig waren, beschwerten sich jedoch, daß ich Disharmonie verursachen würde, weil alle Patienten nur von mir behandelt werden wollten. Zudem verlangten sie von mir, um Spenden zu bitten. Das konnte ich nicht. Ich habe nie daran gedacht, mich für meine Heiltätigkeit bezahlen zu lassen. Ich glaube, daß meine Gabe des Heilens ein Geschenk Gottes ist und ich keine materielle Entlohnung dafür verlangen sollte.

Mein Mann war nur ein paar Wochen zuvor in den Ruhestand getreten. Ich besprach die Angelegenheit mit ihm, und wir trafen gemeinsam eine Entscheidung. Ich gab meine Arbeit in der Klinik auf und arbeitete von da an drei Tage in der syrischen Botschaft und drei Tage in unserem eigenen Haus. Ein paar Monate, nachdem ich die Klinik verlassen hatte, wurde sie geschlossen. Mrs. Narang eröffnete in einem anderen Stadtteil von Delhi eine neue. Trotz der Probleme, die ich in ihrer Klinik gehabt hatte, blieben »Bado« und ich bis zu ihrem Tod einige Jahre später gute Freundinnen.

Frühe Fälle

Die beiden Praxen zu Hause und in der syrischen Botschaft nahmen mich sehr in Anspruch. Plötzlich hatte sich meine Gabe des Heilens herumgesprochen, und viele Menschen kamen zu mir zur Behandlung. Zum ersten Mal in meinem Leben fühlte ich mich wirklich anerkannt und geschätzt. Jetzt war ich mehr als nur Ehefrau und hatte eine Lebensaufgabe.

Anfangs hatte ich meist Wirbelsäulenerkrankungen behandelt, weil ich der Meinung gewesen war, daß dies die einzigen Erkrankungen seien, die ich heilen könne. Nun begann ich, mich auch mit anderen Erkrankungen zu befassen. Bei jedem neuen Fall entdeckte ich neue Fähigkeiten. Die wenigen Ärzte, die an meine Heilkraft glaubten, verwiesen meist nur Patienten an mich, bei denen ihre Heilmethoden nicht anschlugen. Es war eine große Hilfe für mich, daß ich den Rat von Dr. Drooby einholen konnte, der sich immer noch in Neu-Delhi aufhielt.

Einer der ersten Patienten, die ich zu Hause behandelte, war ein kleiner Junge, der unter »Doppeltsehen« litt. Ich zögerte, den Fall zu übernehmen, weil die Ärzte den Verdacht auf einen Gehirntumor hatten, aber sowohl mein Mann als auch Dr. Drooby waren der Meinung, daß ich mich der Herausforderung stellen sollte. Als ich meine Hand über den Kopf des Jungen hielt, wurde sie zu seinen Augen gezogen.

»Hast du noch irgendwelche anderen gesundheitlichen Probleme?« fragte ich den Jungen, weil ich mir irgendwie sicher war, daß er keinen Gehirntumor hatte. Nach dem ich einige Male nachgehakt hatte, stellte sich heraus, daß er eine sehr schwere, chronische Nasennebenhöhlenentzündung hatte. Meine Hand war deshalb zu seinen Augen gezogen worden, weil sich ein harter Knoten in den Nasennebenhöhlen gebildet hatte, so daß das Sehnervenpaar nicht mehr ausreichend mit Blut versorgt wurde. Ich behandelte den Jungen mit meiner Hand. Bereits nach wenigen Sitzungen löste sich der Knoten auf, und sein normales Sehvermögen war wiederhergestellt. Seither habe ich viele Patienten behandelt, die aus unterschiedlichen Gründen unter »Doppeltsehen« litten.

Einer meiner ersten kleinen Patienten war ein Junge, der von einem Nachbarn zu mir geschickt worden war. Man hatte dem Jungen wegen Krebsbefalls den Augapfel entfernt, und die Wunde wollte einfach nicht heilen. Der behandelnde Arzt hatte der Familie mitgeteilt, daß die Krebserkrankung wahrscheinlich binnen fünf Jahren wieder aufflammen würde und daß die Augenbrauen des Kindes nie mehr nachwachsen würden. Nachdem ich das verbundene Auge zwei- oder dreimal behandelt hatte, begann die Wunde zu heilen, und die Augenbrauen des Jungen wuchsen wieder nach. Bei diesem Patienten entdeckte ich, daß ich die Gabe besitze, Wunden zu heilen.

Als der behandelnde Arzt dem Jungen den Verband entfernte, war er begeistert. »Er hat gesagt, daß die Wunde verheilt und keine weitere Behandlung mehr erforderlich ist. Ich kann jetzt mit meinem Sohn nach Dehra Dun zurückkehren«, erzählte mir die Mutter.

»Ich widerspreche ungern einem Arzt, aber meine Hand vibriert immer noch über dem Auge des Jungen. Sie dürfen die Behandlung nicht abbrechen, solange meine Hand noch vibriert«, entgegnete ich. Als die Mutter das nächste Mal mit dem Jungen zur Behandlung kam, untersuchten wir gemeinsam die Augenhöhle mit einem Vergrößerungsglas und sahen, daß ein winziger Fleck in der Größe eines Stecknadelkopfes noch wund war. »Ich bin davon überzeugt, daß meine Hand deshalb immer noch vibriert«, versicherte ich ihr. Ich fuhr fort, das Kind zu behandeln, bis meine Hand aufhörte zu vibrieren.

Viele Jahre später kam auf einer Hochzeitsfeier in Delhi eine Frau auf mich zu. »Erinnern Sie sich an mich?« fragte sie. Ich hatte im Laufe der Jahre so viele Patienten behandelt, und es war inzwischen so viel Zeit vergangen, daß ich mich nur noch dunkel an sie erinnern konnte. Sie zeigte auf einen großen, etwa 18 Jahre alten Mann in der Menge, der eine dunkle Brille trug. »Dies ist der Junge, den Sie gerettet haben.«

Ich überlegte, ob ich mit ihm sprechen sollte, aber dann sagte ich zu mir selbst: »Ich habe dem Jungen geholfen, als er mich brauchte. Warum sollte ich ihm jetzt sagen, daß ich ihn geheilt habe? Es ist Gott, der ihn geheilt hat, ich war nur sein Werkzeug.«

Zu den ersten Patienten, die ich hatte, zählte auch der indische Chef des Protokolls. Er war bei seinem Hausarzt gewesen, weil er ein Gefühl von Enge in der Brust verspürte. »Er hat mir mitgeteilt, ich hätte eine ernste Herzerkrankung. Ich würde gerne Ihre Meinung dazu hören, denn er ist kein Herzspezialist«, sagte er. Als ich mit der Hand über seinen Körper fuhr, konnte ich nichts Auffälliges an seinem Herzen feststellen. Ich diagnostizierte jedoch, daß er unter einer entzündlichen Wirbelgelenkserkrankung (Spondylitis) litt. Sein Nacken war sehr steif, und der Blutfluß zwischen Kopf und Herz war behindert, vor allem in bestimmten Körperhaltungen.

»Bitte suchen Sie den besten Herzspezialisten in Bombay auf«, bat ich ihn. »Lassen Sie ihn überprüfen, ob meine Vermutung richtig ist, daß der Druck auf Ihrer Brust von der Wirbelsäule und nicht vom Herzen herrührt.« Die Röntgenaufnahmen, die der Spezialist in Bombay machte, bestätigten meine Diagnose.

Der Patient kehrte überglücklich nach Delhi zurück, und es waren nur ein paar Behandlungen erforderlich, um seine Spondylitis und andere Gesundheitsstörungen zu heilen.

Eines Tages wurde eine kleine Nichte meines Mannes krank. Sie hatte sehr hohes Fieber, und ihre Eltern baten mich, sie zu untersuchen, während sie auf den Arzt warteten. Mein Mann begleitete mich, weil auch er sich um das Kind sorgte. Als unser Hausarzt eintraf, diagnostizierte er eine Grippe, weil beide Elternteile gerade davon genesen waren.

»Entschuldigen Sie bitte, Herr Doktor«, sagte ich, »aber mit dem Rachen des Kindes ist etwas nicht in Ordnung.« Ich zeigte ihm, wie meine Hand in diesem Bereich vibrierte. Er blickte mich überrascht an, erwiderte aber nichts.

Mein Mann, dem es immer noch etwas peinlich war, daß ich als Heilerin tätig war, sagte lachend zu unserem Arzt: »Meine Frau sieht sich schon als Ärztin. Sie hilft so vielen Menschen.« Unser Hausarzt, der uns beide sehr gut kannte, wollte mehr über meine Heiltätigkeit wissen.

»Ich spüre, daß meine rechte Hand heilende Kräfte hat«, erklärte ich ihm. »Bitte kümmern Sie sich zuerst um das Kind. Dann werde ich Ihnen Näheres berichten.«

Als der Arzt den Rachen des Kindes untersuchte, stellte er fest, daß es eine eitrige Mandelentzündung hatte. Daraufhin wandte er sich an meinen Mann. »Mein Gott, sie ist begabt«, sagte er. »Sie ist Ihre Frau – machen Sie sich nicht über sie lustig. Auf eine Million Menschen kommt einer, dem diese Gabe in die Wiege gelegt wird.«

Zum Schluß fragte er mich, ob ich seine Frau wegen hartnäckiger Rückenschmerzen behandeln würde. Sie kam ein paar Tage später in meine Praxis und erzählte mir, was ihr Mann über mich gesagt hatte: »Bei einer solchen Gabe kann ihr Mann sie nicht verstecken. Die Welt wird sie ihm wegnehmen. Sie ist eine sehr einfache Frau und hat keine Ahnung, wie ihre Hand heilt, Gott hat ihr diese Gabe gegeben.«

Zu dieser Zeit behandelte ich auch ein etwa dreijähriges Mädchen aus Nepal, das mit einem Loch im Herzen geboren worden war. Seine Mutter war sehr unglücklich, weil es völlig entkräftet war und die Ärzte zu einer großen Operation rieten. Es war sehr schwierig, das Mädchen zu behandeln, weil es sich weigerte, auf der Liege Platz zu nehmen, und ich es behandeln mußte, während die Mutter es in den Armen hielt. Nach einigen Sitzungen konnte das Mädchen wie andere Kinder spielen, ohne zu ermüden, so daß wir die Behandlung abbrachen. Als die Mutter das Kind nach ihrer Rückkehr in ihr Heimatland untersuchen ließ, stellten die Ärzte fest, daß keine Operation mehr erforderlich war.

Damals behandelte ich auch ein »blaues« Baby, das sofort nach der Geburt auf die Intensivstation mußte und mit Sauerstoff beatmet wurde. Die Mutter sorgte sich sehr um ihr Kind, und auch der junge diensthabende Arzt hielt den Gesundheitszustand des kleinen Mädchens für bedenklich. Er kannte mich und bat mich, ins Krankenhaus zu kommen, um zu helfen. Nach nur fünf Behandlungen war die Hautfarbe des winzigen Babys normal. Es brauchte nicht mehr beatmet zu werden und konnte wieder zu seiner Mutter zurück.

Der Arzt, der das Baby entbunden hatte, war verblüfft und fragte, was passiert war. Er zeigte großes Interesse an meiner Heiltätigkeit, und einige Zeit später bat er mich, seinem Schwager, einem Generalmajor, zu helfen. »Die Militärärzte diagnostizierten ein Herzgeräusch«, berichtete er mir. »Seine Beförderung steht ins Haus, aber wenn er den nächsten Herz-Belastungstest nicht besteht, wird er vorzeitig in den Ruhestand versetzt. Sie können sich sicher vorstellen, wie besorgt er ist. Werden Sie versuchen, ihm zu helfen?«

»Ich habe bisher erst ein dreijähriges Kind wegen eines Herzproblems behandelt. Ich habe keine Ahnung, ob ich ihm helfen kann«, erwiderte ich.

»Bitte schauen Sie ihn sich wenigstens einmal an«, drängte er mich. »Ich würde gerne noch wissen, was Sie berechnen.« Er war sehr überrascht, als er hörte, daß ich kein Geld annahm. Ich behandelte den Generalmajor mehrmals, und er bestand den umfassenden Herz-Belastungstest, dem Piloten unterzogen werden, ohne Probleme. Er wurde zum Generalleutnant befördert und leistete seine volle Dienstzeit ab.

Meist empfehlen mich meine Patienten in ihrem Bekanntenkreis weiter. Einige Zeit später bat mich der Generalleutnant, dem ich geholfen hatte, einen seiner Offiziere wegen zweier Blockaden in einer Herzkranzarterie zu behandeln. Dies war mein erster Fall dieser Art, und ich war sehr gespannt, ob ich ihn würde heilen können.

Bei diesem Patienten war eine lange Behandlungsfolge erforderlich. Ich behandelte den Offizier über einen längeren Zeitraum dreimal die Woche, bis meine Hand nicht mehr vibrierte. Einige Jahre später rief der Offizier an und wollte mich mit seiner Frau und seiner Tochter bekanntmachen. Ich erkannte ihn kaum wieder, er war ein anderer Mensch. Er erzählte mir, daß man vor seiner anstehenden Beförderung von ihm verlangt hatte, eine Angiographie (röntgenologische Darstellung der Herzkranzgefäße nach Injektion eines Kontrastmittels) durchführen zu lassen. Er war befördert worden, nachdem die Ärzte festgestellt hatten, daß sein Herz vollkommen normal war.

Eines Tages machte mich der syrische Botschafter mit James George, dem kanadischen Oberkommissar von Indien bekannt. Er war spirituell orientiert und sehr belesen. Der Botschafter bat mich, dem Oberkommissar zu helfen. Dieser hatte eine fühlbare, weiche Geschwulst an seinem rechten Schulterblatt, die langsam wuchs. »Die Ärzte raten zur sofortigen Operation«, sagte der Botschafter, »mir erscheint die Operation jedoch sehr gefährlich, weil sich der Tumor an einer ungünstigen Stelle befindet und die Operation sehr lange dauern wird.« »Haben Sie eine Biopsie machen lassen? Haben Sie Schmerzen?« fragte ich den Oberkommissar. Wie er mir berichtete, war keine Biopsie gemacht worden, und er hatte auch keine Schmerzen, aber er konnte nicht auf dem Rücken schlafen und hatte Schwierigkeiten, den rechten Arm zu heben.

Ich behandelte James George einen Monat lang täglich außer sonntags. Zunächst vibrierte meine Hand etwa eine Stunde lang. Als meine Hand immer weniger vibrierte, verhärtete sich die weiche Geschwulst allmählich. Sie wurde kleiner und kapselte sich ein. Nach genau einem Monat hörte meine Hand auf zu vibrieren.

Er unterzog sich der Operation, die jedoch nur zwanzig Minuten dauerte. Die Ärzte fanden nur totes Gewebe, und er hat bei der Operation nicht einmal Blut verloren. Die Wucherung war nicht bösartig. Wie Sie im Vorwort zu diesem Buch lesen können, ist James George davon überzeugt, daß der Tumor durch meine Heilbehandlung zu einer gutartigen Wucherung wurde und sich verkleinerte und einkapselte, so daß die Operation gefahrlos durchgeführt werden konnte. Ich habe auch seine Frau wegen einer entzündlichen Wirbelgelenkserkrankung behandelt, und wir sind bis zum heutigen Tage gut befreundet.

»Es steht jemand hinter dir«

In der Zeit, in der ich in der syrischen Botschaft arbeitete, hatte ich ein sehr seltsames Erlebnis: meine erste Begegnung mit einem Hellseher. Der Botschafter bat mich, ein Ehepaar zu behandeln, das für einen Kurzbesuch aus Paris angereist war. Die Frau hatte eine Nahrungsmittelvergiftung, und ich konnte sie in einer Sitzung heilen. Ihr Mann kam wegen eines Rückenleidens zu mir. Ehe ich mit der Behandlung begann, sah er mir mehrere Minuten lang prüfend ins Gesicht. »Sie hat übersinnliche Augen«, sagte er zum Botschafter.

Ich forderte den Mann auf, sich hinzulegen, und schloß, wie üblich, die Tür des spärlich beleuchteten Zimmers. Als ich ihm die Hand auf den Rücken legte, fragte er mich plötzlich: »Wer steht da hinter Ihnen?« Ich schaute über die Schulter. »Es ist niemand da.«

»Natürlich ist jemand da. Hinter Ihnen steht ein Mann«, betonte er. Wieder blickte ich über die Schulter. Ich spürte, wie Angst in mir hochstieg. Ich wiederholte: »Nein, es ist niemand da.« Dann fügte ich hinzu: »In der Nähe von Bombay lebte einst ein sehr berühmter Heiliger. Die Leute sagen, das er es ist, der mir beim Heilen hilft.« Als ich dies sagte, hörte ich einen Mann schallend lachen. Die Hand, mit der ich den Rücken meines Patienten berührte, sagte mir, daß er es nicht gewesen war, der gelacht hatte. Angst schnürte mir die Kehle zu, und ich zog die Hand weg.

Mein Patient sagte: »Sie haben recht, ich habe nicht gelacht. Es war der Heilige. Wenn Sie mit der Behandlung fertig sind, werde ich Ihnen alles erzählen. Jetzt verstehe ich die Botschaft, die ich erhalten habe.«

Als ich die Behandlung abgeschlossen hatte, gab er mir eine exakte Beschreibung des Mannes, den er hinter mir hatte stehen sehen – groß und schlank mit hohen Wangenknochen, blauen Augen und einem Stirnband. Es war eine genaue Beschreibung von Sai Baba. »Haben Sie ein Bild von dem Heiligen?« fragte er mich. Ich zeigte ihm das Medaillon mit einem Bild von Sai Baba, das ich immer an einer Kette um den Hals trage. »Ja«, sagte er, »das ist der Mann, und als Sie sagten, daß er ein großer Heiliger sei, lachte er. Er hat mir die folgende Botschaft übermittelt: Er liebt Sie wie eine Tochter. Er hält große Stücke auf Sie, aber findet, daß Sie zu hart arbeiten müssen. So viele kranke Menschen werden bei Ihnen Hilfe suchen, aber Sie können sie nicht alle heilen. Sie müssen Ihre Patienten bewußt auswählen. Sie dürfen nicht jeden Tag arbeiten, sonst leben Sie nicht lange. Sie müssen auf sich achtgeben.«

Ich war sprachlos, als ich das hörte. Der Mann verließ das Zimmer vor dem, wie gewöhnlich, viele Menschen darauf warteten, von mir behandelt zu werden. Er berichtete ihnen bis in die kleinsten Einzelheiten von dem Vorfall, insbesondere davon, daß ich nicht zu hart arbeiten dürfe.

Der berühmte deutsche Architekt Karl-Heinz und seine Frau Bella saßen ebenfalls im Wartezimmer. Beide waren Patienten von mir. Ich hatte Karl-Heinz wegen eines Emphysems (übermäßige Luftansammlung in Körpergeweben oder -organen) behandelt. Bella besuchte uns zu Hause und erzählte meinem Mann die ganze Geschichte. Sie berichtete, daß dieser Patient für seine besonderen hellseherischen Fähigkeiten bekannt war, die ihm ermöglicht haben mußten, Sai Baba zu sehen.

Nach diesem Erlebnis reduzierte ich meine Arbeit. Mein Mann hatte mich viele Male dafür gescholten, daß ich sechs Tage in der Woche arbeitete und zu viele Patienten behandelte – er nannte es, »eine Kerze von beiden Seiten abzubrennen«. Ich reduzierte meine Arbeitszeit auf drei bis vier Tage pro Woche und begann, meine Patienten bewußt auszuwählen. Bis zum heutigen Tage befolge ich Sai Babas Anweisungen.

Im Laufe der Jahre hat mir die Erfahrung gezeigt, bei welchen Krankheiten ich die größten Heilerfolge erzielen kann. Ich habe festgestellt, daß ich bei Arthritis oder Rheumatismus und auch bei allen Arten von Hauterkrankungen keine durchschlagende

Besserung bewirken kann. Auch bin ich nicht in der Lage, chronische Krankheiten, wie Multiple Sklerose und Parkinson, zu heilen. Ich habe einige Krebspatienten behandelt, aber ich vermeide das heute möglichst, weil die Behandlung mir zuviel Energie raubt und ich mir nie sicher bin, ob ich eine vollständige Heilung erzielen kann. Zudem vibriert meine Hand nicht, wenn die Patienten mit einer massiven Strahlen- oder Chemotherapie behandelt wurden. Ich glaube, daß ich nichts ausrichten kann, wenn das Immunsystem zu sehr geschädigt ist. Ich habe über diese Dinge sehr viel nachgedacht und bin zu dem Schluß gekommen, daß ich meine Fähigkeiten für die Menschen aufsparen sollte, denen ich wirklich helfen kann. Es ist jedoch immer sehr schmerzlich für mich, einen Patienten abweisen zu müssen.

Die Reise nach Beirut

Dr. Drooby mußte nach Beirut zurückkehren und fragte mich, ob ich in den Libanon kommen wolle, um mir das amerikanische Krankenhaus anzusehen, in dem er arbeitete. Mein Mann war nicht gerade begeistert, daß ich fahren wollte, aber Omar Abu Riche, der syrische Botschafter, hatte mir bereits ein Ticket besorgt, und seine Frau Munira wollte mich in ihrem Haus in Beirut unterbringen. Letztendlich stimmte mein Mann der Reise widerwillig zu. Ich wollte jedoch nicht abreisen, ohne seine volle Zustimmung zu haben.

Einige Tage vor dem geplanten Reisetermin rutschte mein Mann auf seinem Morgenspaziergang mit dem Hund aus und verletzte sich schwer am Knie. Er sagte mir nichts davon, und als ich aus meiner Praxis in der syrischen Botschaft nach Hause kam, sah ich, daß er große Schmerzen hatte. Seine Schwester, die ihn sehr liebte, saß bei ihm und war wütend auf mich. »Hier leidet dein kranker Mann, und du bist fort, um anderen Menschen zu helfen und deiner sozialen Tätigkeit nachzugehen. Er hat einen Unfall gehabt, aber dich kümmert das nicht im mindesten – du hast vor, in den Libanon zu reisen und ihn mit einem schwer verletzten Bein zurückzulassen!«

»Er hat mir nichts von seinem Sturz erzählt«, erwiderte ich. Ohne ein weiteres Wort begann ich, das Knie meines Mannes zu behandeln. Es war kalt, und er hatte große Schmerzen. Ich deckte ihn zu, und fuhr trotz seiner Proteste fort, sein Knie durch die Decke zu bearbeiten, bis er mir um Mitternacht sagte, daß es ihm viel besser gehe. Als ich sicher war, daß er aufstehen und ohne Stock laufen konnte, ging ich ins Bett.

Am nächsten Tag ging es ihm noch besser, und auch seine Stimmung war gut. Er sagte, ich solle zur Meldestelle gehen, um meinen Paß abzuholen. Als ich nach meinen Erledigungen – Visa besorgen, Geld wechseln usw. – zurückkehrte, bemerkte ich eine große Veränderung bei ihm. Es schien, als sei er in Gottes Hand. Wenn er nicht gestürzt wäre und sich verletzt hätte und ich nicht die Chance gehabt hätte, ihn selbst zu heilen, wäre er nicht so bereitwillig gewesen, mich ziehen zu lassen.

Ich flog am Abend nach Beirut – meine erste Reise, die mich aus Indien hinausführte, und die ich alleine unternahm. Auf einmal erinnerte ich mich an Tagores Zeilen:

O mein einsamer Reisender, du mußt deine Reise in der Nacht antreten. Hüte dich, du mußt unüberwindbare Berge, weite Ozeane und dürre Wüsten durchqueren.

Mir war es, als habe er diese Zeilen für mich geschrieben. Ich war sicher, Horden feindseliger Ärzte gegenübertreten zu müssen. Diese Vorstellung hat mich schon immer sehr nervös gemacht. Ärzte müssen sehr lange und hart studieren. Wie konnte ich mich ohne medizinische Qualifikationen mit ihnen messen? Omar Abu Riche hatte mich so viele Male mit Ärzten bekannt machen wollen, als ich in der Praxis in der syrischen Botschaft arbeitete, aber ich hatte immer abgelehnt. Ich habe das Gefühl, nur ein gewöhnlicher Mensch zu sein, und meine, daß ich demütig bleiben sollte, weil dies die einzige Möglichkeit für mich ist, der Menschheit zu dienen und dem Begriff »geistiges Heilen« eine Bedeutung zu verleihen. Meine einzige Unterstützung auf jener einsamen Reise war mein starker Glaube an Gott. Sein Segen war mit mir. Ich trat meine Reise in jenes neue und mich seltsam anmutende Land voller Demut an.

In jener Zeit war Beirut keine traurige, an den Folgen des Krieges leidende Stadt. Klein und schön, wie sie war, wurde sie wegen ihrer eleganten Hotels, Geschäfte und Restaurants und ihrer weltmännischen Einwohner, die Französisch sprachen, »das Paris des Nahen Ostens« genannt. Wenn einem der Sinn danach stand, konnte man den Morgen am Strand verbringen und am Nachmittag ausgezeichnete Straßen hochfahren, um in den schönen, schneebedeckten Bergen Ski zu laufen. Die hohe Qualität der medizinischen Versorgung war in der ganzen Welt bekannt. Aus dem gesamten Umland kamen Menschen in das amerikanische Krankenhaus, an dem Dr. Drooby Chefarzt der Abteilung Neurologie und Psychiatrie war.

An meinem ersten Tag in Beirut kam eine Mrs. Jallad, eine Syrerin, zu mir zur Behandlung. Dr. Drooby hatte ihr zuvor schon empfohlen, mich wegen einer Erkrankung, bei der die Ärzte ratlos waren, in Indien aufzusuchen. In der Nacht vor meiner Ankunft hatte sie geträumt, daß sie die Vibrationen meiner Hand auf ihrem gepeinigten Körper verspürte. Als Dr. Drooby sie anrief, um ihr zu sagen, daß ich mich in Beirut aufhielt, rief sie aus: »Ich habe es gewußt!« und erzählte ihm von ihrem Traum. Als wir uns gegenübertraten, sagte sie: »Ich habe meine erste Behandlung schon hinter mir.«

Das amerikanische Krankenhaus in Beirut

Die erste Begegnung in Beirut war angenehm. Als mich Dr. Drooby jedoch am nächsten Tag ins Krankenhaus mitnahm, um mich den Ärzten vorzustellen, spürte ich, daß sie sehr skeptisch waren. Dennoch wollten sie, daß ich sofort einen schweren Fall, einen Patienten mit einer Hirnverletzung, behandelte. Der Patient war Architekt und Ingenieur und auch

Bauleiter. Als er Bauarbeiten beaufsichtigte, hatte jemand absichtlich einen Sack mit schweren Steinen auf seinen Kopf fallen lassen. Er hatte einen Schädelbruch, und ein Teil seines Gehirns war hervorgetreten. Als ich im Krankenhaus eintraf, war der Patient schon am Gehirn operiert worden, aber er hatte eine Lungenentzündung bekommen und lag auf einem Eisblock, mit dem man das Fieber senken wollte. Er war an ein Beatmungsgerät angeschlossen und hatte einen Schlauch in der rechten Lunge.

Sie wollten, daß ich seine Kopfverletzung behandle, aber ich wagte es nicht, ihm die Hand auf den Kopf zu legen, weil ich befürchtete, daß die Vibrationen meiner Hand so kurz nach der Gehirnoperation einen negativen Einfluß haben könnten. Also baten sie mich, seine rechte Lunge zu behandeln, um den festsitzenden Schleim zu lösen, damit sie ihn aus der Lunge absaugen konnten. Meine Hand vibrierte jedoch nicht über der rechten, sondern über der linken Lunge. Sie überprüften die Röntgenaufnahmen und stellten zu ihrem Erschrecken fest, daß sie den Schlauch in die falsche Lunge eingeführt hatten.

Danach änderte sich die Einstellung der Ärzte mir gegenüber beträchtlich. Ich fuhr fort, die erkrankte Lunge zu behandeln, bis sie immer freier wurde und das Fieber des Patienten zurückging. Danach baten sie mich jedesmal, wenn ich ins Krankenhaus kam, seine lebenswichtigen Organe zu untersuchen. Einmal vibrierte meine Hand zum Beispiel über seiner Niere, und sie fanden heraus, daß er eine Harnwegsinfektion hatte.

Alle Ärzte außer dem Neurochirurgen ließen sich davon überzeugen, daß meine Hand immer korrekt diagnostizierte. Eines Tages wurde meine Hand zum Kopf des Patienten gezogen, während ich seine Lunge behandelte. Ich hatte den Verdacht, daß etwas mit der Wundheilung nicht in Ordnung war, und bat die anwesenden Ärzte, den Neurochirurgen zu holen, damit er den Verband wechselte und die Kopfwunde untersuchte. Einer der Ärzte war der Bruder des Patienten, der aus den USA eingeflogen war, um zu helfen. Auch er drängte den Neurochirurgen, sich die Wunde anzuschauen. »Es ist alles in Ordnung«, beharrte der Chirurg. »Ich werde den Verband weiterhin jeden dritten Tag wechseln.« Leider mußte der Chirurg, als er den Verband schließlich wechselte, feststellen, daß die Kopfwunde des Patienten schwer infiziert war, und der unglückliche Mann starb ihm unter den Händen.

Allmählich kamen immer mehr Patienten zu mir. Am Morgen arbeitete ich im Krankenhaus und am Abend im Haus des syrischen Botschafters. Die meisten Fälle, die ich behandelte, waren Wirbelsäulenerkrankungen wie jene, die ich in der Botschaft in Indien behandelt hatte – Bandscheibenvorfälle und entzündliche Wirbelgelenkserkrankungen. Ich erinnere mich, daß ich den Bandscheibenvorfall eines kleinen Jungen in einer Sitzung heilte. Ich konnte es selbst kaum glauben. Seine Familie hatte eine Bäckerei, und er kam am nächsten Tag mit einem großen Kuchen für mich wieder, auf dem in fetten Buchstaben aus Schokoladenglasur mein Name geschrieben stand.

Eines Tages wurde ich von Redakteuren der Lokalzeitung interviewt. Sie schrieben über meine Arbeit und brachten ein großes Bild von mir, auf dem meine vibrierende Hand zu sehen war. Es war sehr schwierig, mit den Menschenmassen umzugehen, die der Artikel auf mich aufmerksam gemacht hatte, und ich verausgabte mich sehr. Es war beängstigend, wie viele Menschen von mir behandelt werden wollten.

Der heilige Sharbel

Um mir eine kleine Pause zu verschaffen, fuhren meine Freunde mit mir in die Berge, wo wir das Grab von Sharbel, eines berühmten libanesischen Einsiedlers, besuchen wollten. Der heilige Sharbel fristete im 19. Jahrhundert hoch in den Bergen, wo er betete und meditierte, ein zurückgezogenes, asketisches und bußfertiges Leben. Er nahm nur Brot und Wasser zu sich, das er einmal pro Woche von den Dorfbewohnern bekam.

Ich besuchte diesen kargen Ort und sah den rohen Steinverschlag, in dem Sharbel direkt auf dem Boden mit einem Stein unter dem Kopf geschlafen hatte. Es heißt, daß sein erstes Grab von einem magischen Lichtschein umgeben war, als er 1905 starb. Man öffnete es vier Monate nach seinem Tod, um den Leichnam in ein größeres Mausoleum zu überführen, und fand ihn unversehrt – so als sei er am selben Tag beerdigt worden. Eine blutrote Flüssigkeit tropfte von seinem Körper. Wie meine Freunde mir erzählten, fängt man diese Flüssigkeit immer noch ehrfürchtig in Flaschen auf. Es heißt, daß sie den Kranken Linderung verschafft und sie manchmal heilt.

Dem Heiligen werden viele Wunder zugeschrieben. Ich verspürte die Atmosphäre der Frömmigkeit, die das Grab umgibt und jedes Jahr Tausende von Pilgern aus der ganzen Welt anzieht. Ich sah auch unzählige Briefe, die in einem speziellen Archiv aufbewahrt werden, und die vielen Krücken, Stöcke und Brillen, die die Menschen, die geheilt wurden, zurückgelassen haben. Ich sinnierte, daß Sharbel, der ein zurückgezogenes Leben führte, das der Liebe Gottes gewidmet war, uns in dieser rastlosen und materialistischen Welt einlädt, die Stille zu suchen, um Gott zu begegnen und inneren Frieden zu finden. An seinem Grab werden wir zur Demut aufgefordert – zu einer Demut, die für unsere Erlösung notwendig ist.

Eine weitere Begegnung mit einem Hellseher

Meine Freundin Munira, die Frau des syrischen Botschafters, machte mich mit dem Innenminister Kamal beg Zumlat bekannt. Er war Mitglied der Drusen, einer islamischen Religionsgemeinschaft, die im Süden des Libanon ihre Zentrale hatte. Obwohl er eine sehr wichtige und mächtige Stellung innehatte, war er ein höchst spiritueller Mann und hatte einen Guru in Südindien. Ich dachte, daß er mich gerne kennenlernen würde, weil ich auch Inderin war.

Als wir das Büro in seinem Haus betraten, war es voller Menschen, die auf einen Termin bei ihm warteten. Nachdem ich in sein Arbeitszimmer gerufen worden war, verstrickte er mich in eine lange Diskussion über meine Heiltätigkeit und sein spirituelles Leben. Ich begann, mich unwohl zu fühlen, weil ich an die lange Warteschlange vor seiner Tür dachte. »Danke, daß Sie mich empfangen haben, aber ich glaube, ich sollte jetzt gehen. Es warten so viele Menschen auf einen Termin bei Ihnen«, sagte ich.

»Nein, nein, Sie müssen zum Abendessen bleiben«, insistierte er. Als ich mir mit Munira und zwei anderen Frauen sein palastartiges Haus anschaute, kamen wir auch in sein Schlafzimmer. Ich war sehr beeindruckt, als ich sah, daß er auf einer einfachen Matratze auf dem Boden schlief und nur eine grobe Decke als Oberbett hatte. Später erfuhr ich, daß seine Frau ihn verlassen hatte, weil er auf so einem spartanischen Leben bestand.

Als wir uns mit Kamal beg Zumlat zum Abendessen an den Tisch setzten, bemerkte ich einen sonderbar aussehenden Mann, der sich in einer Ecke des Zimmers befand. Er nahm nicht an unserem einfachen vegetarischen Mahl teil und wurde mir auch nicht vorgestellt. Während wir aßen, sprach der Mann auf Arabisch mit den anderen Frauen am Tisch. »Könntest du uns zeigen, wie du behandelst?« fragte Munira mich dann. Da Munira eine Brille trägt, schien es am einfachsten zu sein, meine Behandlungsmethode an ihren Augen zu demonstrieren. Als meine Hand vibrierte, bemerkte ich, wie mich der Mann aufmerksam beobachtete. Dann sagte er etwas auf Arabisch, das alle in helle Begeisterung versetzte.

Auf dem Nachhauseweg erzählte mir Munira, daß Kamal beg Zumlat Genaueres über meine Gabe hatte wissen wollen. Er hatte diesen seltsam aussehenden Mann, der besondere sensitive Fähigkeiten besaß, beauftragt, herauszufinden, welcher Art meine Kräfte waren. »Weißt du, was er gesagt hat? ›Wenn sie mit der Arbeit beginnt, durchfährt ein Lichtstrahl sie von Kopf bis Fuß, und da ist eine Gestalt, ein Mann, der hinter ihr steht. Wenn ihre Hand aufhört zu vibrieren, verschwindet die Gestalt‹«, berichtete Munira.

Als Kamal beg Zumlat zum Abendessen zu uns kam, erzählte er mir, daß dieser Mann ihn meditieren gelehrt hatte. Während sie meditierten, kam der spirituelle Führer dieses Mannes – Kamal beg Zumlat konnte ihn nicht sehen – auch hinzu. »Woher wissen Sie, daß Ihr Führer bei uns ist?« hatte er seinen Mentor einmal gefragt. »Mein Führer steht in der Tür«, hatte er geantwortet. »Versuchen Sie, durch die Tür zu gehen, und Sie werden feststellen, daß Sie nicht hindurchkommen.« Kamal beg Zumlat sagte, daß er bei dem Versuch, durch die Tür zu gehen, auf eine für ihn unsichtbare Gestalt geprallt war. Er war davon überzeugt, daß dieser spirituelle Führer ihn bei seiner täglichen Arbeit unterstützte.

Während unseres letzten Treffens in Beirut gab mir Mr. Zumlat einen Rat: »Sie werden nicht in der Lage sein, Ihre Gabe des Heilens weiterzugeben«, prophezeite er mir, »aber Sie müssen alles, was Sie über Kräuter und natürliche Heilmethoden wissen, niederschreiben, damit andere davon profitieren können.«

Einige Jahre später erfuhr ich, daß Mr. Zumlat von einem unbekannten Mann erschossen worden war. Ich war schockiert und traurig, daß ein spirituell so weit entwickelter Mann, der so viel Wissen und Weisheit besaß, auf diese Weise hatte sterben müssen. Ich habe jedoch gehört, daß das Risiko eines gewaltsamen Todes besteht, wann immer ein Mensch sich auf einen spirituellen Führer einläßt.

Als sich mein Aufenthalt in Beirut dem Ende näherte, war ich sehr erschöpft und fühlte mich nicht wohl. Die Frau des führenden Modedesigners überredete mich, ihren Mann zu besuchen. Er lag in einem riesigen Bett inmitten von spitzenbesetzten Kissen. Er hatte einen schweren Schlaganfall erlitten, durch den seine linke Körperseite gelähmt war. Als ich ihm die Hand auflegte, vibrierte sie nicht, weil seine Gehirnzellen zu stark geschädigt waren. Er erzählte seiner Frau mit stockender Stimme, er habe geträumt, daß ich ihn behandelt habe, und daß es ihm hinterher so viel besser gegangen sei. Als ich in persona vor ihm stand, sagte er: »In meinem Traum hat sie die ganze Zeit gelacht, und jetzt lächelt sie nicht einmal.« Es stimmt, daß ich immer lächele oder lache, wenn ich Menschen behandle, aber an jenem Tag fühlte ich mich zu müde und unwohl.

So hat meine Reise nach Beirut mit einem Traum begonnen und mit einem Traum geendet.

Ärzte testen mich auf ASW

Zwei Tage vor meiner Abreise aus Beirut trat eine Gruppe von etwa zwanzig Ärzten und Wissenschaftlern aus England und den USA an mich heran. Sie hatten den Zeitungsartikel über mich gelesen und wollten mich unbedingt interviewen, weil sie das Phänomen außersinnliche Wahrnehmung (ASW) untersuchten. Ich hatte keine Ahnung, daß sie mir in Wirklichkeit nur auf den Zahn fühlen wollten, als ich zustimmte. Es interessierte mich, von ihnen mehr über meine Gabe zu erfahren. Wie gesagt, ich war in meinem Heimatland Indien immer zu nervös gewesen, mehreren Medizinern gegenüberzutreten, aber nachdem ich im amerikanischen Krankenhaus mit so vielen berühmten Ärzten zusammengearbeitet hatte, hatte ich nun keine Scheu mehr.

Zu Beginn unseres Gesprächs umringten und beobachteten sie mich, als sei ich ein Studienobjekt. Dann stürmten sie alle zur gleichen Zeit mit Fragen auf mich ein. Ich erklärte unverblümt: »Stellen Sie mir keine medizinischen Fragen – ich habe keine medizinische Ausbildung. Ich habe keine Ahnung, wie meine Gabe wirkt. Ich kann Ihnen nur meine Arbeit vorführen. Danach können Sie mir dann Fragen stellen, die Sie interessieren. Wenn Sie möchten, kann ich Ihnen auch sagen, welche gesundheitlichen Probleme Sie selbst haben.«

Ich erinnere mich nicht mehr an alle Fragen, die sie mir stellten. Nicht vergessen habe ich jedoch ihre Frage, ob ich mit meiner Heiltätigkeit darauf aus sei, viel Geld zu verdienen. »Ich nehme nie Geld von meinen Patienten an«, erwiderte ich. »Meine Heilkraft ist ein Geschenk Gottes.«

»Ist Ihnen an gutem Essen oder anderen leiblichen Genüssen gelegen?« war eine andere Frage. »Ich bin nicht im mindesten an Dingen wie diesen interessiert«, antwortete ich darauf. »Ich meditiere sehr gern, und manchmal möchte ich einfach allein sein. Ich liebe das Meer und die Flüsse, die Natur in all ihren Erscheinungsformen, wie zum Beispiel einen gedeihenden Garten. Ich sehne mich danach, eng mit der Natur verbunden zu sein. In der Natur habe ich das Gefühl, Gott nahe zu sein. Auch Berge geben mir das Gefühl der Nähe Gottes. In der Stille der Meditation empfinde ich seine Nähe ganz stark. Wann immer ich Fragen habe, auf die ich eine Antwort suche, gehe ich auf die Terrasse, und nach einer Weile erscheint die Antwort ganz deutlich vor meinem geistigen Auge. Ich bin glücklich, wenn ich anderen Menschen helfen kann.« Die ASW-Experten erklärten mir, daß Menschen, die wirklich zu außersinnlichen Wahrnehmungen fähig sind, immer auf ähnliche Weise antworten.

Sie ließen mich jedoch darüber im Unklaren, daß sie mich immer noch testen wollten. Einer der Ärzte sagte, daß er vollkommen gesund sei, aber trotzdem gerne von mir untersucht werden würde. »Bitte legen Sie sich hin«, bat ich ihn. Ich begann sofort mit der Untersuchung, indem ich mit der rechten Hand über seinen Körper fuhr. Als sich meine Hand über seinem Herzen befand, fing sie an zu vibrieren. Das brachte mich in ein Dilemma. Hier war ein Arzt, der behauptete, kerngesund zu sein, aber meine Hand teilte mir etwas anderes mit. Ich beschloß, ihm zu sagen, was ich dachte. »Sie mögen Arzt sein«, begann ich, »aber Sie wissen anscheinend nicht, daß mit Ihrem Herzen etwas nicht stimmt. Ich glaube, daß Sie eine Herzerkrankung haben. Sie sollten so bald wie möglich ein EKG machen lassen. Es schadet sicher nichts, wenn Sie diese Untersuchung durchführen lassen.« Mir war nicht bewußt, daß der Arzt selbst und alle anderen anwesenden Ärzte und Wissenschaftler wußten, daß er ein schwaches Herz hatte. Ich bemerkte jedoch, daß alle sehr erstaunt dreinblickten.

»Ehrlich gesagt, ich hatte vor zwei Jahren einen Herzinfarkt«, gab der Arzt zu. »Jetzt habe ich Schmerzen im Rücken. Würden Sie bitte überprüfen, was es ist?« Ich untersuchte ihn und behandelte ihn ein paar Minuten lang. Daraufhin sagte er, daß es ihm viel besser gehe. Dann baten mehrere andere Ärzte und Wissenschaftler mich, sie zu untersuchen.

An jenem Tag war Gott mit mir. All meine Diagnosen erwiesen sich als richtig, und alle lobten mich dafür, mit welcher

Geschwindigkeit und Genauigkeit ich ihre Erkrankungen diagnostiziert hatte. Erst am Ende offenbarten sie mir, daß sie den Termin mit mir vereinbart hatten, um mich zu testen.

Sie fragten mich auch, ob ich bereit sei, an einem weiteren Experiment teilzunehmen. Immer wenn ich in eine Moschee, eine Kirche oder einen Tempel gehe, beginnt mein ganzer Körper, insbesondere meine rechte Hand, zu vibrieren. Sie wollten dieses Phänomen untersuchen. Unglücklicherweise regnete es an dem Tag, an dem wir zur Moschee gehen wollten, so stark, daß wir das Vorhaben aufgeben mußten.

Am Tag nach dem Test, dem mich die Ärzte unterzogen hatten, schrieb einer von ihnen einen Artikel für die Lokalpresse, der mit einem Bild von mir abgedruckt wurde. Ich habe den Zeitungsausschnitt nicht aufgehoben, aber ich kann mich immer noch an Teile des Artikels erinnern: »Mrs. Chakravarti hat Fähigkeiten, die wir nicht genauer definieren können, aber es besteht kein Zweifel, daß sie diagnostizieren kann, in welchem Körperteil eine Erkrankung vorliegt. Weiterhin besteht kein Zweifel, daß sie eine außergewöhnliche Heilkraft besitzt.« Der syrische Botschafter zeigte diesen Artikel meinem Mann und sagte: »Ich hoffe, daß Sie jetzt keine Zweifel mehr an der Heilkraft Ihrer Frau haben.« Der größte Vorteil dieser Reise war in der Tat, daß sie bei meinem Mann etwas bewirkte. Er akzeptierte endlich, daß ich in der Lage bin, Menschen zu heilen.

»Du gehörst allen Religionen an«

Kurz nach meiner Rückkehr nach Indien ging Omar Abu Riche in den Ruhestand, und er und Munira kehrten in ihr Heimatland zurück. Es war ein großer Verlust für mich, zwei so guten Freunden Lebewohl sagen zu müssen. Ich erinnere mich an einen Tag kurz vor ihrer Abreise, an dem mich in der syrischen Botschaft jemand nach meiner Religion fragte. »Ich bin Hindu«, gab ich zurück.

Omar Abu Riche wurde sehr zornig auf mich. »Sag in Zukunft nicht, daß du Hindu bist. Du gehörst allen Religionen an. Du bist nur Sree, nicht einmal Mrs. Sree Chakravarti. Du bist auf dieser Welt, um dich um alle Kranken zu kümmern. Du bist weder Anhängerin eines Gurus noch einer Religion – man kennt die Mutter auch nur als Mutter.«

Ich habe gehört, daß der Botschafter auch auf einer seiner Abschiedspartys über mich gesprochen hat: »Ich wünschte, Sree wäre ein kostbarer Stein, den ich in meinem Kopfschmuck einfassen lassen und mein ganzes Leben mit mir herumtragen könnte.« Dieser Ausspruch läßt die Liebe und den Respekt erkennen, die er mir entgegenbrachte. Mir wird auch heute noch ganz warm ums Herz, wenn ich an die Freundlichkeit denke, mit der er und seine Frau mir begegnet sind.

Als der Botschafter und seine Frau abgereist waren, baten mich mehrere andere Diplomaten darum, in ihren Häusern eine Praxis zu eröffnen. Da mein Ehemann seine Meinung über meine Heiltätigkeit jedoch geändert hatte, entschloß ich mich, nur noch in unserem eigenen Haus zu arbeiten.

Heilerfolge bei Geschwüren

In der Praxis in der syrischen Botschaft hatte ich großenteils Wirbelsäulen-, Herz- und Augenerkrankungen behandelt. Als jedoch Mr. Galani, ein alter Freund, mich bat, sein Magengeschwür zu behandeln, stellte ich fest, daß ich mehr Krankheiten heilen konnte, als ich gedacht hatte.

Zunächst zögerte ich, Mr. Galani zu behandeln, weil ich mich noch nie an Geschwüre herangewagt hatte. Ich sagte ihm, ich hätte keine Ahnung, ob ich ihm helfen könnte. Er beharrte jedoch darauf, da er bei den besten Ärzten in Delhi und London gewesen war, aber keine Behandlung einen dauerhaften Erfolg gehabt hatte. Er schlug vor, es einfach zu versuchen und abzuwarten, ob ich ihn würde heilen können.

Nach dem er etwa acht- oder neunmal bei mir gewesen war und gleichzeitig eine von mir empfohlene Diät gemacht und natürliche Heilmittel eingenommen hatte, war er vollständig geheilt. Er hatte nie wieder ein Geschwür. Nach diesem ersten Fall habe ich noch viele andere Patienten mit Geschwüren erfolgreich behandelt.

Einer meiner ersten war Romesh Sethi, ein Freund von Mr. Galani, der damals einer der obersten Manager der Indian Railways war und inzwischen im Ruhestand ist. Er hat seine Krankengeschichte zu Papier gebracht.

Fallbeispiel: Romesh Sethi
Ich war schon immer ein sogenannter A-Typ – extrem ehrgeizig, sehr angespannt und sehr perfektionistisch. Es ist mir fast unmöglich, mich geistig zu entspannen, und ich setze mich

ständig Streß aus, indem ich schwierige Aufgaben und Herausforderungen annehme. Dies könnte der Grund dafür sein, daß ich schon mit 32 Jahren ein Zwölffingerdarmgeschwür bekam. 1965 mußte ich beruflich für sechs Monate nach Großbritannien. Die damit verbundene Ernährungsumstellung trug wahrscheinlich zur Verschlimmerung des Geschwürs bei. Jedenfalls begann das Geschwür zu bluten, als ich in England war, und ich mußte sofort nach meiner Rückkehr nach Delhi für vier Monate ins Krankenhaus.

Danach litt ich fünf Jahre lang unter Verdauungsstörungen und einem Brennen im Bauch, das vor allem nach den Mahlzeiten auftrat und mit qualvollen Schmerzen einherging. Unter Überwachung eines Arztes kontrollierte ich die Geschwüre vier Jahre lang hauptsächlich mit einer sehr strengen Diät.

Die zweiten Blutungen traten im Mai 1970 auf, als ich sehr viel Streß hatte. Die Krise war so ernst, daß ich mehrere Monate im Krankenhaus lag.

Danach ging es mir für eine Weile relativ gut, bis es im Oktober 1971 ohne Warnsignale oder ungewöhnlichen psychischen Streß zu einer dritten starken Blutung kam. Man bemerkte sie nur, weil ich Schwindelanfälle hatte und mein Stuhl schwarz verfärbt war. Mein Hämoglobinwert war auf 6,5 g/dl gesunken. Ich hatte fürchterliche Schmerzen und verlor ständig Blut. Die Ärzte entschlossen sich zur Operation, und ich bekam einen Termin im All India Institute of Medical Science. Sie mußten mir jedoch zunächst eine Reihe von schmerzhaften Spritzen verabreichen, damit sich meine Hämoglobinwerte so weit erhöhten, daß sie gefahrlos operieren konnten. Während ich auf die Operation wartete, hörten meine Frau und ich von unserem Freund Mr. Galani von den wundersamen Kräften einer Sree Chakravarti, die sein Geschwür anscheinend geheilt hatte.

Bei der ersten Untersuchung überraschte mich Mrs. Chakravarti, als sie sagte, daß es keinen Hinweis auf ein Magengeschwür gebe, denn ihre Hand vibriere über dem verdächtigen Bereich nicht. Als ich mich jedoch gemäß ihrer Anweisung auf den Bauch drehte, begann ihre Hand genau über der Stelle, an der sich das Geschwür im auf der Körperrückseite gelegenen Teil des Zwölffingerdarms befand, stark zu vibrieren. Wenn ihre Finger den Erkrankungsherd berührten, konnte ich spüren, wie die Vibrationen in meinen Körper eindrangen. Anfangs vibrierte ihre Hand bei jeder Sitzung 25 bis dreißig Minuten. Ich war während der Behandlung so schmerzfrei und entspannt, daß ich oft einschlief! Am Ende der Behandlung wusch sie sich die Hand und tauchte sie anschließend in ein Gefäß mit sauberem Wasser, das sie mir mit der Anweisung mitgab, es zu trinken. (Sree wendet dieses Verfahren zur Übertragung ihrer Heilkraft auf Wasser heute nicht mehr an, weil es ihr zuviel Energie entzieht. Anm. d. Red.)

Gegen Ende der Behandlungsserie nahmen die Vibrationen von Mrs. Chakravartis Hand immer mehr ab. Sie vibrierte nur noch etwa fünf Minuten lang. Mittlerweile genoß ich es, während der Behandlung mit ihr zu plaudern. Sie war immer so heiter und freundlich und gab mir nützliche, kluge Ratschläge, die mir halfen, meine Einstellung zum Leben zu ändern. Eines der größten Geschenke, das sie ihren Patienten gibt, besteht darin, sie dazu zu bringen, ihre geistige Haltung zu ändern, und sie davon zu überzeugen, daß sie körperlich gesunden können (und müssen). Dies ist wirklich ein seltenes Geschenk.

Nach zwanzig Sitzungen forderte Mrs. Chakravarti mich auf, mich noch einmal ärztlich untersuchen zu lassen. Sie war recht zuversichtlich, daß das Geschwür abgeheilt war. Auf den Röntgenaufnahmen, die am Institute of Medical Science gemacht wurden, konnten die Ärzte nur noch minimale Spuren des großen Geschwürs ausmachen, das sie erst einige Wochen zuvor diagnostiziert hatten.

Da das Geschwür auf den neuesten Röntgenaufnahmen nur noch in Spuren erkennbar war, die Blutung aufgehört hatte und ich nicht mehr unter einer Übersäuerung litt, war keine Operation mehr erforderlich. Seit jener Zeit habe ich nie wieder Geschwüre bekommen, und meine Diät ist heute weniger streng – ich kann zum Beispiel wieder in Maßen Gewürzgurken oder anderes sauer eingelegtes Gemüse, Chilis und Alkohol zu mir nehmen.

In Laufe eines Leben begegnet man, wenn überhaupt, wenigen Menschen wie Sree Chakravarti. Sie hat von mir oder den vielen anderen, die ich im Laufe der Jahre an sie verwiesen habe, nie etwas als Entlohnung gefordert oder angenommen. Sie glaubt, daß sie die Heilkraft, die ihr geschenkt wurde, verlieren würde, wenn sie eine Entlohnung für ihre Behandlung annähme.

Anderen zu helfen, ohne eine Gegenleistung zu verlangen, ist meiner Ansicht nach Dienst am Menschen in seiner höchsten Form. Auch wenn Sree Chakravarti nie um etwas bittet, es muß irgendwo eine Waagschale geben, auf der gute Taten sich summieren und aufgewogen werden. Sie ist wirklich einzigartig und wunderbar! Gott segne sie!

Romesh Sethi
Neu-Delhi, Indien
1992

Ein einziges Mal konnte ich ein Geschwür nicht heilen. Ich glaube, das hatte etwas mit dem Temperament des Patienten zu tun. Er war Offizier und litt unter starken Schmerzen, Übelkeit und Erbrechen, und eine Untersuchung im Krankenhaus hatte ergeben, daß er ein Geschwür hatte. Er konnte nur einmal in der Woche zur Behandlung kommen. Ich gab ihm strikte Anweisungen bezüglich seiner Ernährung. Sein Zustand verbesserte sich zunächst, aber nach drei Sitzungen kam er erneut mit starken Schmerzen zu mir.

»Was haben Sie gegessen?« fragte ich. Als er erwiderte, er habe gekochte Eier gegessen, erklärte ich ihm, daß sie viel zu schwer zu verdauen und wahrscheinlich die Ursache dafür seien, daß sein Zustand sich wieder verschlimmert habe.

Bei der nächsten Behandlung, hörte er die Stimme eines Mannes im Wartezimmer und regte sich sehr auf. »Ich kenne diesen Mann«, rief der Offizier aus, »Sie dürfen ihn auf keinen Fall behandeln. Er ist ein sehr schlechter Mensch, ein Schmuggler.« Am Ende der Behandlung stürmte er in das Wartezimmer und schrie den Mann an: »Sie verdienen es nicht, von dieser Geistheilerin behandelt zu werden.« Der Mann fürchtete sich, verließ das Haus und kam nie wieder.

Der Offizier erzählte mir noch von einem anderen Vorfall. Er hatte mit seiner Truppe in Gujarat, wo sie stationiert waren, eine Besichtigungstour gemacht. Seine Männer wollten einen Krishna-Tempel sehen, und er bat den Reiseführer, ihnen etwas über die Geschichte des Tempels zu erzählen. Als er hörte, daß der Tempel erbaut worden war, um den Ort zu kennzeichnen, an den Krishna vor der Front geflüchtet war, regte er sich maßlos auf. »Es ist eine Schande für meine Männer, sich in einem solchen Tempel aufzuhalten«, brüllte er. »Krishna würde heute für ein solches Verhalten vors Kriegsgericht gestellt werden!«

Als er mir diese Geschichte erzählte, wurde mir klar, daß ich bei einem Mann mit einem so stürmischen Temperament nie mit meiner Behandlung Erfolg haben würde. Seine selbstzerstörerischen Neigungen hatten das Geschwür verursacht. Bald danach wurde er an einen Stützpunkt versetzt, der weit entfernt war, und ich habe ihn seither nicht mehr wiedergesehen.

Diät für Geschwürpatienten

Geschwürpatienten müssen während der Behandlung und auch nach ihrer Heilung die im folgenden beschriebene Diät einhalten. Sie können nur gesund bleiben, wenn sie die Diät ganz konsequent befolgen.

Bei Patienten mit Magengeschwüren habe ich meist festgestellt, daß auch die Leber angegriffen ist. Deshalb müssen sie schwerverdauliche, fette Nahrungsmittel, die Leberprobleme verursachen, meiden.

Ich empfehle allen Geschwürpatienten die folgende Diät:

- Verzichten Sie auf Gewürze und gebratene Nahrungsmittel.
- Nehmen Sie häufig leichte Mahlzeiten zu sich, vorzugsweise gekochte Nahrungsmittel, und meiden Sie schwerverdauliche Speisen, wie zum Beispiel gekochte Eier.
- Trinken Sie viel kalte Milch.
- Trinken Sie im Laufe eines Tages 120 ml Weißkohlsaft. Dies ergänzt die Behandlung ausgezeichnet.

Weitere wichtige Erkenntnisse über natürliche Heilmittel gegen Geschwüre habe ich im Laufe meiner Beschäftigung mit indischen Gewürzen und Kräutern gewonnen. Besonders wichtig sind Bockshornklee- und Anissamen. Manchen Patienten hat auch die bengalische Quitte oder eine Mischung aus Olivenöl und Honig geholfen. Sie haben folgende Behandlungsoptionen:

- Weichen Sie 2 Teelöffel Bockshornkleesamen und 1 Teelöffel Anissamen über Nacht in ½ Glas Wasser ein. Seihen Sie das Wasser am Morgen ab, und trinken Sie es auf nüchternen Magen. Fahren Sie mit der Behandlung fort, bis das Geschwür abgeheilt ist. Diese Behandlung empfehle ich am häufigsten.
- Einige meiner Patienten ziehen es vor, die Blätter der bengalischen Quitte zu verwenden. Weichen Sie 7–8 Blätter über

Nacht in 1 Glas Wasser ein. Seihen Sie das Wasser am Morgen ab, und trinken Sie es auf nüchternen Magen. Setzen Sie diese Behandlung einen Monat lang fort. Die Wirkstoffe in den Blättern der bengalischen Quitte bewirken, daß sich die Magenschleimhaut mit einer Schutzschicht überzieht und unterstützen so die Abheilung eines Magengeschwürs.

- Mischen Sie 1 Teelöffel reines Olivenöl mit ½ Teelöffel Honig. Nehmen Sie diese Mischung einen Monat lang am Morgen auf nüchternen Magen ein.

Sie sollten jeweils nur eines dieser Heilmittel ausprobieren. Ich halte die Mischung aus Bockshornklee- und Anissamen für das beste der drei Heilmittel.

Heilerfolge bei Thrombophlebitis und Herzerkrankungen

Thrombophlebitis

Ungefähr in der Zeit, in der ich entdeckte, daß ich Geschwüre zu heilen vermag, stellte ich fest, daß ich auch bei Thrombophlebitis (Venenentzündungen mit Verschluß der Vene durch ein Blutgerinnsel) helfen kann, indem ich bewirke, daß sich Blutgerinnsel auflösen.

Einer meiner ersten Patienten mit Thrombophlebitis, an den ich mich sehr gut erinnere, war Kapitän bei der Kriegsmarine. Er hatte ein Blutgerinnsel in der linken Hand in der Nähe des Handgelenks, das Chirurgen schon dreimal zu entfernen versucht hatten. Man hatte ihm Antikoagulanzien (die Blutgerinnung hemmende Mittel) verschrieben, aber auch damit keine Besserung erzielen können. Er sollte strikte Bettruhe halten, aber er hatte von mir gehört und verließ das Krankenhaus heimlich, um zur Abendsprechstunde zu mir zu kommen. Ich mußte ihm sagen: »Ich habe keine Ahnung, ob ich Ihnen helfen kann.« Er bat mich, es wenigstens zu versuchen.

Ich fand das Blutgerinnsel, und meine Berührung war sehr schmerzhaft für ihn. Ich fuhr fort, ihn dreimal pro Woche zu behandeln. Seine Schmerzen nahmen immer mehr ab, bis er plötzlich nicht mehr zur Behandlung kam. Ich war sehr besorgt, bis er eines Tages wieder auftauchte. Er war sehr blaß. »Was ist passiert, wo sind Sie gewesen?« fragte ich ihn.

Er erzählte mir, daß man ihm im Krankenhaus eine falsche Injektion verabreicht hatte. »Ich lag zwei Tage lang im Koma, und danach war ich bis heute zu schwach, um aufzustehen.« Durch meine Behandlung wurde er vollständig geheilt, und er hat viele Patienten zu mir geschickt. Er sagt immer: »Gott hat mir geholfen. Jetzt ist es meine Pflicht, anderen zu helfen, indem ich sie zu Ihnen schicke.« Er kommt in mein Haus und weigert sich zu gehen, bis ich ihm einen Termin für einen Freund gegeben habe.

Eines Tages kam der Kapitän ohne Termin und brachte die Frau eines Offiziers mit. Die arme Frau hatte entsetzliche Schmerzen und litt unter einer sehr schweren Thrombophlebitis. »Die Ärzte wollen mir den Arm amputieren«, klagte sie. »Er ist so entzündet und druckschmerzempfindlich, und sie befürchten, daß aufgrund der mangelnden Durchblutung das Gewebe abstirbt.« Ich stellte fest, daß sie ein Blutgerinnsel im Oberarm und ein weiteres in der Nähe des Schulterblattes hatte. In dem Augenblick, in dem ich ihren Arm berührte, schrie sie vor Schmerz. »Es ist mir nicht möglich, Sie zu behandeln, wenn ich Sie nicht berühren und die Vibrationen meiner Hand zum Auflösen des Blutgerinnsels einsetzen kann«, erklärte ich.

»Bitte beachten Sie mein Weinen und Schreien nicht«, flehte sie mich an. »Alles ist besser, als den Arm zu verlieren.« Während der ersten Behandlung ließen ihre Schmerzen nach. Nach acht Sitzungen hatten sich beide Blutgerinnsel aufgelöst, und der Arm nahm wieder eine normale Farbe an.

Nach diesem Fall kam ein Mann aus Lucknow zu mir, um sich wegen Blutgerinnseln im Bein behandeln zu lassen. Er hatte starke Schmerzen und konnte nicht richtig laufen. Die Ärzte hatten es mit allen möglichen Behandlungsmethoden versucht und wollten das Bein jetzt amputieren. Er genas nach acht oder neun Behandlungen und hatte nie wieder ein Blutgerinnsel.

In meinen Unterlagen fand ich eine Krankengeschichte, die Captain Abdul Kader, der im Dienst der indischen Armee stand, niedergeschrieben hat. Er hatte die Idee, diesen Fall zu protokollieren, da die Informationen für mich vielleicht einmal hilfreich sein könnten. Meiner Ansicht nach veranschaulicht dieses Fallbeispiel, wie schwierig es ist, manche Erkrankungen mit der allopathischen bzw. westlichen Schulmedizin zu behandeln, wenn ihre Ursache nicht genau bekannt ist. Trotz der vielen wirklich erstaunlichen Fortschritte in der westlichen Medizin und Technologie trifft dies auch heute noch zu.

Fallbeispiel: Captain Abdul Kader

1972 schnitt ich mich mit einem rostigen Spaten in der Nähe einer Vene am linken Knöchel. Der verletzte Bereich blutete nicht besonders stark und schwoll auch nicht an. Er schmerzte nur ein wenig, die Schmerzen ließen jedoch nach, nachdem ich eine Penicillinsalbe aufgetragen hatte.

1973 bekam ich nach einem anstrengenden Tennismatch starke Schmerzen und eine ausgeprägte Schwellung an der Stelle des linken Knöchels, an der ich mich mit dem Spaten geschnitten hatte. Mein Arzt riet mir, strikte Bettruhe einzuhalten, eine Bandage um den Knöchel zu wickeln und dreimal täglich eine Tenderil-Tablette (ein Medikament, das hier nicht im Handel ist, Anm. d. Ü.) einzunehmen. Schmerzen und Schwellung waren nach drei Tagen verschwunden, aber die Vene am linken Knöchel hatte sich in einem Bereich von etwa zwei Zentimetern wie ein Stahlseil verdickt und eine beinahe dunkelblaue Farbe angenommen. Ich ging nicht ein zweites Mal zum Arzt, weil ich keine Schmerzen mehr hatte und die Schwellung verschwunden war.

Im Mai 1974 bekam ich nach einem langen Trainingsmarsch wieder Schwellungen und starke Schmerzen an derselben Vene, diesmal zwischen dem linken Knöchel und dem Knie. Ein Chirurg entnahm eine Biopsie aus der verdickten Vene und diagnostizierte Thrombophlebitis. Ich bekam Spritzen mit Streptokinase und Penicillin in hohen Dosen, und das Blutgerinnsel löste sich auf. Mittlerweile konnte ich jedoch spüren, daß die bläulich verfärbte Vene vom Knöchel bis zum Knie verdickt war.

Im September desselben Jahres hatte ich leichte Schmerzen im linken Brustbereich, die ich als Nebenerscheinungen eines Hustens und einer Erkältung abtat. Im Oktober bekam ich jedoch starke Brustschmerzen, Schweißausbrüche und Atemnot und wurde bewußtlos. Man brachte mich in das Militärkrankenhaus in Delhi, wo man mir mitteilte, daß ich wahrscheinlich eine Lungenembolie in der linken Lunge hatte und eine Arterie, die zum Herzen führte, teilweise blockiert war.

Als ich im Krankenhaus war, bekam ich zunächst leichte Schmerzen im linken Unterarm und anschließend zwei erbsengroße Schwellungen. Nach etwa einem Monat verschmolzen die beiden Schwellungen zu einer diffusen Schwellung. Die Biopsie einer aus diesem Bereich entnommenen Gewebeprobe bestätigte die Diagnose »Thrombophlebitis migrans« (wandernde Thrombophlebitis).

Von 1974 an wurde ich in regelmäßigen Abständen von bekannten Ärzten in ungefähr sechs Krankenhäusern allopathisch behandelt. Dabei bekam ich hauptsächlich hohe Dosen von Antibiotika und eine Langzeittherapie mit intravenös und oral verabreichten Antikoagulanzien, die mir kurzzeitig Linderung verschafften, was die Thrombophlebitis migrans anging. Man riet mir auch, mit dem Rauchen aufzuhören und mich körperlich nicht zu überanstrengen, weil die vorhandenen Blutgerinnsel in andere Körperteile wandern und zu sofort tödlichen Komplikationen oder schweren Behinderungen führen konnten.

Da mir Experten gesagt hatten, daß keine Heilmittel gegen Thrombophlebitis verfügbar seien, suchte ich Sree Chakravarti auf. Sie wandte ihre »Vibrationstherapie« bei mir an und behandelte mich einmal täglich für zwanzig bis dreißig Minuten. Die Behandlungen verschafften mir sofortige Linderung. Zudem konnte ich spüren, wie die verdickten, verhärteten Venen wieder weicher wurden und die Blutgerinnsel sich auflösten. Der Blutfluß, der in den unteren Gliedmaßen behindert gewesen war, regulierte sich nach ein paar Sitzungen wieder.

Nach Abschluß der Behandlung hatte sich mein EKG normalisiert. Die Blutgerinnsel waren verschwunden, und seitdem haben sich in meinem Körper keine Blutgerinnsel mehr gebildet. Ich bewege mich wieder wie jeder andere gesunde Mensch und leide nicht mehr unter Thrombophlebitis.

Die ungewöhnliche Behandlungsmethode von Mrs. Chakravarti, ist eine Herausforderung für die medizinischen Heilberufe und für allopathische Ärzte, die sich häufig für Götter in Weiß halten. Möge Gott Sree Chakravarti mit einem langen Leben, das dem Dienst an der kranken Menschheit gewidmet ist, segnen.

Captain Abdul Kader
Delhi, Indien
18. Februar 1977

Ich kann auch weiterhin bei Thrombophlebitis-Fällen verschiedenster Ausprägung helfen. Die Vibrationen meiner Hand und die natürlichen Heilmittel, die ich empfehle, erscheinen bei dieser Krankheit wirksam zu sein.

Pflanzliche Heilmittel gegen Thrombophlebitis

Ich empfehle den Patienten hauptsächlich, täglich mindestens acht Gläser Wasser zu trinken. Zusätzlich sollten sie Wasser trinken, in dem sie über Nacht *Kulthi* (Pferdebohnen) eingeweicht haben, um die Durchblutung zu verbessern und den Cholesterinspiegel zu senken. Wenn Kulthi nicht erhältlich ist, könnten Patienten mit einem zu hohen Cholesterinspiegel auch Sojabohnen und Kichererbsen über Nacht in Wasser einweichen und das abgeseihte Wasser trinken.

Darüber hinaus empfehle ich meinen Patienten, täglich 15–20 frisch gewaschene Basilikumblätter zu kauen und den Saft hinunterzuschlucken. Dies wirkt als allgemeines Tonikum und verbessert die Blutzirkulation. Weitere Informationen zu Kulthi, Basilikumblättern, Sojabohnen und Kichererbsen finden Sie im Kapitel »Pflanzliche und natürliche Heilmittel« im zweiten Teil dieses Buches (siehe Seite 232 f. und Seite 245 ff.).

Fußreflexzonenmassage zur Stimulierung des Gehirns

Ich möchte Ihnen eine einfache, aber sehr wichtige Fußreflexzonenmassagetechnik ans Herz legen, die den Geist aktiviert und das Gehirn gesund hält: Massieren Sie sich täglich die großen Zehen, um den Blutfluß zum Gehirn anzuregen. Diese Wirkung kommt zustande, da sich die Nervenenden der Halsschlagadern, über die das Blut zum Gehirn fließt, in den großen Zehen befinden. Die Füße sind gewissermaßen ein verkleinertes Abbild des gesamten Körpers und seiner Organe. Die Innenseiten der großen Zehen repräsentieren den Hals: An der Innenseite der linken großen Zehe befinden sich Nervenenden, die mit der linken Halsschlagader in Verbindung stehen, und die

Nervenenden an der Innenseite der rechten großen Zehe sind mit der rechten Halsschlagader verknüpft.

Nehmen Sie Ihre großen Zehen für diese Massage jeweils zwischen Daumen und Zeigefinger. Drücken Sie fest auf die Innenseite der großen Zehe, bis Sie den druckempfindlichen Bereich lokalisieren können. Bei den meisten Menschen reagiert der Bereich in der Nähe des Gelenkes sehr empfindlich auf Druck. Dies kann darauf hinweisen, daß in der Halsschlagader Cholesterinablagerungen vorhanden sind, oder auch von Verspannungen herrühren.

Massieren Sie den druckempfindlichen Bereich ein paar Sekunden lang, und schieben Sie Daumen und Zeigefinger anschließend auf beiden Seiten der Zehe mindestens fünf- oder sechsmal fest von der Zehenbasis bis zur Zehenspitze. Durch diese Massage wird der Blutfluß zum Gehirn erhöht, die Drüsenfunktion verbessert und der Geist angeregt.

Es ist ratsam, zu der Massage etwas pflanzliches Öl oder eine Lotion aufzutragen, um Hautabschürfungen zu vermeiden.

Herzerkrankungen

Ich komme in diesem Buch auf verschiedene Herzerkrankungen zu sprechen, die ich erfolgreich behandeln konnte. Meine ersten Herzpatienten, über die ich Ihnen bereits berichtet habe, waren ein Kind mit einem Loch im Herzen und ein Patient mit einem Herzgeräusch, dessen Karriere durch seine Herzerkrankung gefährdet war. Im Laufe der Jahre habe ich auch verschiedene andere Herzerkrankungen, wie zum Beispiel Herzrhythmusstörungen und Verengungen der Herzkranzgefäße durch Cholesterinablagerungen, sowie falsch diagnostizierte Herzerkrankungen behandelt.

Wie bei Blutgerinnseln scheinen die Vibrationen meiner Hand auch bei vielen Herzerkrankungen wirksam zu sein. Daneben empfehle ich manchmal Abana, ein in Indien hergestelltes ayurvedisches Heilmittel, das bei mehreren meiner Patienten, geholfen hat, das Herz zu stärken und zu stabilisieren.

Einer der Patienten, die ich in letzter Zeit behandelt habe, ist Kamal Maettle, ein junger und erfolgreicher Industrieller aus Neu-Delhi, der sein Studium am Massachusetts Institute of Technology in den USA absolviert hat. Ich hatte ihn ursprünglich wegen Rückenproblemen behandelt, Kamal Maettle hat seine Krankengeschichte für dieses Buch niedergeschrieben.

Fallbeispiel: Kamal Maettle

Ich kam das erste Mal zu Sree Chakravarti zur Behandlung, als ich unerträgliche Rückenschmerzen hatte, weil ein Wirbel auf einen Nerv drückte. Ein Onkel hatte in den höchsten Tönen von der Geistheilerin gesprochen, und nachdem Schmerzmittel, verschiedene Therapien und Ruhe mir nicht geholfen hatten, ließ ich ihn schließlich einen Termin bei ihr vereinbaren. Aufgrund meiner wissenschaftlichen Ausbildung war ich jedoch äußerst skeptisch.

Bei meinem ersten Behandlungstermin konnte ich die zwei Treppen zu Mrs. Chakravartis Behandlungszimmer nur mit großen Schwierigkeiten hinaufgehen. Sie beeindruckte mich sofort, da sie sehr natürlich zu sein schien und kein Aufhebens von sich und ihrem Können machte. Ich faßte auch Vertrauen, als ich ihren Mann kennenlernte, der viele Jahre in der Armee gedient und die Hindu-Philosophie und Sanskrit studiert hatte.

Ich legte mich auf die Behandlungsliege, und Mrs. Chakravartis Finger fanden sehr bald die Stelle auf meinem Rücken, die sich wie ein ungefähr einen Zentimeter großes Loch anfühlte. Als sie die Stelle sanft berührte, begann ihre Hand zu vibrieren.

Man könnte auch sagen, daß sie flatterte. Die Vibrationen ihrer Hand hörten nach etwa zwanzig Minuten spontan auf, und ich konnte viel leichter gehen. Da es keine rationale Erklärung dafür gab, konnte ich kaum glauben, daß dies möglich war.

In der darauffolgenden Zeit ging ich zweimal pro Woche zu Mrs. Chakravarti zur Behandlung. Die schmerzhafte Stelle auf meinem Rücken reduzierte sich allmählich auf die Größe eines Stecknadelkopfes und verschwand dann völlig. Warum dieser Heilungsprozeß stattfand, konnte ich mir mit Hilfe meines naturwissenschaftlichen Wissens nicht erklären, aber nichts ist aussagekräftiger, als tatsächlich zu spüren, daß er voranschreitet! Mein Gefühl sagte mir: Das einzige, was zählt, ist, daß es funktioniert. Didi (»ältere Schwester«), wie wir sie heute nennen, schenkte mir auch viel Liebe.

Ein Jahr später bekam ich wieder Rückenprobleme. Anstatt direkt zu Didi zu gehen, suchte ich Spezialisten auf. Irgendwie hatte ich das Gefühl, daß ihre Behandlung das erste Mal geholfen hatte, weil mein Zustand weniger ernst gewesen war, und daß sie diesmal nicht erfolgreich sein würde. Meine Krankenakte wurde zentimeterdick. Ein Spezialist am All India Institute of Medical Science, einem renommierten Institut, war überrascht, daß ich nicht auf der Intensivstation lag. Nachdem ich mehrere Wochen lang ohne Erfolg von einem Spezialisten zum anderen gerannt war, flehte meine Frau mich an, Didi aufzusuchen. Nach der ersten Behandlung bei ihr ging es mir besser, und sie konnte mich ein zweites Mal heilen – dabei waren die Spezialisten mit ihrem Latein am Ende gewesen.

Mittlerweile hatte ich eine enge Beziehung zu Didi und ihrem Mann entwickelt, und meine Frau war auch bei ihr in Behandlung. Ich wollte der ganzen Welt von Didi erzählen, aber sie sagte, es würden dann nur zu viele Menschen zu ihr zur Behandlung kommen wollen. Es war offensichtlich, daß sie bereits sehr viel Zeit für ganz verschiedene Menschen aufwendete und alle mit Liebe bedachte. Sie nimmt nie einen Pfennig oder ein Geschenk von ihren Patienten an.

1989 litt ich unter Vorhofflimmern. Ich bekam Attacken, die mich an den Rand der Bewußtlosigkeit brachten, und lag mehrere Tage auf der Intensivstation der Kardiologie. Meine Frau und ich griffen einfach nach Didi wie nach einem Rettungsring. Mehrere Male glaubte ich, dem Tode nahe zu sein, aber Didi war immer da und richtete uns auf. Dank ihrer Behandlung und moralischen Unterstützung kann ich heute wieder ein normales, gesundes Leben führen.

Wenn ich mich nicht zurücknähme, würde ich bei jedem kleinen Wehwehchen zu Didi rennen, aber ich weiß, daß sie Wichtigeres zu tun hat. Gott hat sie auf dieser Welt für etwas ganz Besonderes auserwählt. Wir können uns nur ehrfürchtig vor dieser großen Wunderheilerin verneigen und die geheimnisvollen und wundersamen Wege des Allmächtigen bewundern, denn ihre Gabe ist in der Tat ein Geschenk Gottes. Es gibt keine andere rationale Erklärung dafür.

Kamal Maettle
Neu-Delhi, Indien
1992

Im Zusammenhang mit meiner Fähigkeit, Herzerkrankungen zu diagnostizieren, kam es zu einem seltsamen Vorfall. Ich half unserem Diener Mungal Singh bei der Zubereitung des Mittagessens, als wir einen Anruf von einem Schüler eines berühmten Gurus erhielten. »Baba... wünscht, der Mutter *Darshan* (Ehrerbietung) zu erweisen. Wird die Mutter einwilligen?« fragte der Schüler meinen Mann. Natürlich konnte mein Mann nicht ablehnen, also rief er mir zu: »Du solltest dir besser einen anderen Sari anziehen. Baba und seine Schüler werden nie glauben, daß du die ›heilige Mutter‹ bist, wenn sie dich in der Küche beim Schneiden von Hühnerfleisch vorfinden!«

Kurze Zeit später fuhr eine Autokolonne – Mercedes Benz, Rolls Royce usw. – vor unserer Haustür vor, und unser Wohnzimmer füllte sich mit modisch gekleideten Männern und Frauen. Als ich den Guru nicht unter ihnen entdecken konnte, ging ich zur Tür und fand ihn vornübergebeugt am oberen Treppenabsatz der Marmortreppe. Er hielt sich den Kopf und fühlte sich offensichtlich nicht gut. Er trug ein fleckiges, safrangelbes Hemd, und sein langes, eingeöltes Haar hing ihm wirr über die Schultern. Er blickte nicht auf, um mich zu begrüßen. Schließlich überredete ich ihn, hereinzukommen und sich auf einen Stuhl zu setzen, aber er wich meinem Blick immer noch aus. Meine Nichte, die mir half, schlug vor, ihm die Hand aufzulegen, aber mein Mann flüsterte mir auf Bengali zu, ihn nicht zu berühren. Er sähe zu schmutzig aus. »Wie könnte ich ihm meine Hilfe verweigern, wenn er gekommen ist, um mir Ehrerbietung zu erweisen?« entgegnete ich. Ich holte einen kleinen Hocker und setzte mich direkt vor ihn, so daß er mir in die Augen schauen mußte.

In dem Augenblick, in dem ich dem Guru die Hand über den Kopf hielt, erzählte er mir, daß er selbst Menschen heilte, aber heute zu mir gekommen sei, um mich um Hilfe zu bitten. Als ich meine Hand über sein Herz hielt, bekam ich große Angst. »Warum sind Sie hierhergekommen?« fragte ich. »Wissen Sie nicht, daß Sie einen schweren Herzinfarkt haben?«

»Ich weiß es«, antwortete er. »Ich bin hierhergekommen, um an diesem heiligen Ort zu sterben.« Mit diesen Worten stand er auf und legte sich auf eines unserer Sofas. Ich sagte ihm, daß ich das nicht zulassen würde, und befahl seinen Schülern, ihn mit einem ihrer großen Wagen sofort in die beste Herzklinik zu bringen.

Ich hatte das sichere Gefühl, daß er nicht überleben würde. Ein paar Stunden später riefen sie uns jedoch an, um uns mitzuteilen, daß er mit Gottes Hilfe gerade noch rechtzeitig ins Krankenhaus gekommen sei und sich auf dem Wege der Besserung befände. Erst später erfuhr ich, daß er dafür bekannt war, die negative Seite des Yoga zu praktizieren. Er beschwor dunkle Geister herauf, die ihm dabei helfen sollten, Macht über seine Anhänger auszuüben. Da wurde mir klar, warum er sich geweigert hatte, mir in die Augen zu schauen, bis ich ihn dazu gezwungen hatte. Er wußte, daß seine Kraft böse war und daß meine Kraft von Gott kam.

Ernährung und pflanzliche Heilmittel
für Herzpatienten

Ich empfehle meinen Herzpatienten bei ihrer Ernährung die goldene Regel – bei allem maßhalten – zu befolgen. Ferner rate ich ihnen immer, auch ihren Herzspezialisten um Rat zu fragen. Es gibt jedoch einige wichtige Punkte, die es in jedem Fall zu beachten gilt:

- Die meisten Herzpatienten müssen abnehmen. Das tun sie ganz automatisch, wenn sie beim Essen maßhalten.
- Es führt kein Weg daran vorbei, daß Herzpatienten das Rauchen aufgeben müssen.
- Herzpatienten müssen Alkohol meiden oder ihren Alkoholkonsum auf nicht mehr als zwei kleine Drinks pro Tag beschränken.
- Herzpatienten sollten kein rotes Fleisch essen.

Als pflanzliche und natürliche Heilmittel empfehle ich:

- Amalaki (indische Stachelbeere), eine Frucht die reich an Eisen und Vitamin C ist.
- Die Rinde des Arjunbaums, ein pflanzliches Heilmittel, das als Tonikum wirkt.
- Kulthi-Wasser gegen Bluthochdruck, zur Senkung des Cholesterinspiegels und zur allgemeinen Blutreinigung.
- Basilikumblätter zur allgemeinen Tonisierung und Verbesserung der Blutzirkulation.

Manchmal empfehle ich auch Abana®, ein ayurvedisches Heilmittel, das schon vielen Herzpatienten geholfen hat. Abana® ist in Indien rezeptfrei in Apotheken erhältlich und wird von indischen Ärzten häufig bei Herzerkrankungen empfohlen.

Bei Herzerkrankungen empfehle ich den Patienen auch die folgenden Gemüse:

- Knoblauch und Zwiebeln zur Verminderung von Arteriosklerose (Arterienverkalkung).
- Weißkohlsaft zur Reinigung des Verdauungstrakts.
- Spinatsaft zur Verbesserung der Herzfunktion und Senkung des Blutdrucks.

Weitere Informationen über diese Kräuter und Gemüse und das ayurvedische Heilmittel Abana finden Sie im Kapitel »Pflanzliche und natürliche Heilmittel«, im zweiten Teil dieses Buches (siehe Seite 230 ff.).

Die Friedrich-Baur-Stiftung
in München

Eines Tages kam ein sehr reicher Mann wegen einer akuten Nervenentzündung, die im Zusammenhang mit einer Gürtelrose *(Herpes zoster)* aufgetreten war, zu mir zur Behandlung. Dank dieses Patienten lud mich eine Klinik in Deutschland, die Friedrich-Baur-Stiftung in München, ein, meine heilende Energie dort zu demonstrieren.

Er ist heute ein guter Freund von mir, aber anfangs taten wir uns etwas schwer. Ich pflege keine Hausbesuche zu machen, es sei denn, ein Patient ist zu krank, um zu mir zu kommen. Ich verfahre so, weil es mir zuviel Energie raubt, Patienten außer Haus zu behandeln. Manchmal habe ich nicht einmal mehr die Kraft, den Eisenriegel an unserem Gartentor zu öffnen, wenn ich nach einer Behandlung nach Hause komme, vor allem, wenn ich jemanden im Krankenhaus behandeln mußte.

Als ich hörte, daß ein sehr reicher Patient zu Hause behandelt werden wollte, nahm ich fälschlicherweise an, daß es sich um einen dieser Reichen handelte, die es gewohnt sind, daß alle nach ihrer Pfeife tanzen. Ich schickte eine Nachricht, daß ich ihn behandeln würde, wenn er in meine Praxis käme. Er war gekränkt und glaubte, daß ich ihm nicht helfen wollte. Wie sich schließlich herausstellte, war er wirklich zu krank, um das Haus zu verlassen, und als er dann doch zu mir kam, tat es mir sehr leid, ihn in einem so bemitleidenswerten Zustand zu sehen. Er konnte nicht einmal die Hände heben, weil sein Oberkörper mit einem bläschenförmigen, schmerzhaften Ausschlag bedeckt war. »Natürlich hätte ich einen Hausbesuch bei Ihnen gemacht, wenn ich gewußt hätte, wie krank Sie sind«, entschuldigte ich mich.

Es dauerte lange, die Gürtelrose zu heilen, und wir wurden während der Behandlung sehr gute Freunde. Als er später eine Geschäftsreise nach Deutschland unternahm, ging er zu einer Kontrolluntersuchung in eine Klinik, die Friedrich-Baur-Stiftung in München, und berichtete dem Leiter der Klinik, Professor Bodechtel, wie ich ihn geheilt hatte. Der Professor zeigte so großes Interesse, daß mein Patient einen Besuch in Deutschland arrangierte, damit ich den Ärzten in der Klinik meine Heiltätigkeit demonstrieren konnte.

Es ist sehr schwierig, in einem fremden Land zu arbeiten, ohne die Landessprache zu beherrschen, und dort mit hervorragenden Ärzten konfrontiert zu werden. Diesmal begleiteten mich jedoch mein Freund und früherer Patient, um sich um mich zu kümmern und mir Mut zu machen.

Zu Anfang verhielten sich die Ärzte und das Krankenhauspersonal sehr feindselig. Sie ließen mich nur Patienten behandeln, bei deren Operation es Komplikationen gegeben hatte. Ich fragte mich, was ich ausrichten konnte, wenn die Ärzte bereits einen Schaden verursacht hatten, aber ich tat mein Bestes, um die Bewegungsfähigkeit der Patienten wiederherzustellen.

Ich bat darum, Patienten mit ernsten Rückenproblemen behandeln zu dürfen, die noch nicht operiert worden waren, aber Professor Bodechtel gestattete es mir nicht. Er stellte mich immer als die »Dame mit der phantastischen Behandlungsmethode« vor. Jeden Tag drängte er mich, einige Ärzte in meiner »Behandlungsmethode« zu unterweisen. Ich erklärte immer wieder, daß ich meine »Behandlungsmethode« von niemandem gelernt hätte und daß meine Kräfte ein Geschenk Gottes seien. Gegen Ende meines Aufenthalts ging das Gerücht um, daß ich das Heilen bei einem Guru im Himalaja gelernt habe und das Geheimnis meiner Heilkunst nicht offenbaren wolle.

Ich arbeitete bei vielen Patienten mit einem jungen Arzt zusammen. Er litt selbst an Spondylitis, und ich behandelte ihn mehrmals. Als er hörte, daß ich nach Indien zurückkehren würde, flehte er mich an: »Bringen Sie Ihre Heilmethode wenigstens meiner Frau bei.« Ich wußte beim besten Willen nicht, wie ich sie davon überzeugen sollte, daß ich keine Methode anwandte, die man weitervermitteln konnte, sondern meine Gabe ein Geschenk Gottes war. Ich hatte keine Ahnung, daß man mich nur eingeladen hatte, damit ich meine Heilmethode lehrte – hätte ich das gewußt, dann hätte ich die Einladung nicht angenommen.

Ich verbrachte insgesamt einen Monat in der Klinik. Nach und nach zahlten sich meine Mühen aus. Gegen Ende meines Aufenthalts waren alle im Krankenhaus Beschäftigten viel freundlicher zu mir.

Als ich aus Deutschland zurückkehrte, hatten mittlerweile noch mehr Menschen von mir gehört, und ich bekam immer schwierigere und ungewöhnlichere Fälle. Viele Patienten wurden von Freunden oder Familienangehörigen zu mir geschickt. Zuvor hatten viele von ihnen nicht an meine Gabe geglaubt, aber als sie erfuhren, daß ein berühmter deutscher Arzt mich gebeten hatte, meine Heiltätigkeit an einem sehr bekannten deutschen Krankenhaus auszuüben, dachten sie, ich müsse wirklich eine besondere Fähigkeiten besitzen. Ich hatte gemischte Gefühle ob dieses plötzlichen Interesses. Es war, als sei ich nach Deutschland gereist, um eine Art medizinischen Abschluß zu machen. Mein Mann äußerte sich nicht ausführlicher über den plötzlichen Stimmungsumschwung in seiner Familie, aber er wurde kooperativer und interessierte sich mehr für meine Heiltätigkeit.

Heilerfolge bei Nieren- und Rückenleiden

Im Laufe der Jahre, in denen ich meine Heiltätigkeit ausgeübt habe, habe ich mehr Nierenerkrankungen behandelt als alle anderen Gesundheitsstörungen zusammengenommen. Ich habe festgestellt, daß Ärzte Nierenerkrankungen häufig nicht erkennen, selbst wenn sie ein Kontrastmittel spritzen, um das Gefäßsystem der Nieren zu untersuchen. Natürlich entdecken Ärzte häufig Nierensteine, Niereninfektionen und Nierenversagen, aber ich habe zu meinem Erstaunen beobachtet, daß meine Hand oftmals über den Nieren vibriert, wenn die Ärzte das Problem bei der Wirbelsäule, dem Herzen oder dem Magen vermuten. Vielleicht kann ich Nierenerkrankungen leichter erkennen, weil ich einen ganzheitlichen Behandlungsansatz verfolge. Ich behandle die ganze Person – Körper, Geist und Seele – und nicht nur einen Teil davon.

Darüber hinaus wird vielen Patienten nicht gesagt, daß die Nieren durch Antibiotika und andere oft lebensrettende Medikamente geschädigt werden können, und daß sie einfache Vorsichtsmaßnahmen treffen können. Sie können zum Beispiel das Harnwegssystem durchspülen, indem sie viel Wasser trinken. Ich weiß aus Erfahrung, daß die meisten Nierenerkrankungen sich dauerhaft heilen lassen, wenn die Patienten meine Ratschläge befolgen.

Ich habe Heilerfolge bei Nieren- und Rückenleiden in diesem Kapitel zusammengefaßt, da Nierenfunktionsstörungen meiner Erfahrung nach sehr häufig zu Rückenproblemen beitragen oder fälschlich als solche diagnostiziert werden. Überdies haben die diätetischen Maßnahmen, die ich empfehle, vor allem das Trinken von viel Wasser, bei beiden Gesundheitsstörungen positive Wirkungen. Was die Nieren anbelangt, so hilft häufiges Trinken von Wasser, Gifte auszuspülen. Was die Wirbelsäule anbelangt, so fördert Wasser ihre Beweglichkeit.

Empfehlungen für Nierenpatienten

Ich habe die Empfehlungen für Nierenkranke an den Anfang gestellt, weil ich mich bei der Beschreibung von Patienten, die ich geheilt habe, sehr häufig darauf beziehe. Die genannten diätetischen Maßnahmen sind genauso gut für Patienten mit Rückenproblemen geeignet. Ich empfehle Nierenpatienten folgende grundlegende Maßnahmen:

- Essen Sie kein rotes Fleisch.
- Trinken Sie mindestens 8 Gläser Wasser am Tag.
- Trinken Sie viel Wassermelonen- und Gurkensaft. Wenn Sie die Säfte in Verbindung mit dem Kraut Kanta Gokhur zu sich nehmen können, sind sie noch wirksamer.
- Meiden Sie Tee und Kaffee, da beide Getränke eine Verhärtung der Nieren bewirken.
- Versuchen Sie, rohe Tomaten, rohe Zwiebeln und gekochten Spinat zu meiden.
- Als zusätzliche und sehr wichtige Maßnahme empfehle ich Nierenpatienten wärmstens, Wasser zu trinken, in dem sie Kulthi eingeweicht haben.

Kulthi *(dolichus biflorus)* wird in ganz Indien angebaut. Eines der besten Anbaugebiete sind die Berge des Kulu-Tals, wo die Bohnen täglicher Bestandteil der Ernährung der Einwohner sind. Im Süden Indiens legen Bildhauer den Stein, den sie bearbeiten wollen, in Kulthi-Wasser, um ihn aufzuweichen. Man kann Kulthi-Wasser ohne Bedenken täglich trinken. Es dient zur Durchspülung und Gesunderhaltung der Nieren. Wenn man es in Verbindung mit Turaico®, einem ayurvedischen Heilmittel, einnimmt, werden angegriffene Nieren noch schneller geheilt.

Kulthi-Wasser in Verbindung mit dem ayurvedischen Heilmittel Cystone®, das ich ebenfalls empfehle, trägt dazu bei, Nierensteine aufzulösen. Daneben reduziert Kulthi-Wasser den Cholesterinspiegel und wirkt blutdrucksenkend, da es ein natürliches harntreibendes Mittel (Diuretikum) ist.

Beachten Sie auch folgende spezielle Empfehlungen:

- Bei Nephritis (Nierenentzündung): Einmal täglich 1 Teelöffel gemahlenen Ingwer zu einer beliebigen Speise hinzuzugeben und zu sich zu nehmen, hilft, diese Nierenerkrankung zu heilen.

- Bei Blasenschwäche: Nehmen Sie täglich 1 Teelöffel Zwiebelsaft zu sich.

- Zur Nierenreinigung: Trinken Sie täglich Petersiliendekokt (Absud).

Weitere Informationen über die Zubereitung von Kulthi und Kanta Gokhur und die ayurvedischen Heilmittel Cystone® und Turaico® finden Sie im Kapitel »Pflanzliche und natürliche Heilmittel« im zweiten Teil dieses Buches (siehe Seiten 230ff.).

Empfehlungen für Patienten mit Rückenproblemen

Die oben genannten diätetischen Maßnahmen eignen sich genauso gut für Patienten mit Rückenproblemen, da es vor allem wichtig ist, die Beweglichkeit der Wirbelsäule zu fördern. Cystone® und Turaico® sollte man natürlich *nur* nehmen, wenn man auch unter einer Nierenerkrankung leidet. Daneben empfehle ich bei Rückenproblemen die folgenden Maßnahmen:

- Vater Causanals Pflaster, eine heilende Kompresse.
- Anwendungen mit erwärmtem Steinsalz (Halit, ein Mineralsalz)
- Zwei Yoga-Übungen *(Asanas):* das *Sarpa-Asana* (Kobrastellung) und eine Übung, die ich selbst für Patienten mit Rückenproblemen entwickelt habe.

Im Kapitel »Pflanzliche und natürliche Heilmittel« (siehe Seite 230 f. und Seite 247 f.) finden Sie weitere Informationen über Vater Causanals Pflaster und erwärmtes Steinsalz (Halit). Im Kapitel über Asanas (siehe Seite 263 f.) werden die beiden Yoga-Übungen beschrieben.

Ungewöhnliche Nierenerkrankungen

Als ich aus Deutschland zurückkehrte, war einer meiner ersten Patienten ein kleiner Junge aus Saudi-Arabien, dessen Vater bei der saudiarabischen Botschaft arbeitete. Der Junge litt an Hämaturie (Blut im Urin). Immer wenn er Wasser lassen mußte, schrie er vor Schmerzen. Die Eltern hatten viele Ärzte aufgesucht, unter anderem Spezialisten in London. Man hatte zahlreiche Untersuchungen bei dem Jungen durchgeführt, aber die Ärzte konnten den Eltern nur mitteilen, daß sich das Problem bei dem Jungen wahrscheinlich von selbst wieder geben würde. Als ich ihn untersuchte, bemerkte ich, daß meine Hand über beiden Nieren stark vibrierte. Ich erklärte den Eltern, daß mehrere Behandlungen erforderlich seien und daß ihr Sohn sich strikt an die diätetischen Maßnahmen halten müsse, die ich ihm verordnen würde. Ich war in der Lage, den Jungen mit einer

Kombination aus Diät und den Vibrationen meiner Hand zu heilen. Binnen einiger Wochen war kein Blut mehr in seinem Urin, und er begann zuzunehmen. Als ich ein paar Monate später nach Saudi-Arabien reiste, war der Junge vollständig gesund.

Ich erinnere mich besonders gut an einen Patienten, der direkt vor einer geplanten Wirbelsäulenoperation zu mir kam. Ein berühmter Orthopäde in Bombay hatte bereits einen Termin für die Operation festgesetzt. Ich untersuchte den Mann nur, weil ein guter Freund, der großes Vertrauen in die diagnostischen Fähigkeiten meiner rechten Hand hatte, darauf beharrte und eine zweite Meinung einholen wollte. Er hoffte, daß sein Freund die komplizierte Operation vermeiden könnte. Ich ging jedoch davon aus, daß die Wirbelsäulenoperation notwendig war, wenn so ein berühmter Chirurg sie angesetzt hatte.

Der Patient war ein ungewöhnlich großer Mann. Als er auf mich zukam, bemerkte ich als erstes, daß er sich ständig zur Seite beugte, wenn er ein paar Schritte gemacht hatte. Ich blickte zu ihm auf und sagte offen: »Es erscheint mir zwecklos, Sie zu untersuchen, wenn ein so berühmter Arzt schon eine Operation angesetzt hat. Aber sagen Sie mir eines, warum beugen Sie sich ständig zur Seite?«

»Meine Wirbelsäule ist so steif, daß ich nur gehen kann, wenn ich mich nach einigen Schritten zur Seite beuge, um sie zu dehnen«, erwiderte er.

Als ich ihn mit der rechten Hand untersuchte, konnte ich zu meinem Erstaunen absolut nichts Krankhaftes an seiner Wirbelsäule feststellen. »Ihre Wirbelsäule ist vollkommen in Ordnung«, sagte ich, »aber eine Ihrer Nieren ist geschrumpft. Sagen Sie mir, was Sie normalerweise essen und trinken.«

Ich war nicht allzu überrascht, als ich erfuhr, daß er sehr wenig Wasser trank. Er berichtete mir, daß er den ganzen Tag Tee trinke und auch viele rohe Tomaten, rohe Zwiebeln und gekochten Spinat esse. Ich riet ihm, viel Wasser, insbesondere Kulthi-Wasser, zu trinken und rohe Tomaten und Zwiebeln und gekochten Spinat zu meiden. Er befolgte meine Ratschläge und wurde mit Hilfe dieser Maßnahmen und ein paar Behandlungen vollständig geheilt. Er mußte die Operation, die geplant gewesen war, nie durchführen lassen und ist bis heute vollkommen gesund.

Eine weitere Patientin, Shalini Kumar, war wegen eines Bandscheibenvorfalls in ärztlicher Behandlung. Auch bei ihr stellte sich heraus, daß es sich in erster Linie um ein Nierenleiden handelte. Ich mußte einen Hausbesuch bei ihr machen, weil sie so akute Schmerzen hatte, daß sie zwei Monate lang bettlägerig gewesen war.

Als ich in ihr Schlafzimmer trat, fand ich eine schöne junge Frau vor, die von verschiedenen Flaschenzügen, Seilen und Gewichten umgeben war, mit denen eine Traktionsbehandlung durchgeführt werden sollte. Als ich sie untersuchte, stellte ich eine leichte Skoliose, aber keinen Bandscheibenvorfall fest. Meine Hand vibrierte lange über ihren Nieren. Beide Nieren waren sehr verhärtet. Als ich sie fragte, ob sie schon einmal unter einer Harnwegserkrankung gelitten habe, berichtete sie mir, daß sie im Laufe der letzten zehn Jahre mehrere schwere Harnwegsinfektionen gehabt habe.

Als ich mich in ihrem komfortablen Schlafzimmer umsah, bemerkte ich, daß sie direkt vor einer Klimaanlage schlief, die wassergekühlte Luft in das Zimmer blies. »Wie lange steht Ihr Bett schon an dieser Stelle?« fragte ich sie. Sie entgegnete, daß es seit zwei Monaten dort stehe – seit zwei Monaten hatte sie auch die akuten Rückenschmerzen.

»Sie müssen Ihr Bett woanders hinstellen und dürfen sich nie direkter Zugluft aussetzen«, riet ich ihr. Nach Abschluß der ersten Behandlung war sie fähig, aufzustehen und ein wenig herumzugehen. Ich habe sie im Laufe der Jahre weiter wegen Harnwegserkrankungen behandelt, aber ihr Rückenleiden ist nie wieder aufgetreten. Shalini beschreibt ihren Fall nun mit ihren eigenen Worten.

Fallbeispiel: Shalini Kumar

Ich werde meine erste Begegnung mit Sree nie vergessen. Sie kam um etwa acht Uhr abends im April 1986 zu einem Hausbesuch zu mir. Sie sah so anders aus als alle anderen Menschen, die ich kannte – würdevoll, mit einer besonderen Aura und einem großen roten Tikka-Fleck auf der Stirn.

Seit der Geburt meines dritten Kindes – alle Kinder wurden per Kaiserschnitt entbunden – hatte ich immer wieder Rückenprobleme gehabt. Im Februar 1986 waren die Schmerzen unerträglich geworden. Ich nahm homöopathische Heilmittel, nachdem ich es erfolglos mit allen möglichen Schmerzmitteln versucht hatte. Im März konnte ich nach dem Einkaufen kaum zu meinem Wagen zurückgehen und kam nur unter größten Schwierigkeiten nach Hause. Mein Mann konsultierte die besten Orthopäden und holte verschiedene Meinungen ein. Schließlich war einer der Ärzte davon überzeugt, daß ich einen Bandscheibenvorfall hatte, und empfahl Traktionsbehandlungen – mit Gewichten über 15 Kilogramm. Davor hatte ich es viele Male mit Wärmebehandlungen versucht, aber das verschaffte mir nur vorübergehend Linderung. Jedenfalls half nichts auf Dauer, und ich war völlig verzweifelt.

Eines Tages besuchte uns ein Cousin meines Mannes aus Madras und erzählte mir, seine Schwester kenne eine Frau, die mir vielleicht helfen könnte. Noch am selben Abend kam seine Schwester mit Didi, wie ich Sree heute nenne, zu mir ins Zimmer. Sree bat mich aufzustehen, aber ich beharrte darauf, daß es zu schmerzhaft sei. Schließlich gelang es mir unter großen

Anstrengungen aufzustehen, und ich stand gekrümmt da. Didi legte mir die Hand auf den Rücken, um das Problem zu lokalisieren, und sagte, ich solle ihr nicht verraten, wo ich Schmerzen habe. Binnen einer halben Minute bewegte sich ihre Hand direkt zu der schmerzhaften Stelle. Nachdem sie mich aufgefordert hatte, mich hinzulegen, behandelte sie mich fast 45 Minuten lang mit ihrer vibrierenden Hand. Die Behandlung war schmerzhaft, aber ich verspürte zugleich eine große Erleichterung. Dann forderte sie mich auf, ein paar Schritte im Zimmer herumzugehen, und ich konnte es – nach so vielen Wochen Bettlägerigkeit!

In den darauffolgenden drei Wochen (in der ersten Woche blieb ich im Auto) ging ich ungefähr zwölfmal zu Didi zur Behandlung. Sie behandelte mich jeweils dreißig bis vierzig Minuten lang, und binnen zehn Tagen konnte ich im Haus herumgehen. Etwa sechs Wochen später machte ich einen Urlaub in den Bergen. Unsere Freunde bezweifelten, daß ich dafür fit genug war, aber ich verbrachte eine wundervolle Woche. Mit etwas Vorsicht bekam ich keine Rückenprobleme mehr. Ich befolgte Didis Anweisung, viel Wasser zu trinken, weil sie keinen Bandscheibenvorfall, aber eine schlechte Nierenfunktion diagnostiziert hatte. Sie fragte mich nach Harnwegserkrankungen, und ich erzählte ihr, daß ich seit der Geburt unseres zweiten Kindes immer wieder unter Harnwegsinfektionen gelitten hatte. Didi glaubte, daß die vielen Infektionen und die mangelnde Durchspülung der Nieren mit Wasser zur Verschlimmerung meiner Rückenprobleme beigetragen hätten.

Etwa ein Jahr später bekam ich wieder Rückenschmerzen, diesmal auf der anderen Seite, und war wieder für ein paar Tage ans Bett gefesselt. Wir hatten vor, zum Tempel von Vaishna Devi in Jammu zu pilgern – ein Tagesausflug, der eine zwölf Kilometer lange, anstrengende Wander- und Klettertour zum Tempel und den gleichen Weg zurück beinhaltete. Wie gewöhnlich, suchte ich sofort Didi auf, und nach nur vier Sitzungen ging es mir soviel besser, daß ich eine Woche später an der Pilgerprozession teilnehmen konnte. Nur zur Vorsicht trug ich dabei ein Stützkorsett, aber ich hatte überhaupt keine Probleme.

Das ist jetzt sechs Jahre her, und ich brauche nur ein bißchen vorsichtig zu sein, damit es mir gutgeht. Didi und ich sind so enge Freundinnen geworden, daß sie die Lücke, die nach dem Tod meiner Mutter entstanden ist, ausfüllt. Ich weiß, daß Didi immer da sein wird, wenn ich sie brauche.

Shalini Kumar
Neu-Delhi, Indien
1992

Ich habe auch Bandscheibenvorfälle geheilt, indem ich meine Hand über der Wirbelsäule vibrieren ließ und zusätzlich die Nieren behandelte. Einer meiner Patienten war ein Saudiaraber, der viele Jahre lang bei den Vereinten Nationen in New York gearbeitet hatte. Er war dort im Krankenhaus gewesen, sein Zustand hatte sich aber nicht dauerhaft gebessert.

Als ich ihn in Delhi untersuchte, stellte ich fest, daß er in der Tat einen Bandscheibenvorfall hatte, darüber hinaus waren seine Nieren sehr verhärtet, womöglich von all den Schmerzmitteln, die er genommen hatte. Ich riet ihm, Kulthi-Wasser zu trinken und nicht zuviel schwarzen Tee oder Kaffee zu sich zu nehmen, da sich die Nieren durch Koffein verhärten. Außerdem verordnete ich ihm spezielle Yoga-Übungen.

Da er viel Wasser trank, wurde sein Körper viel beweglicher, und eines Tages spürte er, wie der hervorgetretene Bandscheibenkern wieder zurückglitt, als er die Kobrastellung (Sarpa-Asana) und eine von mir selbst entwickelte Übung machte. Als er zu mir zur Behandlung kam, fragte ich ihn, warum er allem Anschein nach nicht froh darüber sei. »Ich bin mir sicher, daß ich wieder einen Bandscheibenvorfall bekomme«, sagte er.

»Ich habe viele Bandscheibenvorfälle behandelt, und keiner der Patienten ist je mit dem gleichen Problem wiedergekommen«, versicherte ich ihm. Als ich später eine Reise nach Saudi-Arabien unternahm, besuchte er mich. Er sah sehr schlank und fit aus.

Ein Patient, dessen Rückenleiden tatsächlich wieder auftrat, war als Tourist in Indien, und die Zeit reichte nicht für eine Behandlungsserie aus, die zu seiner vollständigen Genesung notwendig gewesen wäre. Zudem traf er keine vernünftigen Vorsichtsmaßnahmen. Mein guter Freund Deepak Kapoor erklärt im folgenden, was passierte, als er von seiner Reise zurückkehrte.

Fallbeispiel: Deepak Kapoor

Anfang 1988 rang mir ein mir sehr nahestehender Familienangehöriger das Versprechen ab, auf meiner Reise nach Indien Sree Chakravarti aufzusuchen. Ich hatte seit 1983 chronische Rückenschmerzen und seit Anfang 1986 waren sie ziemlich außer Kontrolle geraten. Ich muß zugeben, daß ich vor der Behandlung bei Sree Chakravarti dachte, es sei reine Zeitverschwendung, jemanden aufzusuchen, der angeblich durch Berühren heile.

Obwohl ich die Idee ziemlich verrückt fand, vereinbarte ich einen Termin. Als ich Sree Chakravarti zum ersten Mal aufsuchte, bat man mich, im Wohnzimmer zu warten, weil sie noch mit einem anderen Patienten beschäftigt war. Nach ein paar Minuten kam sie ins Zimmer. Ich hatte ihr kein Sterbenswörtchen darüber gesagt, warum ich sie aufgesucht hatte. Sie forderte mich auf, mich umzudrehen, und ihre Hand bewegte sich direkt zum Zentrum meiner Schmerzen – einer Stelle, die High-Tech-Scannern und einer Vielzahl von Orthopäden und Neurologen entgangen war. Ohne viele Worte brachte sie mich in ein anderes Zimmer und wies mich an, mich auf einer schmalen Matratze auf den Bauch zu legen. Alles, was sie tat, war, die schmerzhafte Stelle und den Bereich darum herum zu berühren. Sie bewegte sich dabei nicht mehr als zehn Zentimeter in jeder Richtung vom Schmerzzentrum weg, und die Behandlung dauerte nur ein paar Minuten.

Während dieser kurzen Zeit strömte eine enorme elektrische Energie (so fühlte es sich jedenfalls an) durch meinen ganzen Körper. Das Schmerzzentrum war gründlich in Aufruhr geraten – allein dadurch, daß sie mich mit den Fingern berührte. Sie wandte keinen Druck an und benutzte weder Geräte noch Lotionen.

Als ich aufstand, fühlte ich mich so, als seien die Schmerzen, die mich jahrelang gequält hatten, von mir abgefallen. An jenem Tag konnte ich in die Höhe springen und dabei die Decke berühren. Von diesem Zeitpunkt an konnte ich auch wieder richtig schlafen.

Meine Skepsis war absolutem Vertrauen gewichen.

Leider fühlte ich mich so stark, daß ich nach meiner Rückkehr nach Florida einen großen Kühlschrank trug und mich wieder verletzte. Sree hatte mich von Anfang an darauf hingewiesen, daß für eine vollständige Genesung noch weitere Sitzungen erforderlich seien und ich wegen der kürzeren Behandlungsdauer besonders vorsichtig sein sollte. Im Laufe der Jahre habe ich sie besser kennengelernt und schätze heute ihre Arbeit viel mehr als bei meinem ersten Besuch. Die heilende Wirkung ihrer Berührungen steht außer Frage. Noch dazu weigert sie sich, Geld für ihre Arbeit anzunehmen. Nicht einmal Geschenke akzeptiert sie. Häufig gibt sie selbst Geld aus, um ein bestimmtes Heilmittel zu kaufen. Sie ist eine wunderbare Frau, das mag erklären, warum Gott sie mit der besonderen Gabe des Heilens gesegnet hat.

Deepak Kapoor
Melbourne, Florida, USA
1992

Ein weiterer Patient, der sowohl einen Bandscheibenvorfall als auch ein Nierenleiden hatte, war ein sehr berühmter Pathologe am All India Institute of Medical Science. Als man ihn in mein Haus brachte, hatte er große Schmerzen und sagte als erstes: »Einer meiner Freunde ist Chirurg und will mich in einen Ganzkörpergips stecken. Er sagt, daß sei die einzige Methode, mir zu helfen.«

Als ich ihn untersuchte, bestätigte meine Hand das Bandscheibenproblem, aber ich stellte auch fest, daß eine Niere sehr verhärtet war. »Ich glaube, ich kann Sie heilen, wenn Sie sich genau an meine Anweisungen halten«, sagte ich. Ich behandelte seinen Rücken ein paarmal, verordnete Kulthi-Wasser für seine Niere, und sein Bandscheibenvorfall war vollständig geheilt.

Einige Jahre später kam der Pathologe wieder zu mir. »Sie haben mir versichert, daß es bei mir nie wieder zu einem Bandscheibenvorfall kommen werde. Nun habe ich aber wieder einen«, warf er mir vor. Er war sehr bekümmert, weil er ein paar Tage später wegen eines wichtigen Auftrags nach Afghanistan reisen sollte. »Glauben Sie, Sie können mich rechtzeitig kurieren?«

»Wie ist es diesmal zu der Erkrankung gekommen?« fragte ich. »Es entwickelte sich im Gegensatz zum letzten Mal sehr langsam«, erwiderte er. Ich weiß, daß das bei Bandscheibenvorfällen ungewöhnlich ist. Als ich ihn untersuchte, stellte ich fest, daß seine Niere wieder sehr verhärtet war.

»Das Problem liegt bei Ihrer Niere, nicht bei Ihrem Rücken«, ließ ich ihn wissen. Nach drei Behandlungen und einer Trinkkur mit Kulthi-Wasser war er in ausgezeichneter Verfassung und konnte seine Reise nach Afghanistan antreten.

Ein weiterer interessanter Nierenpatient war ein Deutscher, der in Delhi für die Lufthansa arbeitete. Er war zu mir gekommen, weil er das seltsame Gefühl hatte, daß seine Finger schrumpften. Wenn er Alkohol trank, verschlimmerte sich die Empfindung. Er hatte viele Ärzte aufgesucht, aber keiner von ihnen war in der Lage gewesen, die Ursachen seines Problems zu finden. Wie gewöhnlich war eine meiner ersten Fragen »Wieviel Wasser trinken Sie?«

»Keines«, entgegnete er bestimmt. »Ich achte sehr darauf, in Indien kein Wasser zu trinken. Ich trinke nur Kaffee.«

»Es ist absolut unbedenklich für Ihre Gesundheit, in Indien abgekochtes Wasser zu trinken«, sagte ich. »Das Klima ist hier ganz anders als in Deutschland. Unser Körper besteht zu siebzig Prozent aus Wasser, und wir brauchen sieben bis acht Gläser Wasser am Tag, um die Körperflüssigkeit, die wir verlieren, zu ersetzen.« Ich verordnete ihm Kulthi-Wasser zum Durchspülen seiner Nieren. Ein paar Tage später rief er an, um mir zu sagen, daß es ihm viel besser gehe. Ich riet ihm, seinen Kaffeekonsum nach und nach einzuschränken, und immer wenn er Kaffee trank, zuerst etwas Wasser zu sich zu nehmen.

Auch ein weiterer ungewöhnlicher Fall hatte mit den Wirkungen von Koffein zu tun. Eines Tages kam ein junger Mann mit seiner Mutter in die Praxis. Er hoffte, daß ich ihm sagen können würde, was ihm fehlte. Er litt unter starkem Händezittern. Die Ärzte, die er konsultiert hatte, hatten verschiedene Untersuchungen durchgeführt, waren jedoch zu keinem Ergebnis gekommen. Als ich ihn untersuchte, vibrierte meine Hand heftig über seinem Kopf. Irgendwie hatte ich das Gefühl, daß dies mit Alkoholmißbrauch zusammenhängen könnte. Ich nahm seine Mutter beiseite und fragte sie: »Ist er Alkoholiker?« Sie versicherte mir, daß er nur ab und zu ein Bier trinke. Dann fragte ich, was er beruflich mache. Der junge Mann berichtete mir, daß er Teeverkoster sei und täglich an etwa zweihundert Tassen Tee nippen müsse.

»Es ist das Koffein im Tee, das Ihr Nervensystem beeinträchtigt«, erklärte ich ihm.

»Aber ich nippe doch nur an den Tees«, protestierte er.

»Trotzdem rate ich Ihnen, sich einen anderen Job zu suchen, wenn Sie gesund werden wollen«, entgegnete ich. Ich behandelte seinen Kopf, bis meine Hand aufhörte zu vibrieren, und habe seitdem nie wieder etwas von ihm gehört.

Ein Patient, den ich erst vor kurzem behandelt habe, kam wegen eines alten Nierenleidens zu mir. Ich konnte ihm auch bei einer Kieferverletzung helfen, die er sich etwa vierzig Jahre zuvor zugezogen hatte. Martin Howard hat seine Krankengeschichte freundlicherweise für dieses Buch zu Papier gebracht.

Fallbeispiel: Martin Howard

Nachdem ich 35 Jahre lang in der britischen Marine und mehrere Jahre Mitglied der Fliegertruppe gewesen war, in der Fitneß und rigorose Gesundheitschecks zur Tagesordnung gehören, ging ich 1988 in die Industrie. Ich war die letzten vier Jahre bei der Marine in Indien stationiert gewesen, und im März 1990 stellte mich Rolls Royce als Gebietsleiter für Indien ein. Seitdem lebten wir wieder in Delhi.

Im Dezember 1991 bekam ich in zwei Backenzähnen des rechten Unterkiefers Füllungen. Nach vier Tagen litt ich, wenn ich den Mund öffnete, unter stechenden Schmerzen in dem Teil des Unterkiefers, der behandelt worden war. Einige Tage später waren die Schmerzen unerträglich geworden, und ich konnte den Mund nicht mehr als einen halben Zentimeter öffnen und auch das nur unter Schwierigkeiten. Mein Zahnarzt sagte, das Problem hinge mit Muskelkrämpfen zusammen, die höchstwahrscheinlich streßbedingt seien, und die Spritze, die er mir gegeben habe, habe als Auslöser fungiert. Er riet mir, den Kiefer möglichst ruhigzustellen, aber da der Weihnachtsurlaub in England bevorstand, war es nicht so leicht für mich, mich daran zu halten.

Am nächsten Tag flogen wir nach Großbritannien, wo ich sofort meinen Homöopathen konsultierte. Er stellte mit Hilfe einer Irisdiagnose fest, daß offenbar der dritte Halswirbel entzündet war.

Er verordnete mir ein unterstützendes Mittel und riet mir, einen Osteopathen aufzusuchen. Ich befolgte diesen Rat. Nach ein paar Massagen der oberen Wirbelsäulenabschnitte, der rechten Seite des Kiefers und der Kopfmuskeln ging es mir besser, und ich kehrte nach Indien zurück. Während der Behandlung beim Osteopathen fiel mir wieder ein, daß ich fast vierzig Jahre zuvor beim Boxen einen heftigen Schlag auf die linke Hälfte des Kiefers bekommen hatte. Danach hatte ich Schmerzen gehabt, die nach einer Weile nachgelassen hatten, aber ich war seitdem nicht mehr in der Lage gewesen, den Mund sehr weit zu öffnen. Etwa ein Jahr später mußte ein schmerzender Zahn gezogen werden, der nach Angabe des Zahnarztes vollkommen in Ordnung war. Damals brachte ich den schmerzenden Zahn nicht mit dem Schlag auf meinen Kiefer in Verbindung. Erst so viele Jahre später wurde mir beim Osteopathen klar, daß meine Kieferprobleme möglicherweise damit zusammenhängen.

Dann kam Sree. Ich hörte von Meenakshi Matoo, einer guten Freundin von mir, von ihr. Ich leide schon mein ganzes Leben unter einer Nierenschwäche. Wenn ich eine Erkältung oder andere Beschwerden bekomme, kündigen sich diese fast immer durch das Gefühl an, daß ich mir den Rücken verkühlt habe.

Anschließend schmerzen mir die Knie. Ich fragte Meenakshi, ob sie einen Termin bei Sree für mich vereinbaren könnte, damit sie meine Nieren behandelte. Ich erwähnte auch mein Kieferproblem. Ich war inzwischen davon überzeugt, daß durch meine alte Boxverletzung eine Fehlfunktion des Kiefers verursacht worden war, die wahrscheinlich zu weiteren Problemen führte. Bei der ersten Behandlung konnte ich es kaum ertragen, als Sree meine Nieren berührte. Sie waren äußerst druckempfindlich. Ich war erstaunt, mit welcher Geschwindigkeit und Zielsicherheit sie den Finger genau auf die schmerzhafteste Stelle legen konnte. Sie führte eine behutsame Untersuchung und eine kurze Massage durch, an die sich die Behandlung mit der vibrierenden rechten Hand anschloß.

Auch bei meinem Kiefer fand sie sofort die empfindlichste Stelle und tastete den sie umgebenden Bereich ab, ehe sie ihre rechte Hand vibrieren ließ. Sie behandelte die oberen Abschnitte der Wirbelsäule, die immer noch steif waren und schmerzten, und den Kopf, weil ich Kopfschmerzen hatte. Darüber hinaus behandelte sie den Bereich um mein rechtes Schulterblatt, weil die Schmerzen von meinem Kiefer im Laufe einiger Wochen über den Hals in diese Körperregion gewandert waren.

In einem Zeitraum von fünf Wochen kam ich sieben- oder achtmal zu Sree zur Behandlung. Eine Weile lang war ich nicht in Delhi und mußte deshalb pausieren. Danach vibrierte ihre Hand nicht mehr, und alle Schmerzen waren verschwunden.

Bis heute hatte ich keine Probleme mehr mit meinen Nieren, und sie sind sicherlich weniger kälteempfindlich geworden. Darüber hinaus kann ich meinen Kiefer heute weiter öffnen, als ich es seit dem Schlag beim Boxen je konnte.

Martin Howard
Neu-Delhi, Indien
1992

Kürzlich hatte ich einen ungewöhnlichen Fall: ein 14jähriges Mädchen, das unter einer angeblich unheilbaren Erkrankung litt, bei der das Körperfett langsam abgebaut wird.

Ich sagte zu ihren Eltern, daß ich noch nie von dieser Erkrankung gehört hätte. Sie zeigten mir Körperbereiche, an denen sich grübchenartige Dellen befanden, wo das Fettgewebe fehlte. Eine Stelle an einem ihrer Beine war besonders weich. Als ich meine Hand über diese »Grübchen« hielt, vibrierte sie nur sehr leicht. Da wußte ich, daß die Ursache für das Problem anderswo liegen mußte. Ich untersuchte ihre Nieren und stellte fest, daß beide sehr verhärtet waren.

Als ich die Eltern fragte, ob ihre Tochter unter Nierenerkrankungen gelitten habe, berichteten sie mir, daß sie viele Harnwegsinfektionen gehabt habe. Wie es diesem Krankheitsbild entspricht, bekam sie hohes Fieber und hatte Bakterien, Blut und Albumin im Urin.

Ich behandelte die Nieren des jungen Mädchens mehrere Monate lang einmal pro Woche, während die Eltern darauf achteten, daß es die von mir verordnete Diät genau einhielt, viel Wasser und Kulthi-Wasser trank und das ayurvedische Heilmittel Turaico® einnahm. Die »Grübchen« hatten sich fast wieder aufgefüllt, als meine Hand aufhörte, über den Nieren zu vibrieren.

Binnen ein paar Monaten kamen sie wieder. Sie hatten die Behandlung mit Kulthi-Wasser und Turaico® nicht fortgesetzt, und das Mädchen hatte leichtes Fieber und eine deutlich sichtbare Delle in der Nase. Ich behandelte sie nochmals, und diesmal hielten sie sich genau an meine Anweisungen. Die »Grübchen« verschwanden wieder, und ich wies sie darauf hin, daß sie die Behandlung lebenslang fortsetzen müßten.

Übertragung meiner Heilkraft auf Wasser

Eine andere Patientin, bei der auch die Nieren betroffen waren, war nach einem Achsenbruch aus ihrem Jeep gefallen. Sie hatte sich die Wirbelsäule verletzt und beide Beine gebrochen. Sie litt unter sehr heftigen Schmerzen, so daß ich sie im Krankenhaus behandeln mußte. Zu meinem Erstaunen sagte sie, daß sie die Vibrationen meiner Hand tatsächlich durch den Gips fühlen könne und nach der Behandlung weniger Schmerzen habe.

Sie bekam so viele Medikamente und Schmerzmittel, daß beide Nieren sich verhärteten und sie große Schwierigkeiten hatte, Wasser zu lassen. Da ich nicht jeden Tag ins Krankenhaus gehen konnte, begann ich, ihr Wasser zu schicken, daß ich mit meiner Hand behandelt hatte. Die Patientin trank das Wasser, auf das ich täglich meine heilende Energie übertrug, und ihr Problem mit dem Wasserlassen war gelöst.

Wenn ich meine Hand in Wasser tauche, wird ein Teil der heilenden Energie, die von ihr abstrahlt, auf das Wasser übertragen. Wenn ich meine Hand das erste Mal in Wasser tauche, sprudelt es um meine Hand herum. Tauche ich sie einen Augenblick später noch einmal ein, dann bleibt das Wasser ruhig. Das Wasser behält seine Heilkraft, solange es nicht mit Metall in Berührung kommt. Deshalb mußte ich für meine Patientin immer ein Plastik- oder Glasgefäß verwenden, und das Wasser wurde in einem Plastik- oder Glasbehälter zu ihr gebracht.

Ich habe die Gabe, meine heilende Energie auf Wasser übertragen zu können, zufällig entdeckt und sie recht häufig angewandt, bis ein Astrologe mir erklärte, daß mir dies zu viel Kraft rauben würde. Er riet mir auch, meine Fähigkeiten zur Wasserwahrsagerei – ich entdeckte sie bei einem deutschen Wasserwahrsager – nicht zu gebrauchen, weil Wasser eine negative Kraft für mich darstelle.

Die Bedeutung von Wasser

Es ist inzwischen deutlich geworden, daß ich fest an die Heilkraft des Wassers glaube. Man kann die Bedeutung von normalem Wasser für die Reinigung und Heilung des ganzen Körpers gar nicht hoch genug einschätzen.

Ich stelle fast immer fest, daß Patienten, die mit Nierenproblemen zu mir kommen, nicht genug Wasser trinken. Einer meiner ersten Ratschläge ist immer, neben Kulthi-Wasser viel Wasser zu trinken.

Ich höre häufig von Patienten: »Aber ich trinke viel Tee (oder Kaffee). Das ist doch auch Flüssigkeit. Ist das nicht genauso gut wie Wasser?«

»Würden Sie in Tee oder Kaffee ein Bad nehmen?« ist meine Antwort darauf. Das Koffein in schwarzem Tee und Kaffee bewirkt eine Verhärtung der Nieren. Wasser spült sie durch und ist das wirksamste Heilmittel, das uns allen zur Verfügung steht.

Ich selbst trinke ständig Wasser, weil ich mir alle Mühe gebe, meine Gabe des Heilens zu bewahren, indem ich meine Gesundheit so gut wie möglich erhalte.

Eine königliche Einladung nach Saudi-Arabien

Ende April 1972 wurde ich vom Premierminister von Saudi-Arabien, Prinz Fahd, zu einer Reise nach Riad und Jedda in Saudi-Arabien und auch nach Ägypten und Beirut eingeladen. Ich sollte eine Reihe von besonderen Patienten, einschließlich Prinz Fahd selbst, behandeln. Die Einladung wurde mir persönlich von Enus Yasin, dem saudiarabischen Botschafter in Indien, überbracht. Diese Reise war eine der interessantesten Erfahrungen meines Lebens.

Anfangs gab es viele Probleme. Mein Mann war ebenfalls eingeladen, aber er wollte nicht mitkommen, weil ich als Heilerin eingeladen worden war. Wir wußten nicht, daß alleinreisende Frauen zu jener Zeit kein Visum für Saudi-Arabien bekamen. Als der Botschafter die Situation erklärte, mußte ich ihm mitteilen, daß mein Mann sich weiterhin weigerte mitzufahren. »Entweder fahre ich allein oder gar nicht«, sagte ich.

Dann traten weitere Schwierigkeiten auf. Als Freunde von der Einladung hörten, erzählten sie meinem Mann alle möglichen Schauermärchen, die ihn in immer größere Sorge versetzten.

Ich wäre nie ohne sein ausdrückliches Einverständnis gefahren. Schließlich sprach mein Mann mit Freunden, die im Außenministerium beschäftigt waren. Sie versicherten ihm, daß es eine große Ehre sei, eine solche Einladung zu erhalten, daß die Saudiaraber äußerst nette Menschen seien und daß sie sich auf eine Weise um mich kümmern würden, wie es sich nur wenige Länder leisten könnten. Er kam nach Hause und sagte, ich solle den Botschafter anrufen und die Einladung annehmen.

Trotz der anfänglichen Schwierigkeiten war ich mir immer sicher gewesen, daß ich letzten Endes nach Saudi-Arabien fahren würde. Der Grund dafür lag darin, daß ich einen lebhaften Traum gehabt hatte, bevor ich die Einladung bekam. In dem Traum steht ein alter Mann, den ich nicht erkenne, der mir aber vertraut vorkommt, neben einem Handkarren und drängt mich, an einen bestimmten Ort zu gehen. »Ich kann nicht«, sage ich immer wieder. Er beharrt weiter darauf. Schließlich setze ich mich in den Handkarren, als er sagt, daß er mich selbst hinbringen werde. Ich hatte einen Freund gebeten, den Traum zu deuten. »Du wirst bald eine Reise ins Ausland machen, und du wirst allein reisen«, hatte er mir prophezeit. Da wußte ich, daß ich keine Angst zu haben brauchte, weil Sai Baba bei mir sein würde. Ich hatte auch einen Astrologen befragt. Er hatte mir gesagt, daß ich in ein moslemisches Land fahren würde, »in dem den Menschen Gutes widerfährt und Sie glücklich sein werden«.

Als ich dem Botschafter zusagte, war er sehr erleichtert. Ich erfuhr erst in Saudi-Arabien, daß man extra einen Mann nach Neu-Delhi entsandt hatte, der ein Jahr lang Untersuchungen über meine Heiltätigkeit angestellt hatte. Er sollte herausfinden, ob ich die Gabe des Heilens wirklich besaß, ob ich Geld für meine Dienste annahm, ob ich einen guten Charakter hatte, mehr Männer als Frauen behandelte, einen Mann hatte, der sich um mich kümmerte usw. Ich erfuhr auch, daß ich die einzige Alleinreisende war, die ein Visum bekommen hatte. Als ich all dies hörte, war ich sehr stolz, daß man mir eine solche Ehre erwiesen hatte.

Um nach Riad zu gelangen, mußte ich von Neu-Delhi nach Bombay fliegen und dort in eine Maschine nach Saudi-Arabien umsteigen. Ich wollte auf der Reise gutgekleidet sein und beging den Fehler, einen feinen Seidensari anzuziehen, der in der Aprilhitze fürchterlich zerknitterte. Dadurch erhielt ich eine gute Lektion darin, wie häufig Menschen andere nur nach dem Aussehen beurteilen.

Als ich in Bombay das Flugzeug bestieg – es war ein kleines Flugzeug, und es war heiß und eng darin –, warf die indische Stewardeß einen Blick auf mich und dirigierte mich zur Economy Class. »Aber ich habe ein Ticket für die Business Class«, widersprach ich ihr. Sie war unnachgiebig, aber dann sehr kleinlaut, als die nächste Stewardeß mich zu meinem richtigen Platz zurückbrachte. Als wir in Riad landeten, drängten die anderen Passagiere in der Business Class an mir vorbei in Richtung Ausgang, so als sei ich es nicht wert, beachtet zu werden. Ich wartete still auf einer Seite, aber als sich die Tür öffnete, stand der saudiarabische Chef des Protokolls da und fragte nach mir. Am Fuß der Treppe wartete ein riesiger Wagen mit wehenden Fahnen auf mich. Alle Passagiere sahen mich verwundert an. »Wer ist diese Frau, die aussieht wie ein Schulmädchen?« müssen sie sich gefragt haben, aber sie machten mir respektvoll Platz.

Auch der Chef des Protokolls und seine Begleiter blickten überrascht drein, als sie mich sahen. Ich fragte sie nach dem Grund ihres Erstaunens. »Wir haben eine alte Dame erwartet«, gaben sie zu, »statt dessen finden wir eine junge Dame vor.« Vielleicht sah ich neben den großen, massigen Gestalten sehr zierlich und jung aus.

Man sagte mir, daß ich im Hotel einen Cousin von König Faizal treffen würde, der mit der Abendmaschine nach Jedda geflogen sei. Ich war etwas aufgeregt, aber er erwies sich als sehr charmanter und freundlicher Mann. Das Hotel in der Nähe des Flughafens, in dem man mich unterbrachte, war der Harem des letzten Königs gewesen, und man gab mir die beste Suite. Gleich nach meiner Ankunft kam der Hotelmanager zu mir, um mir zu sagen, ich solle zu essen bestellen, was immer ich wolle. »Bitte machen Sie sich nicht zu viele Umstände. Ich esse alles, was Sie kochen, außer Rindfleisch«, erwiderte ich.

Der Chef des Protokolls teilte mir mit, daß vom Morgen bis zum späten Abend ein Wagen und ein Fahrer für mich zur Verfügung stehen würden. »Bitte verlassen Sie das Hotel nicht ohne meine Erlaubnis«, warnte er mich. »Ich bin für Ihre Sicherheit verantwortlich.« Vor meiner Abreise aus Neu-Delhi hatte man mir einen versiegelten Umschlag mit den Namen meiner ersten Patienten ausgehändigt. »Wir werden Ihnen noch weitere Namen von Patienten nennen. Sie dürfen nur diese Leute behandeln. Wir haben Ihren Besuch geheimgehalten. Wenn er öffentlich bekannt wird, werden wir Schwierigkeiten haben, die Menschenmassen zu kontrollieren.« Ich fragte mich insgeheim, ob sie vielleicht nicht an die Öffentlichkeit dringen lassen wollten, daß Mitglieder der königlichen Familie von einer Frau, und zwar einer Frau, die Hindu war, behandelt wurden. Ich wußte damals noch nichts über die weit zurückreichende Tradition weiblicher Heilkunst in Saudi-Arabien. Auch Hafsa, die Frau des Propheten Mohammed, war eine Heilerin gewesen.

Ich erinnere mich noch ganz deutlich an meinen ersten Besuch im Palast des Oberbefehlshabers Prinz Abdullah, eines berühmten Reiters und freundlichen, kultivierten Mannes. Sein Palast war, wie so viele andere, die ich besuchte, wie eine eigenständige Stadt. Er war von hohen Ziegelsteinmauern umgeben, in die riesige Eisentore eingelassen waren. Sie öffneten sich nur, wenn der Fahrer mit der Wache gesprochen und den Zutritt erhalten hatte. Er erklärte, ich sei die »Hakime Hind« (indische Ärztin), und die Tore öffneten sich.

Ich mußte mich über einen Dolmetscher mit Prinz Abdullah verständigen, da er kein Englisch sprach. Er war sehr an dem großen Tikka-Fleck auf meiner Stirn interessiert und wollte wissen, warum er so viel größer sei als der anderer indischer Frauen. »Ich male mir einen größeren Fleck auf die Stirn, weil ich eine so große Stirn habe«, gab ich zurück. Dann fragte er, ob Tikka-Flecke Schönheitsflecke seien, mit denen wir uns schminkten. »Nein, sie sind ein Zeichen dafür, daß eine Frau verheiratet ist«, erklärte ich ihm. Eines Tages zeigte er mir ein Foto von sich, auf dem er ein Kind in den Armen hielt. Ich fragte, ob der Junge sein einziges Kind sei, weil er noch so viele andere Bilder von ihm besaß. »Natürlich nicht«, erwiderte er ganz überrascht. »Ich habe sehr viele Kinder.« Alle Prinzen hatten drei offizielle Frauen, die jeweils ihren eigenen Palast hatten.

Ich habe auch den Kronprinzen, der unter einer Herzerkrankung litt, in seinem riesigen Palast behandelt. Er war erstaunlich bescheiden, wenn man bedenkt, daß er in der Thronfolge gleich nach dem König kam.

König Faizals Palast gefiel mir am besten. Dort besuchte ich an den meisten Abenden die Königin. Sie war eine sehr schöne Frau mit modernen Ansichten und sprach fließend Englisch. Ich behandelte sie wegen eines Problems mit ihren Fingern. Es war typisch für ihre Höflichkeit, daß sie mir immer eine ihrer Töchter und kein Dienstmädchen als Begleitung mitschickte, wenn ich mir nach einer Behandlung die Hände wusch. Jeden Abend fragte sie mich, wie es mir gehe und ob ich zu viele Menschen behandeln müsse. Alle ihre Kinder waren – im Unterschied zu vielen anderen Prinzen und Prinzessinnen, die ich behandelt habe – sehr gut erzogen. Einer ihrer Söhne war Pilot. Zu der Zeit, in der ich das Land besuchte, führten die saudi-arabischen Frauen im Vergleich zu den indischen Frauen ein sehr beschränktes Leben. Keine Frau durfte ohne einen langen schwarzen Umhang, einen sogenannten *Burka*, der Kopf, Gesicht und Körper verhüllt, aus dem Haus gehen. Sie durften nicht Auto fahren. Da es keine Kinos oder Restaurants gab, war Unterhaltung nur in den eigenen vier Wänden möglich. Auf Partys saßen Männer und Frauen fast nie im selben Zimmer.

Ich fand auch, daß sich die Gesetze sehr von den unsrigen unterschieden und ungewöhnlich streng waren. Man erzählte mir, daß es praktisch keine Diebstähle gab, weil jedem, der beim Stehlen ertappt wurde, die rechte Hand abgeschnitten wurde. Zum Tode Verurteilte wurden öffentlich erhängt, und der Leichnam wurde zur Abschreckung mehrere Tage lang hängen gelassen. Wenn jemand beispielsweise einen anderen Menschen überfahren hatte, hatten die Angehörigen des Toten die Option, den Schuldigen auf die gleiche Weise zu töten.

Ich behandelte auch Prinz Fahds Frau und eine sehr hübsche Tochter, deren partielle Gesichtslähmung ich heilen konnte. Eines Tages fragten mich Prinz Fahds Frau und einige ihrer Freundinnen, mit welchem Geheimrezept ich so schlank bleiben würde. Viele von ihnen hatten Übergewicht. »Ich kann es Ihnen erzählen«, sagte ich, »aber ich werde Sie wahrscheinlich damit erzürnen.« Als sie nicht locker ließen, riet ich ihnen: »Waschen Sie Ihre Kleider selbst, und putzen Sie Ihre Zimmer selbst.«

»Wie könnten wir das tun? Unsere Hausangestellten nehmen uns doch alles aus der Hand«, entgegneten sie. »Dann wehren Sie sich doch dagegen«, sagte ich. Wir lachten alle herzlich.

Es gab sehr viele Bedienstete in den Palästen. Ich habe auch Sklaven gesehen, das erste Mal in Riad. Man erzählte mir, daß sie gekauft worden seien, als sie noch sehr jung waren. Sie wurden wie das sonstige Dienstpersonal behandelt, und ihre Kinder waren keine Sklaven mehr. Die Probleme der Sklaverei wurden jedoch in Situationen, in denen man es nicht erwartet hätte, sichtbar. Eines Tages behandelte ich die Frau eines wichtigen

Mannes, deren Gesichtsfarbe ungewöhnlich dunkel war. Nach der Behandlung wusch ich mir, wie gewohnt, die Hand, um sie zu reinigen und zu kühlen. Sie war außer sich. »Sie tun das nur, weil ich so eine dunkle Hautfarbe habe«, warf sie mir vor. Ich mußte ihrem Ehemann erklären, daß meine Hand während der Behandlung heiß wird und ich sie immer wasche. Er vertraute mir unter vier Augen an, daß sie einen Minderwertigkeitskomplex habe, weil sie die Tochter eines schwarzen Sklaven sei.

Die Gastfreundschaft der Saudiaraber ist wirklich legendär. Ein Beispiel dafür ist der türkische Kaffee, den sie servieren. Wo immer ich hinging, mußte ich diesen Kaffee trinken. Ein Dienstmädchen steht mit der Kaffeekanne neben einem, und in dem Augenblick, in dem man die Kaffeetasse absetzt, gießt es nur ganz wenig nach, bis man die Tasse schüttelt, um zu erkennen zu geben, daß man genug hat. Ich fragte, warum sie nie eine volle Tasse servierten. »Das wäre nicht richtig. Der Kaffee würde kalt werden, und das würde bedeuten, daß wir unseres Gastes überdrüssig sind«, erwiderten sie. Ein weiteres Beispiel für die Gastfreundschaft der Saudiaraber sind die zahlreichen Speisen, die für jede Mahlzeit gekocht werden. Auch wenn nur ein paar Gäste eingeladen sind, werden für mindestens fünfzig Personen unzählige verschiedene Gerichte gekocht. Manchmal mußte ich abends drei Einladungen zum Abendessen wahrnehmen, weil die Gastgeber gekränkt gewesen wären, wenn ich nicht gekommen wäre. Nachdem ich den ganzen Tag gearbeitet hatte, war ich abends jedoch oft sehr müde.

Das einzige andere Problem, das ich hatte, war rein logistischer Art. Immer wenn ich einen der Prinzen behandeln sollte, fuhr sein Wagen vor dem Hotel vor. Nach der Behandlung mußte ich zum Hotel zurückkehren und in das Auto eines anderen Prinzen oder in meinen eigenen Wagen steigen. Es war so eine Zeitverschwendung. Schließlich mußte ich darauf bestehen, daß alle Prinzen außer den wenigen, die ich von Anfang an in ihren Palästen behandelt hatte, mich im Hotel aufsuchten, wenn sie meine Hilfe brauchten.

Irgendwie war die Nachricht, daß ich im Lande war, an die Öffentlichkeit durchgesickert. Lange Schlangen von Menschen warteten vor dem Hotel, um mich zu sehen und mich zu bitten, sie wenigstens zu berühren. Der Chef des Protokolls befahl mir, sie zu ignorieren, aber es machte mich traurig, daß ich ihnen nicht helfen konnte. Ursprünglich hatte ich nur ein paar ausgewählte Patienten gehabt, und jetzt arbeitete ich bis auf zwei Stunden Pause am Nachmittag den ganzen Tag. Wenn ich abends ausging, begegnete ich vielen Frauen, die mich anflehten, sie zu behandeln. Ohne es dem Chef des Protokolls zu sagen, gab ich ihnen den Tip, am Nachmittag ins Hotel zu kommen. Sie konnten dann in ihren Burkas inkognito durch den Eingang für Frauen schlüpfen.

Einmal kam ich sehr spät zurück. Es war schon zwei Uhr morgens. Nachdem ich eine halbe Stunde geschlafen hatte, klingelte das Telefon. Ich hörte die verzweifelte Stimme eines Mannes, der fragte, ob ich die Inderin sei, die Menschen heile. »Ich bin ans Bett gefesselt. Bitte, bitte kommen Sie und helfen Sie mir.« Ich erklärte ihm, daß ich ihm nicht helfen könne, weil mich der Chef des Protokolls nur Patienten behandeln lasse, die er ausgewählt habe. Er hörte nicht auf zu betteln, und schließlich mußte ich auflegen. Dieser Mann, dem ich nicht helfen konnte, verfolgt mich immer noch.

Wenn ich heute von den vielen Zwistigkeiten zwischen Hindus und Moslems in unserem Land höre, erinnere ich mich daran, daß ich in Saudi-Arabien nie, nicht einmal für eine Minute, das Gefühl hatte, anders zu sein. Ich ging sogar an die Stelle in Mekka, bis zu der Nichtmoslems der Zutritt gestattet ist, und als ich in Jedda war, legten Menschen aus Mekka weite Entfernungen zurück, nur um mich zu sehen. Keinen von ihnen störte es, daß ich Hindu und nicht Moslime war.

Einer meiner letzten Patienten in Riad war ein sehr massiger, dunkelhäutiger Mann mit einem Bandscheibenvorfall. Ein indischer Freund war zu Besuch gekommen und zeigte sich überrascht, als der riesige Mann aus dem Behandlungszimmer kam. »Hast du keine Angst davor, mit einem so großen Mann allein in einem Zimmer zu sein?« fragte er mich.

»Diese guten Menschen sehen in mir eine Heilige«, erwiderte ich. »Wie könnte ich mich unsicher fühlen, wenn ich soviel Liebe und Respekt in ihren Augen sehe? Es fällt mir viel leichter, so einen Mann zu behandeln, als jemanden aus der westlichen Welt, der keine Ahnung hat, was hinter meiner Arbeit steckt. Ich vertraue einfachen, gottesfürchtigen Menschen immer, wie bedrohlich sie auch aussehen mögen. Dieser riesige Mann ist gekommen, um Hilfe zu suchen, und ich bin wie eine Mutter für ihn.«

Nach meinem Aufenthalt in Riad fuhr ich zu einem kurzen, aber ereignisreichen Besuch nach Jedda. Dort kümmerte sich unser indischer Botschafter T.T.P. Abdullah um mich. Leider war der Chef des Protokolls, der alle meine Termine in Riad geplant hatte, mit König Faizal nach Japan gefahren. Der neue Verantwortliche verstand nicht, daß ich Patienten mehr als einmal behandeln mußte und nicht jeden Tag neue annehmen konnte. Wahrscheinlich baten so viele Menschen um Termine, daß er sie nicht abweisen konnte.

Ich kehrte meist sehr erschöpft zum Mittagessen in mein Hotel zurück, manchmal erst um vier Uhr nachmittags. Mir fiel eine amüsante Kleinigkeit auf: Jeden Tag brachte ein anderer Hoteldiener mein Essen – und jeder wollte, daß ich ihm helfe. Die Menschenmenge vor dem Hotel war mittlerweile fast unkontrollierbar geworden, und man entschied, daß ich neben meinen offiziellen Patienten auch einige dieser Menschen behandeln sollte.

Ich erinnere mich insbesondere an einen merkwürdigen Fall. Ein Geschäftsmann hatte solche akuten Schmerzen, daß er sich in sein Zimmer zurückzog, damit seine Familie seine Qualen nicht mitansehen mußte. Man hatte ihm die Gallenblase und den Blinddarm entfernt, aber nichts hatte geholfen. Als ich ihn das erste Mal sah, dachte ich, er sei schon sehr alt, weil er so viele Falten im Gesicht hatte. Ich bezweifelte, ihm helfen zu können, wenn die Ärzte, die ihn bisher behandelt hatten, ratlos waren. Bei der Untersuchung stellte ich jedoch fest, daß sich einige Nervenstränge direkt über dem Zwerchfell zusammengeschnürt hatten. Er verspürte sofort eine Erleichterung, als ich ihn berührte. Als er am nächsten Tag zur Behandlung kam, erkannte ich ihn kaum wieder. Die Falten waren verschwunden und er sah viel jünger aus und strahlte. Nach ein paar weiteren Behandlungen war er vollständig geheilt.

»Sie haben mich meiner Familie zurückgegeben. Bitte erlauben Sie mir nun, Sie einzuladen und mit meinen Lieben bekanntzumachen«, bat er mich. Ich ging mit dem indischen Botschafter zum Tee zu ihm, und er schenkte dem Botschafter einen schönen Teppich. Der Botschafter wollte ihn mir geben, aber ich erklärte ihm, daß ich nie Geschenke für meine Heiltätigkeit annehme. »Behalten Sie ihn«, sagte ich, »und Sie werden sich immer daran erinnern, wie dieser Mann geheilt wurde.«

Eines Tages behandelte ich in Jedda einen Jungen wegen eines Bandscheibenvorfalls. Meine Sekretärin kam zu mir, um mir zu sagen, daß ich die Behandlung des Jungen abbrechen müsse, weil der Gouverneur von Jedda, Prinz Mishal, mich zu sehen wünsche. »Bitte sagen Sie dem Prinzen, daß ich gerade einen anderen Patienten behandle und er unten warten soll«, erwiderte ich. Sie war sehr ängstlich und holte den Protokollbeauftragten, der mir befahl, die Behandlung des Jungen abzubrechen.

»Dieser Junge hat einen Termin bei mir«, konterte ich. »Der Gouverneur hat keinen. Er muß warten. Niemand kann mir befehlen, meine Arbeit abzubrechen.« Kurz darauf trat Prinz Mishal ärgerlich dreinblickend ins Zimmer. Ich sagte meiner Sekretärin wieder, sie solle ihn bitten, im anderen Zimmer zu warten. Der Protokollbeauftragte befahl meiner Sekretärin auf Arabisch, daß sie den Jungen auffordern solle zu gehen. Ich konnte verstehen, was er sagte, und verlor daraufhin die Geduld. »Ich behandle einen Patienten und möchte nicht gestört werden. Verlassen Sie bitte sofort das Zimmer!«

Als Prinz Mishal sah, daß ich wirklich wütend war, sagte er: »Maleesh, maleesh« (Nichts für ungut, nichts für ungut) und verließ zusammen mit dem Protokollbeauftragten leise das Zimmer. Der Junge war sehr verängstigt und meinte, daß es für uns beide besser sei, wenn ich aufhören würde, ihn zu behandeln. Ich ging nicht darauf ein und behandelte ihn weiter. Als er sich nach Abschluß der Behandlung die Schuhe anziehen sollte, war er vor lauter Angst so zittrig, daß er nicht in der Lage war, sich die Schnürsenkel zuzubinden. Ich versicherte ihm, daß er keine Angst zu haben bräuchte und er nicht an der Situation schuld sei.

Als er gegangen war, bat ich meine Sekretärin, Prinz Mishal hereinzubitten. »Sie sind Saudiaraberin«, sagte ich, »und Sie müssen übersetzen, was ich zu diesem Gentleman sage, ohne ein Wort zu ändern.« Der Prinz teilte ihr sanft und höflich mit, daß er nicht Englisch spreche, aber die Sprache sehr gut verstehe.

»Ich möchte Ihnen erklären, warum ich die Behandlung des Jungen nicht abbrechen konnte«, sagte ich. »Wenn ich einmal begonnen habe, einen Patienten zu behandeln, ist meine heilende Energie nur für diesen Menschen bestimmt. Ich lasse keinen Fall unvollendet. In meinen Augen sind wir alle, jeder einzelne von uns, Kinder Gottes – ob Reich oder Arm. Es ist Ihr Glück, Prinz Mishal, daß Sie als Prinz geboren wurden. Dieser Junge kam arm zur Welt. Es ist sein Schicksal, Ihr Untertan zu sein. Ich werde aufhören, Menschen gleich zu behandeln, wenn Sie mir beweisen können, daß ein Tropfen Ihres Blutes anders ist als ein Tropfen von seinem. Wenn ich Sie behandeln und König Faizal kommen und mich auffordern würde, die Behandlung abzubrechen, dann würde ich es auch nicht tun. So, jetzt kennen Sie die Hintergründe. Wenn ich Sie mit meinem Verhalten gekränkt haben sollte, dann tut mir das wirklich sehr leid, und ich bitte Sie um Vergebung.«

»Bitte sagen Sie ihr, daß ich über ihre Antwort sehr erfreut bin«, sagte Prinz Mishal zu meiner Sekretärin. »Ich möchte sie zum Tee in meinem Palast einladen und ihr einen Gefallen tun.«
Meine Sekretärin, die wußte, daß ich nichts annahm, bat mich, den Prinzen zu fragen, ob ihr Mann und sie einige Zeit lang mietfrei in ihrem Haus, das dem Prinzen gehörte, wohnen könnten. Er schrieb sofort eine Bestätigung, daß sie für ein Jahr von der Miete befreit waren.

Als ich nach Indien zurückkehrte, bemerkte ich dem saudiarabischen Botschafter gegenüber, daß ich hoffte, Prinz Mishal nicht gekränkt zu haben. »Im Gegenteil, der Prinz hat mir erzählt, er habe noch nie eine so wundervolle Frau kennengelernt wie Sie. Sie sähen so zart aus, aber hätten eine außerordentliche Charakterstärke«, erwiderte er.

Am Tag meiner Abreise aus Jedda hatte ich ein sehr beglückendes Erlebnis. Der Zimmerkellner, der sich jeden Tag um mich kümmerte, fragte mich immer, welche Gespräche ich mit Allah führen würde. »Ich habe nicht das Glück, mit Gott direkt in Kontakt zu treten«, erwiderte ich darauf immer. Er war jedoch ein sehr einfacher Mann und glaubte mir nicht. Am letzten Tag erzählte er mir, daß er einen ganz besonderen *Nawaj* (Segen) für mich habe. Alle Hotelangestellten, von denen ich einige behandelt hatte, hatten ein besonderes Gebet für mich gesprochen. »Diese wundervolle Frau hilft so vielen Menschen und nimmt nichts dafür an, aber sie ist ein menschliches Wesen und muß einen Wunsch haben. Lieber Gott, mach, daß dieser Wunsch in Erfüllung geht, ohne daß sie darum bittet. Das ist unser Gebet.«

Ich war gerührt und hatte Tränen in den Augen, als ich ihm für diesen besonderen Segen dankte. Seit jener Zeit scheinen alle meine Wünsche ganz von selbst in Erfüllung zu gehen. Manchmal muß ich zum Beispiel irgendwohin, und dann kommt jemand und fragt, ob er mich mitnehmen könne. Immer wenn so etwas geschieht, erinnere ich mich an die Hotelangestellten in Jedda und ihr wundervolles Geschenk.

Nach meinem Aufenthalt in Jedda flog ich nach Ägypten, wo ich in Kairo und Alexandria ausgewählte saudiarabische Patienten behandelte. In Alexandria wohnte ich bei der Mutter des saudiarabischen Botschafters in Indien. Er wollte, daß ich die beiden Söhne seiner Schwester behandelte, die unter Muskeldystrophie litten. Die Krankheit tritt in manchen Familien gehäuft auf, und auch in dieser Familie waren zwei andere kleine Jungen an der Erkrankung gestorben. Ich war sehr traurig, daß ich die Jungen nicht vollständig heilen konnte, aber ich kann keine dauerhafte Heilung erzielen, wenn sich eine Erkrankung auf alle Zellen des Körpers auswirkt.

Danach flog ich nach Beirut, wo ich die Herzerkrankung eines berühmten Arztes, des Leibarztes von König Faizal, behandelte. Daraufhin bat man mich, nach London zu fliegen, um einen anderen saudiarabischen Gentleman, der unter Rückenproblemen litt, zu heilen. Doch ich war schon zwei Monate lang im Ausland und erklärte, daß es Zeit für mich sei, nach Hause zurückzukehren.

Etwa zehn Jahre nach meiner Rückkehr nach Neu-Delhi reiste Margot Badran, eine sehr interessante Journalistin, nach Indien und arrangierte über eine meiner Patientinnen ein Treffen mit mir. In der »Saudi Gazette« vom 16. Mai 1981 war folgender Artikel von ihr zu lesen:

Ein Zeitungsartikel von Margot Badran

Kürzlich besuchte ich auf einer Reise nach Indien meine Freundin Shakuntala, die vor Gesundheit strotzte. Das letzte Mal, als ich sie getroffen hatte, war es ihr sichtlich nicht gut gegangen. Schulmedizinische Therapien hatten nicht die gewünschte Wirkung gehabt. Als Shakuntala bemerkt, wie erstaunt ich über ihre Verwandlung war, versprach sie, mich mit der Person, der sie ihre Heilung verdankte, bekanntzumachen.

Am späten Nachmittag des folgenden Tages fuhr sie mit mir durch die von Bäumen gesäumten Straßen Neu-Delhis, an deren Rändern die Blütenpracht der üppigen Bougainvillea in Hellrot und Rosa erstrahlte, zu einem Haus in einer ruhigen Straße. Wir stiegen die Treppe zum ersten Stock hinauf, wo eine Frau im schwindenden Licht der Abenddämmerung stand. Shakuntala stellte mir Sree Chakravarti vor, eine äußerst natürliche und schlichte Frau, die jegliche Extravaganz Lügen straft. Sree Chakravarti ist Heilerin.

Sie diagnostiziert Krankheiten und heilt Menschen durch elektromagnetische Vibrationen ihrer rechten Hand. Wenn ihre Hand über den Körper einer Person fährt, wird sie zu den Krankheitsherden gezogen und pulsiert schnell oder langsam und gibt dadurch Hinweise auf die Art der Erkrankung. Während ihre Finger die Empfindungen registrieren, vibriert ihr ganzer Arm, so als flösse elektrischer Strom durch ihn hindurch. Ärzte, die Zeugen ihrer Heilungen oder selbst Patienten von ihr waren, bewundern ihre außergewöhnlichen Kräfte. Sie erkennen die Wirksamkeit dieser Kräfte an, auch wenn sie sie nicht erklären können. Sie gehen sogar über die von konventionellen Geistheilern hinaus.

Als Ärzte in Deutschland ihre Kräfte untersuchen und Elektroden anbringen wollten, um die Energie, die sie bei ihrer Heiltätigkeit durchströmt, zu messen, lehnte sie das entschieden ab, weil sie befürchtete, dadurch ihre Kräfte zu verlieren. Für sie ist ihre Gabe des Heilens ein Geschenk Gottes, das sie hochachten und einsetzen muß, um ihren Mitmenschen zu helfen. Die Menschen, die sie geheilt hat, kommen aus allen Bevölkerungsschichten und Altersgruppen – Mediziner, hohe Regierungsbeamte, Botschafter, sozial schwächer Gestellte und Kinder. Sie hat Menschen mit Nierenerkrankungen, Herzkrankheiten, Hirnhautentzündung und verschiedenen Formen von Erkrankungen, die mit Lähmungserscheinungen einhergehen, geheilt. Sie hat noch nie eine Entlohnung angenommen und wird es auch nie tun.

1972 reiste sie nach Saudi-Arabien. Hier behandelte sie die bedeutendsten Persönlichkeiten genauso wie die Armen. In Gottes Augen gibt es keine Unterschiede zwischen den Menschen, sagt sie, und macht deshalb auch keine bei ihrer Arbeit. Sie wurde in Saudi-Arabien, wo geistiges Heilen eine jahrtausendalte Tradition hat, mit offenen Armen empfangen. Meist waren es Frauen, die geistig heilten. Eine der berühmtesten Heilerinnen war Hafsa, die Frau des Propheten Mohammed, die für ihre Heilkräfte und ihre Kenntnisse in der Pflanzenheilkunde bekannt war.

Sree Chakravarti behandelt zwar eine Vielzahl von Erkrankungen, befaßt sich jedoch insbesondere mit Nierenleiden. Sie ist sich der Schlüsselrolle, welche die Nieren für einen guten Gesundheitszustand spielen, deutlich bewußt. Als Ergänzung zur Behandlung mit ihrer vibrierenden Hand verordnet sie auch einfache therapeutische Maßnahmen, wie das Trinken von Wasser, in dem Kulthi eingeweicht wurde. Dadurch soll der gesamte Körper gereinigt werden. Sie betont die Bedeutung von gutem Wasser und erinnert daran, daß das Wasser in Ländern mit Ölvorkommen voller Mineralien ist, die den Nieren schaden können. Als sie in Saudi-Arabien war, registrierte sie eine große Zahl von Nierenerkrankungen. Sie erwähnt auch, daß Wassermelonen und Gurken neben sauberem Wasser gut zur Durchspülung der Nieren geeignet sind. Kaffee, so Sree, sollte man jedoch, wenn überhaupt, nur in Maßen trinken. Die Angewohnheit der Araber, Kaffee mit Wasser zu servieren, hält sie für sehr vernünftig.

Sree Chakravartis Ruf ist ihr weit vorausgeeilt. Viele Menschen sind aus dem Ausland angereist, um sich von ihr behandeln zu lassen. Sie erhielt Einladungen aus vielen Ländern – außer aus Saudi-Arabien, aus dem Libanon, aus Ägypten, Kuwait, dem Iran, Deutschland und Kanada. Bei Sree stapeln sich die Dankesschreiben von Menschen, die sie geheilt hat.

Menschen des nuklearen Zeitalters, deren Weltbild von den Erkenntnissen der modernen Wissenschaft geprägt wird, begegnen dem, was sich nicht erklären oder beweisen läßt, häufig mit Unglauben oder Skepsis. Dieser Argwohn verwandelt sich bei jenen, die Sree Chakravartis außergewöhnliche Kräfte beobachten oder selbst erleben, oft in Glauben und Verehrung für das, was sich einer Erklärung entzieht. Dies ist die Wirkung, die Sree Chakravarti auf die Menschen hat.

Als ich in ihrem Behandlungszimmer saß, kam ein ungefähr vierzigjähriger Patient herein. Er hatte eine Operation am offenen Herzen hinter sich. Nachdem Komplikationen eingetreten waren, hatte er begonnen, zu dieser begnadeten Frau zu gehen, während er weiterhin bei seinem Herzspezialisten in Behandlung war. Sehr bald hatten er und seine Ärzte bemerkt, daß sich durch die heilende Energie von Sree Chakravartis Händen sein Zustand deutlich verbessert hatte.

Er ist ein moderner Mensch. Er hat sein Studium in New York absolviert und eine berufliche Spitzenposition inne. Während Sree ihn behandelte, entwickelte sich ein Gespräch zwischen uns, daß sich um Studium, Beruf und seine Heilung drehte. Als ich ihn fragte: »Glauben Sie an Srees Gabe des Heilens?« antwortete er, ohne auch nur einen Augenblick zu zögern, »Ja, ich glaube daran.«

Ein inoperabler Gehirntumor und andere ungewöhnliche Fälle

Ich werde häufig darum gebeten, ungewöhnliche Fälle zu übernehmen. Meist konnten dann Ärzte die Erkrankungen nicht diagnostizieren oder nicht heilen. Ich habe oft keine Ahnung, ob ich etwas bewirken kann, bis ich es versuche. Ich weiß aus Erfahrung, daß ich in einigen Fällen nicht zu helfen vermag und daß mir die Behandlung von bestimmten Erkrankungen in meinem fortgeschrittenen Alter zuviel Energie raubt. Ich erlebe jedoch immer noch Überraschungen, wenn ich sehe, welche Gesundheitsstörungen ich mit meiner vibrierenden Hand heilen kann. Auch habe ich bemerkt, daß meine Kräfte stetig zunehmen.

Ein inoperabler Gehirntumor

Direkt nach meiner Rückkehr aus Saudi-Arabien hatte ich einen sehr schwierigen Fall: Eine junge Frau hatte einen Gehirntumor, der inoperabel war, weil er sich in einem Blutgefäß befand. Sie war im letzten Jahr ihres Medizinstudiums und hatte solche fürchterlichen Kopfschmerzen, daß sie weder schlafen noch ihren Lernstoff bewältigen konnte. Ihr Anblick war mitleiderregend: Das linke Auge war geschlossen, der Mund auf der linken Seite heruntergezogen, und der linke Arm und das linke Bein waren kraftlos.

Meine Hand fand den Tumor in ihrem Kopf, und ich wußte, daß es lange dauern würde, ihn zu beseitigen, wenn er über lange Zeit gewachsen war. Als ich mit der Behandlung begann, vibrierte meine Hand länger als eine Stunde. Sie kam jeden Tag zu mir, und letztendlich zahlten sich meine Mühen aus. Die Kopfschmerzen ließen allmählich nach, und sie konnte schlafen, aber sie hatte Angst, daß man sie nicht zu den Abschlußprüfungen zulassen würde, weil sie so oft gefehlt hatte.

Zu jener Zeit kam ein Minister zu mir zur Behandlung. Er hatte Verbindungen zu einem leitenden Arzt, und man gestattete meiner Patientin, ihr Studium fortzusetzen. Nachdem ich sie ein ganzes Jahr behandelt hatte, bestand sie ihre Abschlußprüfungen. Später bekam sie ihre Approbation, heiratete und konnte ein normales Leben führen. Dies war einer meiner schwersten Fälle.

Auslaufende Gehirnflüssigkeit

In dieser Zeit bat man mich auch, eine junge Frau zu behandeln, der Gehirnflüssigkeit aus der Nase lief. Nur wenn sie den Kopf die ganze Zeit gerade hielt, konnte sie das Auslaufen verhindern. Selbst eine Tasse Tee zu trinken, war ihr kaum möglich. Ihr Mann bat mich, seine junge Frau zu untersuchen. »Die Ärzte wollen operieren, aber sie haben uns gewarnt, daß es ein sehr gefährlicher Eingriff ist. Würden Sie bitte versuchen, ihr zu helfen?«

Bei der ersten Untersuchung stellte ich fest, daß ihr ganzer Schädel fast so weich war wie der eines Neugeborenen. Sogar ihre Wangenknochen waren empfindlich und weich. Sie erzählte mir, daß sie ihr Haar nicht richtig kämmen und es nur unter großen Schwierigkeiten waschen konnte. Meine Hand vibrierte über ihrem ganzen Kopf und bewegte sich dann zu ihrer Stirn. Plötzlich bemerkte ich dort eine kleine Narbe. Ich war mir sicher, daß sie der Kern des Übels war, und fragte sie nach der Narbe.

»Als ich noch sehr klein war, habe ich mir die Stirn auf einem eisernen Fenstergitter angeschlagen«, erwiderte sie. »Davon blieb eine Beule zurück. Als ich heiratete, sagte mein Schwager, der Chirurg ist, daß ich ohne die Beule viel hübscher aussehen würde. Er sprach davon, daß es nur ein kleiner Eingriff sei und ich nur lokal betäubt werden würde.« Wie sie erst später erfuhr, hatte er dann jedoch bei der Entfernung der Beule aus Versehen ihr Gehirn freigelegt und die Wunde schnell zugenäht, ohne ihr von dem Malheur zu erzählen.

Einige Monate später kochte sie für ein großes Fest. Als sie versuchte, eine schwere Pfanne aus dem Ofen zu nehmen, hatte sie das Gefühl, daß etwas in ihrem Kopf platzte. Ihr lief eine Flüssigkeit aus der Nase. Sie dachte zuerst, sie hätte plötzlich eine starke Erkältung bekommen, aber die Flüssigkeit schmeckte merkwürdig. Man brachte sie sofort zum Arzt, der feststellte, daß es sich um Gehirnflüssigkeit handelte. Die arme junge Frau hatte seither ständig Fieber und schlief mit Handtüchern um den Kopf, um die Flüssigkeit in der Nacht aufzufangen.

Ich begann, sie dreimal pro Woche zu behandeln. Zuerst ging das Fieber herunter, und dann floß ihr immer weniger Flüssigkeit aus der Nase. Nach sechs Monaten hörte das Naselaufen ganz auf, und die Patientin genas langsam, aber vollständig.

»Mein Bein brennt«

Ein Patient kam höchst widerwillig zu mir, weil er nicht an Geistheiler glaubte. Die Ärzte hatten ihm jedoch nicht zu helfen vermocht, und er litt solche Qualen, daß er zu allem bereit war. Er beschrieb mir das energetische Problem in seinem Bein. »Mein ganzes Bein fühlt sich so an, als würde es brennen. Sogar in diesem eiskalten Winter ertrage ich kein Kleidungsstück auf dem Bein.« Im Krankenhaus hatten die Ärzte ihm nur Schmerzmittel geben können.

Bei der ersten Untersuchung war ich verblüfft. Meine Hand vibrierte überhaupt nicht über dem angeblich kranken Bein. »Ich kann nichts Krankhaftes an diesem Bein feststellen«, verkündete ich.

»Ich habe Sie nur getestet«, gestand er mir. »Es ist das andere Bein.«

Meine Hand tanzte förmlich über dem kranken Bein. »Ich kann einfach nicht glauben, daß Sie meine Erkrankung mit Ihrer Hand diagnostizieren können«, rief er aus. »Da sind wirklich übernatürliche Kräfte im Spiel.« Meine Vibrationsbehandlung verschaffte ihm sofort große Linderung. In der darauffolgenden Nacht brauchte er keine Schmerzmittel mehr, um schlafen zu können, und nach nur ein paar Sitzungen war er vollständig geheilt.

Das einzige Problem bestand darin, daß er so begeistert über die Heilung war, daß er allen von mir und seinem Glück, geheilt worden zu sein, erzählen wollte. Folglich klingelte ständig das Telefon. »Ich kann diese Menschen nicht alle behandeln«, versuchte ich ihm zu erklären, aber er hörte nicht auf mich. Ich erinnere mich, daß er einen älteren Mann zu mir schickte, der aufgrund eines Problems mit seiner Wirbelsäule einen Rundrücken hatte. »Wie lange haben Sie das Problem schon?« fragte ich ihn. Er gab ein Jahr an, das vor dem meiner Geburt lag. »Wenn Sie dieses Problem schon hatten, bevor ich überhaupt das Licht der Welt erblickt habe, und seither damit gelebt haben«, sagte ich, »bin ich sicher, daß Sie für den Rest Ihres Lebens damit zurechtkommen können!«

Zwei Wunden, die nicht heilen wollten

Ungefähr zu dieser Zeit behandelte ich auch einen Offizier, der bei einem Unfall aus dem Auto geschleudert worden war. Er war mehrere Tage lang bewußtlos gewesen und hatte nach der Wiedererlangung des Bewußtseins unter starken Kopfschmerzen gelitten. In seiner rechten Schläfe hatte er ein kleines Loch, aus dem dicker Eiter austrat. Den Ärzten gelang es nicht, die Wunde zum Abheilen zu bringen.

Als ich ihn untersuchte, vibrierte meine Hand nicht an der Schläfe, in der das Loch war, sondern über dem Kopf. Ich konnte spüren, daß es sich um eine sehr tiefe Wunde handelte, und war sicher, daß sie die Infektionsquelle war. Im Laufe meiner Behandlungen wurde das Sekret dünnflüssiger und die Farbe der Wunde rosig. Auch die Kopfschmerzen verschwanden. Schließlich konnten die Ärzte die Wunde schließen, und der Offizier genas vollständig.

Der zweite Patient mit einer Wunde, die nicht heilen wollte, war ein Oberstleutnant. Er hatte sich in einem Militärkrankenhaus in Pune einer großen Operation an der Speiseröhre unterziehen müssen. Die Narbe ging von der Vorderseite bis zur Rückseite seines Körpers. Zudem hatte er ein kleines Loch ungefähr 15 Zentimeter unterhalb der Achselhöhle, aus dem dicker Eiter austrat. »Nach der ersten Operation ging es mir eine Zeitlang ganz gut«, berichtete er mir, »aber dann bildete sich eines Tages dieses Loch. Ich ging wieder ins Krankenhaus. Sie säuberten das Loch und nähten es zu, aber jetzt hat es sich wieder gebildet. Es tut nicht weh, aber es beunruhigt mich sehr.«

Als ich mit der Hand über seinen Körper fuhr, vibrierte sie über seiner Brust, aber nicht über dem Loch. Deshalb behandelte ich seine Brust, wo der Krankheitsherd vor der Operation gesessen hatte. Nach drei Behandlungen kamen dreißig Stücke Seidenfaden und drei oder vier festere Fäden heraus. Danach trat kein Eiter mehr aus der Wunde aus, und meine Hand vibrierte nicht mehr.

Der Oberstleutnant kam, um mir zu danken, aber er war so von seinen Gefühlen überwältigt, daß er nicht sagen konnte, was er wollte. Er weinte tatsächlich, als er meine Hand ergriff und sie küßte. Ich fühlte mich unbehaglich dabei, einen so hohen Offizier weinen zu sehen. Deshalb sagte ich zu ihm: »Bitte, nicht ich bin es, der Sie danken sollten. Es ist Gottes Gnade, daß Sie geheilt sind, und Sie sollten ihm dankbar sein. Ich bin nur das Instrument seiner Hand.«

Kopfschmerzen und Tragödien

Einer meiner merkwürdigsten und traurigsten Fälle war die Geschichte einer Journalistin, die unter starken Kopfschmerzen litt. Sie flehte mich an, sie zu behandeln, da die Schmerzmittel, die ihr die Ärzte gegeben hatten, nicht halfen. Als ich ihren Kopf das erste Mal berührte, konnte ich fühlen, daß sie unter starken Spannungen litt. Nach der Behandlung bei mir war sie entspannt und hatte keine Schmerzen. Ich schloß sie sofort ins Herz, und eines Tages vertraute sie mir ihre traurige Lebensgeschichte an.

Sie war eine Vernunftehe mit einem berühmten Arzt eingegangen. Nach zwei Jahren hatte sie eine schöne Tochter geboren, aber ohne erkennbaren Grund Kopfschmerzen bekommen. Ihr Mann tat nichts, um ihr zu helfen. Sie ging zu anderen Ärzten, aber ihre Kopfschmerzen verschlimmerten sich nur.

Sie wurde wieder schwanger. Diesmal war ihr Mann entschlossen, alles dafür zu tun, daß er einen Sohn bekam. Er zwang sie täglich, spezielle Hormone einzunehmen, obwohl sie protestierte und versuchte, sie wieder zu erbrechen. Als das zweite Kind wieder ein Mädchen war, sagte er, es sei alles ihr Fehler, und ließ sich zu Hause praktisch nicht mehr blicken. Ihre Kopfschmerzen waren mittlerweile unerträglich geworden.

In ihrer Verzweiflung ging sie zu einem Psychiater und erzählte ihm über ihre Ehe. Er sagte: »Wenn Sie so selten miteinander geschlafen haben, ist Ihr Mann wahrscheinlich impotent.« Als sie darauf hinwies, daß sie zweimal schwanger geworden sei, sagte er, ihr Mann habe wahrscheinlich starke Medikamente genommen, um die sexuelle Funktionsstörung vorübergehend zu beheben. Nach Meinung des Psychiaters war die abnormale Beziehung zu ihrem Mann die Ursache ihrer Kopfschmerzen.

Als sie ihren Mann mit dieser Diagnose konfrontierte, war er empört. Er beschuldigte sie, sie sei eine lasterhafte Frau, und nahm sich eine Geliebte. Doch die eigentliche Tragödie spielte sich mit der zweiten Tochter ab. Aufgrund der Hormone, die ihre Mutter während der Schwangerschaft hatte nehmen müssen, hatten sich die männlichen Geschlechtsmerkmale bei ihr stärker ausgeprägt. Sie hatte breite Schultern und schmale Hüften, winzige Brüste und eine mißgebildete Gebärmutter. Noch dazu machte sich ihre hübsche ältere Schwester über sie lustig. »Die führt sich ja wie ein Junge auf«, sagte sie ständig. Als ich das Mädchen kennenlernte, erzählte es mir, daß es nicht an Kleidern oder Schmuck interessiert sei und am liebsten mit Jungen zusammen war. Mit Mädchen ihres Alters verband sie nichts. Trotz all dieser Probleme war sie eine begabte Künstlerin und hatte eine liebenswerte Art.

Ich wünschte, die Geschichte hätte ein Happy-End. Nach dem Schulabschluß bekam die junge Frau ein Stipendium für ein Kunststudium in Paris, wo sie sich verliebte. Nach der Hochzeit stellte sie fest, daß ihr Mann impotent war. Sie kannte die traurige Geschichte ihrer Mutter und beging Selbstmord. Ich kann diese schöne junge Frau nie vergessen – sie war wie eine Knospe, die nie die Möglichkeit bekam aufzublühen.

Eine Schußverletzung am Knie

Ich erinnere mich an einen Brigadekommandeur, der von einem Maschinengewehr am Knie verletzt worden war. Selbst nachdem er operiert worden war, konnte er das Knie kein bißchen beugen und hatte chronische Schmerzen. Als er zur ersten Behandlung kam, mußten zwei Freunde ihm die Treppe hinaufhelfen, aber danach konnte er die Stufen alleine hinuntergehen. Nach einigen Sitzungen war er vollständig geheilt. Er mußte den Absatz eines Schuhs nur etwas erhöhen, weil das verletzte Bein etwas kürzer war als das andere. Er wurde Generalmajor und hat im Laufe der Jahre viele Patienten zu mir geschickt.

Patienten mit ungewöhnlichen Kopfschmerzen

Zu den ersten Patienten, die der Generalmajor zu mir schickte, zählte die Frau eines Offiziers, die Kopfschmerzen im oberen Kopfbereich hatte. Die Ärzte hatten verschiedene Untersuchungen bei ihr durchgeführt, aber keine Ursache für die Schmerzen ermitteln können. Als ich ihr mit der Hand über den Kopf fuhr, vibrierte sie im oberen Bereich des Kopfes stärker. Dort fand ich auch eine Vertiefung, die äußerst druckempfindlich war.

»Haben Sie je etwas Schweres auf dem Kopf getragen?« fragte ich sie. Eine solche Frage würde man der Frau eines Offiziers normalerweise nicht stellen. Dorfbewohnerinnen tragen täglich schwere Lasten auf dem Kopf, Frauen aus ihrer Gesellschaftsschicht jedoch normalerweise nicht.

»Wie merkwürdig, daß Sie mich das fragen. Ich habe tatsächlich in letzter Zeit häufig Wasser getragen«, erzählte sie mir. »Mein Mann war auf einem Manöver, und ich blieb währenddessen bei seiner Familie. Seine Verwandten leben in einem kleinen Dorf und müssen das Trinkwasser aus dem Brunnen holen. Sie haben keine Dienstboten, also holen alle Frauen täglich das Wasser aus diesem etwas entfernt gelegenen Brunnen. Ich habe vorher noch nie eine solche Arbeit verrichtet. Meinen Sie, daß ich mir dabei den Kopf verletzt habe?« Es lag auf der Hand, daß diese ungewohnte Arbeit die Ursache für ihre Kopfschmerzen war. Nach mehreren Behandlungen verschwand die Delle, und ihre Kopfschmerzen ließen nach.

Eine andere Patientin hatte so starke Kopfschmerzen, daß sie weder lesen noch nähen noch sonstigen Tätigkeiten nachgehen konnte, die anstrengend für die Augen waren. Wenn sie Kopfschmerzen bekam, konnte sie nur mit geschlossenen Augen dasitzen, sah aber trotzdem grelles Licht.

Meine Hand vibrierte überhaupt nicht über ihren Augen, sondern über einem bestimmten Hirnnerv. Ich erinnerte mich an einen Artikel, in dem berichtet worden war, daß bestimmte Haarfärbemittel Probleme verursachen können. Ich wies sie darauf hin und fragte sie, ob sie sich die Haare färbe.

»Ich glaube, Sie haben recht. Ich habe Kopfschmerzen bekommen, nachdem ich angefangen hatte, mir die Haare zu färben«, rief sie aus, »und sie beginnen immer direkt an der Stelle, an der Ihre Hand vibriert.« Sie verwendete ein anderes Haarfärbemittel, und nach ein paar Sitzungen verschwanden ihre Kopfschmerzen und ihre Sehstörungen.

Eine Fehldiagnose

Ich erinnere mich noch an einen weiteren Fall: Eine junge Frau, die einen Gehirntumor hatte, lag bewußtlos im All India Institute of Medical Science, wahrscheinlich infolge einer Überdosis des Kontrastmittels, das man ihr für eine Angiographie gespritzt hatte. »Bitte kommen Sie und helfen Sie ihr«, bat mich ihr Mann. »Die Ärzte haben gesagt, daß sie nur abwarten können.«

Meine Hand vibrierte über ihrem ganzen Kopf, aber ich konnte nicht feststellen, wo sich der Tumor befand, weil ihr Körper mit dem Kontrastmittel vollgepumpt war. Bei der dritten Behandlung war sie wieder bei Bewußtsein, und ich fand den Tumor direkt über dem rechten Auge und konnte auch sagen, wie groß er war. »Die Ärzte haben aber gesagt, daß sich der Tumor im Scheitellappenbereich befindet«, wandte ihr Mann ein.

Ein paar Tage später wurde sie operiert, und der Chirurg öffnete ihren Schädel über der Stirn. Er fand dort nichts. Daraufhin öffnete er den Schädel an der Stelle, die ich genannt hatte, und stieß auf den Tumor. Ihr Mann war sehr wütend auf die Ärzte. »Mrs. Chakravarti hat den Tumor in nur ein paar Minuten gefunden, und ihre Diagnose war richtig. Und Sie spritzen meiner Frau soviel Kontrastmittel, daß sie das Bewußtsein verliert, und stellen eine Fehldiagnose.«

Nach der Operation wollte die Operationswunde bei der Patientin nicht heilen, und ihr Mann bat mich erneut, sie zu behandeln. Sie war rechtsseitig gelähmt und konnte nicht sprechen. Ich erinnere mich daran, wie sie mich ansah und mit der Goldkette, die ich um den Hals trug, spielte. Ich kam mehrere Tage hintereinander, und ihr Zustand besserte sich schnell. Ich hatte die Behandlung kaum abgeschlossen, da rief mich ihr Mann schon wieder zu Hilfe. Bei einer Lumbalpunktion zur Untersuchung der Gehirn-Rückenmarksflüssigkeit hatten die Ärzte eine infizierte Nadel verwendet, und sie hatte Tuberkulose bekommen. Diesmal konnte ich nicht helfen, weil ich diese Art von Infektion nicht zu heilen vermag. Jedesmal hatten die Ärzte sie aufgrund ihrer Nachlässigkeit wieder kränker gemacht. Ich bin sehr traurig, daß ich nie erfahren habe, wie es der Frau schließlich ergangen ist.

Gleichgewichtsstörungen aufgrund einer Blockade der Nasennebenhöhlen

Meine Arbeit wird bei weitem nicht von allen Ärzten in Neu-Delhi anerkannt, einige Ärzte kommen jedoch zu mir, um ihre eigenen Erkrankungen oder die ihrer Patienten, Freunde oder anderer Ärzte diagnostizieren und behandeln zu lassen.

Eines Tages brachte ein befreundeter Pathologe, dessen Wirbelsäulenerkrankung ich einige Zeit zuvor geheilt hatte, einen Arzt zur Behandlung eines Rückenleidens zu mir. Ich konnte seinem Freund helfen, war aber besorgt darüber, wie der Pathologe ging – so als sei er betrunken.

»Ich habe einen winzigen Tumor direkt hinter dem Ohr«, sagte der Pathologe. »Dadurch bekomme ich Schwindelanfälle und Gleichgewichtsstörungen.« Er erzählte mir auch, daß er bald von einem Hals-Nasen-Ohren-Arzt operiert werden würde – kein leichter Eingriff so nahe am Gehirn.

Ich erinnerte mich daran, daß ich den Pathologen auch wegen einer Nasennebenhöhlenentzündung behandelt hatte. »Hattest du in letzter Zeit wieder Probleme mit den Nasennebenhöhlen?« fragte ich ihn.

»Ich hatte vor kurzem eine schwere Sinusitis. Ich mußte Antibiotika nehmen, und danach fingen die Gleichgewichtsstörungen an.«

»Bitte laß mich dich untersuchen, wenn ich mit der Behandlung deines Freundes fertig bin«, sagte ich. Ich stellte fest, daß sich ein Schleimpfropf gebildet hatte – er hatte überhaupt keinen Tumor. Nach den ersten paar Sitzungen ging es ihm schon besser. Durch die Vibrationen meiner Hand löste sich der Schleimpfropf auf, und es war keine Operation erforderlich.

Typhus

Der Pathologe bat mich als nächstes, seine Tochter zu behandeln. Sie hatte über einen Monat lang Fieber gehabt, aber die Untersuchungen, die er veranlaßt hatte, waren ergebnislos gewesen. Meine Hand vibrierte über den Lymphknoten und dem Thymus des Mädchens. Ich hatte das Gefühl, ihm nicht helfen zu können, aber am nächsten Tag rief seine Mutter an, um mir zu sagen, daß das Fieber zurückgegangen sei. Sie wollte, daß ich mit der Behandlung fortfahre.

Nach drei oder vier Sitzungen klagte das Mädchen über Magenschmerzen. Zunächst vermutete der Vater eine Nahrungsmittelunverträglichkeit, aber als er noch eine Blutuntersuchung anordnete, stellte sich heraus, daß das Mädchen Typhus hatte. Offenbar haben die Vibrationen meiner Hand es ermöglicht, die Infektionsquelle zu ermitteln. Das Mädchen hatte nur Aspirin® bekommen, das man bei Typhus nicht verordnen sollte.

Unstillbare Tränen

Kürzlich hatte ich einen sehr merkwürdigen Fall: Eine Inderin hatte beinahe acht Jahre lang einfach nicht aufhören können zu weinen. Sie war bei Ärzten in London und New York gewesen – ohne Erfolg. »Ständig sprechen mich fremde Menschen an und fragen mich, ob sie mir helfen können«, erzählte sie mir. »Sie glauben, ich hätte schrecklichen Kummer.«

Ich sagte, daß ich nicht wüßte, ob ich ihr würde helfen können, weil ich noch nie einen Patienten mit solchen Beschwerden gehabt habe. Meine Hand vibrierte dann jedoch in der Nähe ihrer Augen, und schon nach der ersten Sitzung war der Tränenfluß geringer. Sie war überglücklich und strahlte über das ganze Gesicht. Nach einer mehrwöchigen Behandlung hatte sich ihr Zustand weitgehend normalisiert, und sie konnte nach London zurückkehren. Mehrere Monate später kam ihr Mann nach Delhi und rief mich an, um mir zu sagen, daß der Tränenfluß bei seiner Frau nicht wieder eingesetzt habe und sie mir sehr dankbar sei.

Ich habe auch zwei Fälle gehabt, bei denen das umgekehrte Problem vorlag – die Augen der Patienten waren zu trocken. Ich erinnere mich daran, daß meine Hand in einem der Fälle bei der ersten Behandlung naß wurde.

Schilddrüsenerkrankungen

Zu den Schilddrüsenerkrankungen zählen Schilddrüsenüberfunktion und Schilddrüsenunterfunktion. Bei einer Überfunktion der Schilddrüse entsteht ein Kropf, die Stoffwechselrate und der Puls sind erhöht, und es kommt zu einer rapiden Gewichtsabnahme. Eine Schilddrüsenunterfunktion ist dagegen durch allgemeine Antriebsschwäche (bis zur Lethargie), Stoff-wechselträgheit und Gewichtszunahme gekennzeichnet.

Aus irgendeinem Grund kann ich mit den Vibrationen meiner Hand dazu beitragen, eine Überfunktion der Schilddrüse zu heilen. Bei einer Unterfunktion ist es mir jedoch nicht möglich, dauerhaft etwas ausrichten. Zu Anfang helfen die Vibrationen meiner Hand Patienten mit einer Schilddrüsenunterfunktion, aber sobald ich sie nicht mehr behandle, treten die Probleme fast sofort wieder auf. In diesen Fällen kann ich den Patienten nur das *Prana-Mudra*, eine Yoga-Fingerhaltung, die auf Seite 267 f im zweiten Teil dieses Buches beschrieben wird, und eine Atemübung mit herausgestreckter, eingerollter Zunge (siehe Seite 254 im zweiten Teil) empfehlen. Diese einfachen Übungen waren bei einer jungen Frau, die ich auf einer meiner Reisen nach Deutschland kennenlernte, besonders wirksam. Bei unse-rer ersten Begegnung hatte sie Übergewicht, und ihre Kehle war so geschwollen, daß sie langsam die Stimme verlor. Ich hatte damals keine Zeit, sie zu behandeln, aber riet ihr, bis zu meiner Rückkehr nach München täglich 45 Minuten lang das Prana-Mudra zu üben. »Die Übung wird helfen, die verschie-denen Elemente in Ihrem Körper zu harmonisieren«, erklärte ich ihr.

Als ich sie einen Monat später wiedersah, war sie viel schlan-ker geworden, und die Schwellung im Halsbereich war zurück-gegangen. »Wunderbar. Was haben Sie gemacht?« fragte ich sie. »Ich habe das Prana-Mudra an fünf Tagen der Woche jeweils eine Stunde auf dem Weg zur Arbeit und eine Stunde auf dem Nachhauseweg ausgeführt«, berichtete sie mir. Ich hatte zuvor noch nie eine so durchschlagende Wirkung dieses Mudras bei einer Schilddrüsenunterfunktion erlebt. Seitdem empfehle ich es wärmstens bei Schilddrüsenunterfunktion und bei vielen anderen schweren Gesundheitsstörungen.

Ich erinnere mich noch daran, wie ich entdeckte, daß ich Patienten mit einer Schilddrüsenüberfunktion helfen kann. Es war Juli. In diesem Monat arbeite ich normalerweise nicht, weil es in Delhi dann fürchterlich heiß ist. Die Frau eines Freundes kam wegen ihrer Schilddrüsenüberfunktion zu mir. Trotz der Medikamente, die die Ärzte ihr verordnet hatten, nahm sie rapide ab und fühlte sich sehr schwach. Ihr gingen die Haare aus, und ihre Finger versteiften sich. »Ich habe noch nie so einen Fall behandelt«, sagte ich zu ihr, »aber ich werde versuchen, Ihnen zu helfen.« Nach mehreren Behandlungen schien sie geheilt zu sein. Dies bestätigten Untersuchungen, die Ärzte nach ihrer Rückkehr nach Bombay durchführten.

Ein weiterer Patient mit einer Schilddrüsenüberfunktion war ein General, der unter Gewichtsabnahme litt. Man hatte ihn von Kopf bis Fuß durchgecheckt, ohne jedoch die Schilddrüse zu untersuchen. Die Ärzte hatten auf den Röntgenbildern einen Schatten in seinem Unterbauch gesehen, aber die Militärärzte und die Ärzte am All India Institute of Medical Science waren sich über diesen Fall nicht einig.

Als ich den General untersuchte, vibrierte meine Hand leicht über seiner Leber, über seiner Schilddrüse bewegte sie sich jedoch sehr heftig. Zufällig war gerade ein Arzt anwesend, der einen Termin für einen seiner Patienten vereinbaren wollte. Er wollte wissen, wie meine Diagnose in diesem Fall lautete. Ich sagte, daß ich eine Schilddrüsenüberfunktion vermutete. Der Fall interessierte ihn so sehr, daß er den General selbst untersuchte. Er bat ihn, die Arme auszustrecken, und wies darauf hin, daß seine Finger leicht zitterten – ein häufiges Symptom bei einer Schilddrüsenüberfunktion. »Dies bestätigt Frau Chakravartis Diagnose«, sagte er. Nach mehreren Behandlungen normalisierte sich das Gewicht des Generals, und er wurde wieder vollkommen gesund.

Nach diesem Fall suchten mich mehrere Ärzte vom All India Institute of Medical Science auf. Sie wollten die elektrischen Ströme, die von meiner vibrierenden Hand ausgehen, messen, um Genaueres über meine heilende Energie herauszufinden. Ich hatte keine Zeit für das Experiment, weil ich eine Einladung nach Teheran angenommen hatte. Im Iran riet man mir jedoch, nie elektrische Messungen durchführen zu lassen, da die feinen elektrischen Impulse, die durch meine Finger strömen, dadurch beeinträchtigt werden könnten.

Eine fälschlich als Parkinson diagnostizierte Schilddrüsenerkrankung

Ein Patient, bei dem man Parkinson diagnostiziert hatte, nahm rapide ab, war sehr schwach und sprach nicht auf die schulmedizinische Behandlung an. Bei seinem ersten Termin war er nicht stark genug, um Treppen zu steigen, und ich ging hinunter, um ihn im Auto zu untersuchen. Meine Hand vibrierte über seiner Schilddrüse, und ich fragte, ob er auf eine Schilddrüsenerkrankung hin untersucht worden war. »Nein, aber was immer mir Ihrer Ansicht nach fehlt, bitte behandeln Sie mich«, erwiderte er.

Man trug ihn für die ersten beiden Sitzungen die Treppe hoch, bereits nach der zweiten Behandlung konnte er jedoch ohne Hilfe die Treppe hinuntergehen. Er nahm nicht mehr ab und bekam Appetit. Auch seine angegriffene Leber heilte. Nach Abschluß der Behandlung aß und schlief er normal. Auch seine Hände zitterten nicht mehr. Offenbar hatte es sich bei der Diagnose »Parkinson« um eine Fehldiagnose gehandelt.

Eine schwere Verbrennung

Einer meiner ersten Brandopferfälle war ein kleines Mädchen, das sich schwere Verbrennungen zugezogen hatte, als sein Nylonkleid Feuer fing. Das kleine Mädchen lag im Krankenhaus, seine Wunden wollten nicht heilen, und es schrie vor Schmerzen.

»Ich fürchte, ich muß Ihre Tochter berühren, damit meine Behandlung wirkt«, sagte ich zu den Eltern. Das arme Kind schrie auf, als ich ihm das erste Mal die Hand auflegte, aber es hörte nach ein paar Minuten auf, und ich konnte in Ruhe arbeiten. Als ich das zweite Mal zur Behandlung kam, war es überglücklich, mich zu sehen. Die Mutter berichtete, daß das Mädchen ganze zwölf Stunden lang schmerzfrei gewesen sei. Im Laufe der Sitzungen verbesserte sich sein Zustand schnell.

Eines Tages teilte ich ihnen mit, daß es nunmehr geheilt und meine Arbeit beendet sei. Die Vorstellung, mich nicht wiederzusehen, machte das Mädchen so traurig, daß es nicht mit mir redete und sich auch nicht von mir verabschiedete.

Hirnschäden

Ich nehme in der Regel keine Patienten ohne Termin an. Als der junge Pilot, der Staffelführer bei der indischen Luftwaffe war, jedoch an meine Tür klopfte, konnte ich ihn nicht abweisen. Er war in der Hoffnung, von mir behandelt zu werden, aus Bangalore angereist. Er hatte Flugverbot bekommen, nachdem er bei einem Motorradunfall einen Hirnschaden erlitten hatte. »Die Ärzte sagen, daß ich eine Hirnatrophie habe und daß sie mir nicht helfen können«, sagte er. »Ich habe auf dem Flughafen von Bangalore von Ihnen gehört und bin sofort nach

Delhi gekommen, um Sie aufzusuchen.« Als ich ihm mit der Hand über den Kopf fuhr, begann sie über einem sehr kleinen Bereich zu vibrieren. Ich konnte spüren, daß die Vibrationen sehr tief gingen.

»Können Sie die Vibrationen wahrnehmen?« fragte ich.

»Es fühlt sich so an, als ob mich etwas tief in den Kopf sticht«, erwiderte er. Nach ein paar Sitzungen hörten die Vibrationen auf. Bei einer Kontrolluntersuchung ließen sich keine Anzeichen für einen Hirnschaden mehr feststellen, und er konnte wieder fliegen. Dieser Pilot schickte später einen Kollegen zu mir. Der junge Mann war während eines Flugs bewußtlos geworden. Er war gerade noch rechtzeitig wieder zu sich gekommen, als sich das Flugzeug bereits in einem steilen Sturzflug befand, aber auch er hatte Flugverbot erhalten. Ich war in der Lage, ihn zu heilen, und die beiden Piloten baten mich, ein Zeitungsinterview zu geben, in der Hoffnung, daß ich auch noch anderen mit ähnlichen Problemen würde helfen können.

»Ich habe bereits zuviel zu tun«, erwiderte ich. »Ich kann nicht mehr arbeiten, als ich es schon tue, und ich versuche immer, Publicity zu vermeiden.«

Ein weiterer Pilot kam wegen quälender Kopfschmerzen zu mir. Keiner der Ärzte, bei denen er gewesen war, hatte ihm helfen können. Ich fand einen Knoten in der Nähe der Schädelbasis. Er fühlte sich wie ein Nervenknoten an. Im Laufe der Behandlung ließen die Schmerzen nach, und der Knoten verschwand.

Ich habe diesen Piloten viele Jahre später wiedergetroffen, und er berichtete, daß die quälenden Kopfschmerzen nie wieder aufgetreten seien. Er erzählte seinem Arzt von mir, und dieser Arzt hat daraufhin viele Patienten zu mir geschickt.

Ein Haarriß im Schädel

Ein weiterer Patient, der unter starken Kopfschmerzen litt, war der Sohn eines Ministers. Die Ärzte im Chandigarth Hospital, die sein Vater alle kannte, waren der Meinung, daß der junge Mann ein zu hohes Blutvolumen hatte und von Zeit zu Zeit zur Blutentnahme gehen sollte. Immer wenn man diese Maßnahme bei ihm durchführte, so seine Frau, konnte er keine Geräusche ertragen – er schrie vor Schmerz auf, wenn er ein Auto vorbeifahren hörte oder man einen Vorhang zur Seite schob.

Als ich ihn untersuchte, fand ich einen Haarriß in seinem Schädel. »Sind Sie irgendwann einmal gestürzt?« fragte ich. Zuerst verneinte er, aber als ich nachhakte, erinnerte er sich, daß er im Schlaf einmal vom Sofa gefallen war. Ich behandelte den Haarriß, und nach der ersten Sitzung ging es ihm so gut, daß er meinte, er müsse geheilt sein. Ich erklärte ihm jedoch, daß er mehrmals kommen müsse, um vollständig geheilt zu werden. Nach Abschluß der Behandlung bekam er einen Auftrag im Ausland, und ich habe ihn seither nicht wiedergesehen. Sein Vater berichtete mir jedoch, daß seine starken Kopfschmerzen nie wieder aufgetreten seien.

Unerklärliche Krämpfe

Ein anderer Patient von mir war früher Pilot gewesen, hatte jedoch wegen unerklärlicher Krämpfe Flugverbot bekommen. Die Attacken waren so heftig, daß die Ärzte ihm spezielle Beruhigungsmittel spritzen mußten. Er war bei Ärzten in London gewesen, die ihm gesagt hatten, er habe »ein Problem im Kopf«. Er bekam Medikamente, aber die Anfälle ließen sich nicht unter Kontrolle bringen.

Als ich ihn untersuchte, stellte ich nichts Krankhaftes an seinem Kopf fest, aber meine Hand vibrierte an seinem Hals direkt unterhalb des Ohrs. In dem Augenblick, in dem ich die Stelle berührte, bekam er einen Krampf. »Holen Sie einen Arzt«, schrie seine Frau. Ich suchte schnell nach dem entsprechenden Druckpunkt an seinem Fuß. Ich massierte den Bereich am Fuß, über dem meine Hand vibrierte, und sein Zustand normalisierte sich sehr schnell wieder.

Wie er mir berichtete, merkte er es immer, wenn ein Anfall im Anzug war. »Massieren Sie sich den Fuß an dieser Stelle, wenn Sie spüren, daß ein Anfall naht. Dadurch werden Sie Anfälle verhindern können«, riet ich ihm. Von da an bekam er nie wieder einen Anfall. Er war sehr traurig, daß er nicht schon vorher von mir gehört hatte. Er hatte so viele Jahre lang gelitten.

Fußreflexzonenmassage

Ich entdeckte schon zu Anfang meiner Heiltätigkeit, daß meine Hand an den Nervenenden im Fuß, die mit einem bestimmten Problembereich im Körper in reflektorischer Beziehung stehen, vibriert. Obwohl die Fußreflexzonenmassage in Indien gut bekannt und weitverbreitet ist, habe ich eigentlich nie etwas über die Physiologie und die Druckpunkte des Fußes lernen müssen. In der Tat wurde mir erst auf einer Reise nach Deutschland, auf der mir einer meiner Freunde ein Buch über Fußreflexzonenmassage gab, klar, daß ich diese Therapie schon die ganze Zeit angewendet hatte. Wann immer Fußreflexzonenmassage geeignet ist, empfehle ich meinen Patienten, sie anzuwenden, um eine breite Palette von Erkrankungen, von Bursitis (Schleimbeutelentzündung) bis hin zu Herzleiden, selbst zu kurieren.

Reisen nach Mauritius, in den Iran und nach Kuwait

Nach meiner Reise nach Saudi-Arabien blieb ich mehrere Jahre lang in Indien und war vollauf mit meiner Heiltätigkeit beschäftigt. Meine nächste Auslandsreise führte mich nach Mauritius, eine winzige Insel im Indischen Ozean in der Nähe von Madagaskar. Ich bekam eine Einladung vom Premierminister von Mauritius und nahm sie besonders gerne an, weil mein Mann mich das erste Mal begleitete.

Aus der Luft sieht Mauritius wie ein kleiner Punkt im Ozean aus, und der Pilot mußte zwei Versuche machen, ehe er landen konnte. Die ganze Insel ist wie eine Postkarte. Jedes Haus hat einen schönen Garten voller Rosen und anderer Blumen. Obwohl die Insel so klein ist, sind die klimatischen Verhältnisse sehr unterschiedlich. In den seltsam geformten vulkanischen Bergen kann es recht kalt sein, während es an der Küste warm und feucht ist.

Die Vorfahren der meisten Menschen, die heute auf Mauritius leben, waren aus Indien ausgewandert, um in den Zuckerrohrfeldern der Insel zu arbeiten. Mehrere Mauritier, die ich kennenlernte, verwiesen jedoch nachdrücklich auf ihren gehobenen sozialen Status, weil ihre Vorfahren gekommen waren, um Geschäfte zu machen. Ich fand alle Menschen sehr freundlich und großzügig. Ich konnte eine religiöse Toleranz beobachten, die ich mir auf der ganzen Welt wünschen würde. Sie feiern jeweils die religiösen Feste der anderen Glaubensgemeinschaften mit und machen bei Hochzeiten kein Problem aus der Religionszugehörigkeit. Es kommt häufig vor, daß in einem Haushalt die Tochter Hindu ist, während eine Schwiegertochter Moslime und eine weitere Christin ist.

Der Premierminister organisierte einen großen Empfang für uns und bat mich, ein Fernsehinterview über meine Heiltätigkeit zu geben. »Ich gebe gern ein Interview, aber Sie dürfen es erst nach meiner Abreise ausstrahlen. Sonst wird es zu schwierig, die Menschenmassen, die kommen werden, unter Kontrolle zu halten«, sagte ich. Ich wurde auch vom Lokalblatt interviewt, und ich erinnere mich daran, daß der Fotograf so an meiner Demonstration interessiert war, daß er vergaß, ein Foto zu machen! Alle wollten meinen Mann kennenlernen, und er wurde gebeten, einen Vortrag über die Wirkungsweise der Vibrationen meiner Hand zu halten.

Der einzige traurige Aspekt unseres Aufenthalts war der schlechte Gesundheitszustand vieler Inselbewohner. Ein Grund dafür ist sicher auch, daß es bei einer so kleinen Population zu viel Inzucht kommt. Zudem bewegten sich die meisten Mauritier zu wenig, und fast niemand trank Wasser. Kinder wie Erwachsene tranken große Flaschen Limonade, und die jüngere Generation war auch dem Alkohol zu sehr zugetan. Infolgedessen litten viele junge Menschen an Magengeschwüren oder Nierenversagen. Es war besonders schockierend, so viele Kinder zu sehen, die zur Dialyse mußten.

Ich arbeitete sehr hart, um täglich eine große Zahl von Patienten zu behandeln. Trotzdem sah ich an unserem Abreisetag eine beängstigend lange Schlange von Leuten, die zu mir wollten. Sie hatten am Abend zuvor das Fernsehinterview mit mir ausgestrahlt, und Hunderte von Menschen, Reich und Arm, waren gekommen.

Ich begann die erste Person in der Schlange zu behandeln, erkannte jedoch bald, daß die Situation außer Kontrolle geriet. Es hatten sich bereits so viele Menschen versammelt, mehr, als ich je hätte behandeln können, und es kamen jede Minute weitere hinzu. Wir mußten heimlich durch die Hintertür verschwinden und flogen am Abend nach Indien zurück. Im Laufe der Jahre sind viele Patienten aus Mauritius nach Indien gekommen, um sich von mir behandeln zu lassen. Es war mir jedoch leider nicht mehr möglich, eine der vielen weiteren Einladungen nach Mauritius anzunehmen.

Eine Reise in den Iran

Bald nach unserer Rückkehr nach Indien lud mich Cherry, eine gute Freundin, die ich zuvor in Delhi behandelt hatte, für einen Monat nach Teheran ein. Sie war in den Iran zurückgekehrt, während ihr Mann Yacub, der Bergbauingenieur war und im Auftrag des Schahs in Indien tätig war, noch dort bleiben mußte. Sie hatten mehreren Freunden über mich erzählt, und diese Freunde hatten sich zusammengetan, um mir die Reise zu finanzieren.

Ich reiste in den Iran, als der Schah auf dem Höhepunkt seiner Macht zu sein schien. Der Iran war wie ein westliches Land, das über alle Annehmlichkeiten des Lebens verfügte – große amerikanische und europäische Autos, sehr moderne Hotels, große elegante Häuser, Restaurants und Kinos. Man sah sehr wenige Frauen, die den langen, schwarzen Burka trugen. Oberflächlich betrachtet, war das Leben friedlich und einfach. Später erzählte man mir, daß sich danach schon die ersten Konflikte zwischen dem Schah und den spirituellen Führern des Landes abgezeichnet hatten, die den modernen Lebensstil skeptisch beurteilten. Das Schah-Regime wies auch stark diktatorische Züge auf, und der iranische Geheimdienst tötete und verhaftete viele Gegner des Schahs. Nicht allzu lange nach meiner Rückkehr nach

Indien wurde der Schah ins Exil abgeschoben, und moslemische Fundamentalisten erlangten die Macht über das ganze Land.

Bereits kurz nach meiner Ankunft in Teheran begann ich in Cherrys und Yacubs Haus zu arbeiten. Cherry und ihr Sohn vereinbarten alle Termine, gingen ans Telefon und an die Tür. An den meisten Tagen hatten wir mit den Patienten soviel zu tun, daß Cherry nicht einmal Zeit hatte, eine einfache Mahlzeit zu kochen. Ich machte mir deswegen Sorgen, Cherry dagegen war sehr glücklich, weil ich so viele Menschen behandeln konnte. Auch wenn ich hart arbeitete, war dies eine meiner interessantesten Reisen.

Eines Tages brachte man ein hübsches junges Mädchen in einem Krankenwagen und trug es auf einer Bahre ins Haus. Die Jugendliche war einige Zeit lang bettlägerig gewesen. Die behandelnden Ärzte konnten nicht herausfinden, was ihr fehlte. Ein Bein steckte in einer Schlinge, und ihre Schwester, die sie begleitete, erzählte mir, daß sie das Bein seit mehreren Tagen nicht ablegen könne und schon vor Schmerz aufschreie, wenn nur eine Fliege auf ihrem Bein oder Fuß lande.

»Ich kann sie nicht behandeln, wenn ich sie nicht berühren darf«, sagte ich. Ehe sie darauf antworten konnte, fuhr ich mit der Hand über den Körper der Kranken und stellte fest, daß sie einen Krampf im Harntrakt hatte. Sie versuchte unbewußt, den Krampf zu lösen, indem sie das Bein hochhob. Ich begann behutsam mit der Behandlung ihres Harntrakts und führte die Hand dann langsam auf ihren Rücken zu den Nieren. Im Laufe der Behandlung entspannten sich ihre Muskeln, und sie war fähig, das Bein abzulegen.

»Werde ich wieder laufen können?« fragte sie. »Die Ärzte haben mir gesagt, ich solle es nicht versuchen.«

»Natürlich wirst du wieder laufen können«, tröstete ich sie. Ich wollte damit sagen, daß sie nach ein paar Sitzungen, nicht jedoch sofort, wieder dazu in der Lage sein würde. Als ich wie nach jeder Behandlung das Zimmer verließ, um mir die Hand zu waschen, sagte ihre Schwester, sie solle es sofort versuchen. »Probier doch, ob es geht, wenn du keine Schmerzen hast. Falls dir was passiert, ist die Inderin dafür verantwortlich«, meinte sie.

Als ich zu dem Durchgang zurückkam, in dem das Mädchen gelegen hatte, blieb mir fast das Herz stehen. Die Trage war leer und meine Patientin wie vom Erdboden verschluckt. Ich machte mir Sorgen, bis ich sah, wie sie draußen mit einem leichten Humpeln ging. Sie kam völlig begeistert zu mir und umarmte und küßte mich. Ich erklärte ihr, daß sie noch zu weiteren Behandlungen kommen müsse, bis sie geheilt sein würde, und gab ihr einen Termin für den nächsten Tag. Sie setzte sich winkend und lächelnd in den Krankenwagen. Der Krankenwagenfahrer sagte: »Wenn alle indischen Frauen eine solche Heilkraft besitzen, dann will ich ein indisches Mädchen heiraten!« In der Zwischenzeit waren alle anderen Patienten, die auf eine Behandlung bei mir warteten, in helle Begeisterung geraten. Ohne mein Wissen ging eine Patientin zur Redaktion eines Lokalblatts. Sie berichtete den Journalisten von dem jungen Mädchen und ließ sie auch wissen, um welche Zeit es am nächsten Tag zur Behandlung kommen würde.

Als das Mädchen am nächsten Tag eintraf, waren ein Journalist und ein Fotograf von einer iranischen Zeitung, der »Kayhan International«, da. Ich gab ein Interview über das Heilen, aber bat den Reporter, Cherrys Adresse nicht zu nennen. Als das Interview mit der »Wunderheilerin« erschien, war die Adresse jedoch mit abgedruckt. Das Telefon klingelte Tag und Nacht, und es kamen so viele Menschen zu Cherrys Haus, daß es uns nicht mehr möglich war zu arbeiten. Cherry beschloß, mich für ein paar erholsame Tage in das Ferienhaus ihrer Familie am Kaspischen Meer mitzunehmen. Als die Leute uns nicht zu Hause antrafen, wandten sie sich an die Zeitungsredaktion. Schließlich mußte die Zeitung einen Artikel mit der Mitteilung veröffentlichen, daß ich nach Indien zurückgekehrt sei, da die Chefredakteure wegen der vielen Anrufe, die sie zu Hause bekamen, nachts kein Auge mehr zutun konnten. Ein Redakteur teilte uns mit, daß sie seit Bestehen der Zeitung noch nie ein Problem in dieser Größenordnung gehabt hatten.

Als wir nach ein paar Tagen am Kaspischen Meer nach Teheran zurückkehrten, wurde ich zu einem Mittagessen mit ortsansässigen Ärzten eingeladen. Man warnte mich, daß die Ärzte sehr kritisch und herausfordernd sein würden. Ich hatte Herzklopfen, als ich zu dem Mittagessen ging, und bat Cherry, an meiner Seite zu bleiben. Etwa eine Woche zuvor hatte ich eine iranische Ärztin kennengelernt und die Wirbelsäulenerkrankung ihres Mannes geheilt. Ihr Eingreifen rettete mich, als alle Ärzte mit medizinischen Fragen auf mich einstürmten, die ich nicht beantworten konnte.

Die Ärztin stand auf, als sie erkannte, daß ich mich bedrängt fühlte. »Stellen Sie ihr keine medizinischen Fragen«, sagte sie. »Sie hat erklärt, daß sie keine medizinische Ausbildung hat. Lassen Sie sich von ihr zeigen, wie sie mit ihrer Hand heilt. Wenn Sie eine Erkrankung haben, die Sie diagnostizieren lassen wollen, dann legen Sie sich auf diese Couch, und sie wird Ihnen sagen, was Ihnen fehlt.«

Im Lauf des Nachmittags diagnostizierte ich die Gesundheitsstörungen verschiedener Ärzte, und ich irrte mich nie. Dann bemerkte einer der Ärzte die Ringe, die ich immer trage. »Können Sie auch ohne Ihre Ringe diagnostizieren?« fragte er.

Ich war verblüfft. »Natürlich«, gab ich zurück, »wollen Sie, daß ich all meine Ringe, meine Armreifen und meine Uhr abnehme? Kein Problem. Sie haben nichts mit meiner Heilkraft zu tun.« Es überraschte mich sehr, daß die Ärzte auf den Gedanken kamen, ich könnte mit einem Ring diagnostizieren oder heilen. »Da Sie jetzt alle meine Arbeit gesehen haben, können Sie mir nun Fragen stellen, wenn Sie möchten. Ich werde versuchen, sie zu beantworten.«

Niemand meldete sich zu Wort. Dann erhob jemand die Stimme. »Wir haben alle von Heilern gehört«, sagte er, »aber wir sind noch nie einer Heilerin begegnet, die so schnell und so genau diagnostizieren kann.« Man fragte mich, ob ich meine Heilkraft weiteren Ärzten demonstrieren könne, aber ich mußte ablehnen, weil mein Aufenthalt in Teheran zu Ende war. Eine junge Iranerin, die in der Zeitung einen Artikel über mich gelesen hatte, folgte mir tatsächlich nach Indien. Man hatte sie im Büro angerufen, um ihr mitzuteilen, daß ihr Mann einen schweren Autounfall gehabt habe. Sie war so schnell aufgesprungen, um zu ihm zu eilen, daß sie gestürzt und mit dem Kopf gegen die Wand geknallt war. Davon war eine Gesichtslähmung zurückgeblieben. Sobald es ihrem Mann besser ging, besorgte sie sich bei einer Zeitung meine Adresse und fuhr nach Delhi, wo ich sie erfolgreich behandelte.

Cherry und die meisten anderen Menschen, die ich in Teheran kennenlernte, waren Moslems. Damals machte sich niemand von uns Gedanken über unsere Religionszugehörigkeit. Heute frage ich mich, wie es dazu gekommen ist, daß all diese wunderbaren menschlichen Qualitäten wie Toleranz und Freundschaft verschwunden sind, und negative Eigenschaften wie Haß, Gewalt und Gier aus unserem Unbewußten emporsteigen, um sich vulkanartig zu entladen und uns in die Selbstzerstörung zu treiben.

Eine Reise nach Kuwait

Etwa zwei Monate nach meiner Rückkehr aus Teheran kam ein Freund aus Kuwait zurück und berichtete, daß ein kuwaitischer Minister, Abdul Aziz, mich und meinen Mann in sein Land einladen würde. Er hatte von Omar Abu Riche, einem alten Freund, der als syrischer Botschafter in Indien gewesen war, über meine Heiltätigkeit gehört. Ein paar Tage später erhielten wir zwei Tickets erster Klasse. Ich hatte große Lust zu fahren, nur mein Mann war nicht erfreut, daß ich Indien so bald wieder verlassen wollte. Er war mit seinen eigenen Angelegenheiten beschäftigt und sagte, er habe keine Zeit zur Bundesreservebank zu gehen und sich um eine Ausreisegenehmigung zu kümmern. Ich beschloß, selbst zur Bank zu gehen. Zunächst verweigerte man mir jedoch die Ausreisegenehmigung. Ich gab nicht nach, und als ich die Bankangestellten aufforderte, die Gründe für ihre Ablehnung schriftlich darzulegen, gab man mir die Genehmigung schließlich doch.

Ich blieb für etwa zwei Wochen in Kuwait und behandelte in meiner großen, modernen Hotelsuite zahlreiche Menschen. Viele Fälle waren sehr ernst – Rückenprobleme, Magen- und Zwölffingerdarmgeschwüre und Nierenerkrankungen. Ich war in der Lage, einen kleinen Jungen mit einer Yoga-Übung, dem *Shashank-Asana* (siehe Seite 262 im zweiten Teil dieses Buches), von Asthma zu heilen. Einer meiner interessantesten Fälle in Kuwait war ein Minister, der unter schwerer Atemnot litt. Bei der Untersuchung fand ich heraus, daß seine Lunge überhaupt keine Elastizität hatte. Als ich ihn nach seinem Tagesablauf fragte, stellte sich heraus, daß er eine Asbestfabrik besaß, in der er sich jeden Tag aufhielt. Ich erklärte ihm, daß sich die Asbestpartikel, die er einatmete, in seinen Bronchien abgelagert und zu ihrer Verkalkung geführt haben mußten. Ich konnte ihn in der Zeit, die ich in Kuwait verbrachte, nicht heilen und ihm nur zu der Atemübung raten, die ich auch dem asthmatischen Jungen empfohlen hatte.

Abdul Aziz war neben seiner Tätigkeit als Minister auch ein großer Geschäftsmann und Bauherr vieler großer Hotels. Er und seine Frau waren sehr freundlich und luden mich oft zum Mittag- oder Abendessen bei sich zu Hause ein. Obwohl seine Frau kein Englisch sprach, freundeten wir uns an. Eines Tages teilte mir Abdul Aziz mit, daß man mich zusammen mit ihm und seiner Frau zum Tee eingeladen habe und daß die Gastgeber wünschten, daß ich einige ihrer Gäste behandelte. Ich konnte nicht ablehnen, obwohl ich müde war und das Gefühl hatte, keine Zeit für Einladungen zum Tee zu haben. Unsere Gastgeber waren sehr reich. Nachdem ich ein paar Patienten behandelt hatte, nahmen sie mich auf eine lange Besichtigungstour durch das Haus mit. »Dies ist das blaue Zimmer und dies das rosa Zimmer, dieser Marmor stammt aus Italien, diese Vase ist aus China.« Mir kam es so vor, als würde die Besichtigungstour nie ein Ende nehmen. Der Minister, der uns begleitete, bemerkte, daß ich überhaupt nicht daran interessiert war. Schließlich verkürzte er den Besuch, indem er vorschob, daß mein nächster Patient schon auf mich warte. »Ich fürchte, der Besuch hat Ihnen nicht gefallen«, meinte Abdul Aziz auf der Rückfahrt zum Hotel.

»Ich bin nach Kuwait gereist, um mich um Patienten zu kümmern, nicht, um Reichtümer präsentiert zu bekommen«, erwiderte ich. »In Zukunft werde ich keine Besuche mehr machen, egal, welche Berühmtheit mich einlädt.«

»Ich hätte nie gedacht, daß sie sich so verhalten würden. Es tut mir wirklich leid«, entschuldigte Abdul Aziz sich. »Aber ich habe auch noch niemanden kennengelernt, der so wenig Interesse an der materiellen Welt hat.« Man bat mich, meinen Aufenthalt zu verlängern, um noch mehr Patienten zu behandeln, aber ich fand, daß es an der Zeit sei, zu meinem Mann und meinen Aufgaben in Indien zurückzukehren.

Besuch aus dem Irak

Nach meiner Rückkehr aus Kuwait besuchte mich eine Irakerin, die in der Zeitung über mich gelesen hatte. Sie brachte ihr Kind mit, ein etwa zwei Jahre altes Mädchen, deren Handgelenke mit Tüchern umwickelt waren, um es daran zu hindern, daß es sich in die Haut biß. Es biß die ganze Zeit in die Tücher. Die Mutter berichtete, daß das Kind etwa ein Jahr zuvor begonnen habe, sich in die Handgelenke zu beißen. Zuvor war es heftig im Auto herumgeschleudert worden, als sie ganz abrupt eine Vollbremsung hatten machen müssen, um nicht einen Fußgänger zu überfahren. Die Eltern waren mit ihrer Tochter bei Ärzten in den USA und England gewesen, aber die Ärzte hatten keine Diagnose stellen können. Da das Kind in der Zeit, in der sie diese Arztbesuche gemacht hatten, erst ein Jahr alt gewesen war, hatten sie keine Gehirnuntersuchungen durchführen lassen wollen.

»Wenn der Unfall mehr als ein Jahr zurückliegt, kann ich nicht garantieren, daß ich jetzt noch eine Diagnose stellen kann«, sagte ich, »aber ich werde das Mädchen untersuchen.« Meine Hand vibrierte über einem bestimmten Bereich des Gehirns, und von dem Augenblick an, in dem meine Hand zu vibrieren begann, wurde das Kind friedlich und hörte auf, in die Tücher zu beißen. Es hatten einen leeren Blick, der sich in der Ferne verlor. Als meine Hand aufhörte zu vibrieren, fing das Mädchen wieder an, in die Tücher zu beißen.

»Bringen Sie Ihre Tochter mehrmals zur Behandlung. Dann

werden wir sehen, ob sich ihr Zustand verbessert«, schlug ich der Mutter vor. Nach mehreren Sitzungen hörte das kleine Mädchen ganz auf, sich zu beißen. Die Mutter sagte, daß ihre Tochter wieder Interesse an der Umwelt und an ihrem Bruder zeige. Ich war mir sicher, daß sie von dem Schleudertrauma, das sie erlitten hatte, eine Hirnverletzung davongetragen hatte. Durch meine Behandlung wurde sie vollständig geheilt. Die Mutter freute sich so für ihr Kind, daß sie Tränen in den Augen hatte, als sie sich von mir verabschiedete. Heute frage ich mich nicht nur, ob es Mutter und Tochter weiterhin gut geht, sondern auch, ob sie den Golfkrieg überlebt haben.

Reisen nach Kanada und Kalifornien

1981 fuhr ich zweimal nach Toronto in Kanada und einmal nach Kalifornien. Die Besuche in Toronto organisierten Margaret und Jim Beveridge, enge Freunde, die lange Zeit in Neu-Delhi gelebt und an verschiedenen Filmprojekten für die UNESCO, die York University in Toronto und die kanadische Regierung gearbeitet hatten.

Im Frühling 1981 fuhr ich das erste Mal nach Toronto. Der Mann einer Freundin von Margaret und Jim Beveridge finanzierte die Reise. Seine Frau hatte eine Blockade im Verdauungstrakt, die es ihr unmöglich machte, feste Nahrungsmittel zu sich zu nehmen. Sie litt unter einer starken Anämie und fühlte sich sehr schnell schwach. Ihre Ärzte wußten nicht weiter. Ich versuche die Behandlung von Krebspatienten möglichst zu vermeiden, da ich mir nie sicher bin, ob ich Erfolg haben werde.

Ich hatte große Bedenken wegen dieser Reise, weil ich nicht einmal wußte, ob meine Hand bei ihrer Erkrankung vibrieren würde. Zudem hatte ich höchstens zwölf Tage Zeit. Nachdem ich ihrem Mann das alles erklärt hatte, wollte er immer noch, daß ich komme.

Als ich die Kranke kennenlernte, erinnerte sie mich so sehr an eine Freundin, daß ich das Gefühl hatte, ich würde sie schon mein ganzes Leben lang kennen. Ich begann sofort, sie in ihrem Haus zu behandeln. Nach drei Sitzungen bekam sie Hunger und begann, feste Nahrung zu sich zu nehmen. Ihre Blutwerte verbesserten sich, und alle Ärzte waren über ihre Fortschritte sehr erstaunt. Ich hatte Zeit für zehn Behandlungssitzungen.

Anschließend ging es ihr so gut, daß sie zum Flughafen kommen und mir zum Abschied winken konnte.

Außerdem behandelte ich die Tochter meiner Patientin, die schwanger war und bei allen vorherigen Schwangerschaften spätestens im vierten Monat eine Fehlgeburt gehabt hatte. Ich untersuchte sie und stellte fest, daß der Gebärmutterhals sehr geschwächt war. Nach drei langen Sitzungen konnte sie ihr Kind neun Monate lang austragen. Auch die Geburt verlief normal.

Während meines kurzen Aufenthalts in Toronto hatte ich noch zwei weitere Patienten: Ein Patient hatte eine Sehschwäche, die sich innerhalb von drei Sitzungen verbesserte. Außerdem kam eine Frau mit Krebs im Halsbereich zu mir, der ich leider sagen mußte, daß ihr eine einzige Behandlung – für mehr hatte ich keine Zeit mehr – nicht helfen würde.

Die zweite Reise nach Toronto

Im Herbst 1981 wurde ich von Freunden der Beveridges wieder nach Toronto eingeladen. Ich verbrachte etwa drei Wochen dort. Ich hatte mein eigenes Apartment im Haus der Beveridges, und zwei ihrer Freunde halfen mir bei der Organisation und fuhren mich herum.

Eine Patientin, die ich wegen Infertilität (Unfruchtbarkeit) behandelte, war die Schwiegertochter meines guten Freundes Jim George, des ehemaligen kanadischen Oberkommissars in Indien. Er sagt immer, er verdanke es mir, daß er zum ersten Mal Großvater wurde. Ferner habe ich die Frau mit der Sehschwäche behandelt, die schon bei meinem ersten Besuch bei mir in Behandlung gewesen war. Ihr Sehvermögen verbesserte sich enorm. Zuvor hatte sie wegen ihres schlechten Sehvermögens Angst gehabt, abends vor die Tür zu gehen.

Damals behandelte ich auch eine berühmte Opernsängerin, die einen sehr tiefsitzenden, aber gutartigen Gehirntumor hatte, den die Ärzte nicht vollständig hatten entfernen können. Der Tumor verursachte bei ihr starke Kopfschmerzen und partielle Blindheit. Ich konnte ihr Sehvermögen wiederherstellen und ihre Kopfschmerzen fast vollständig beseitigen. Es ging ihr soviel besser, daß sie ein Fernsehinterview hätte geben können, aber die Produzenten gestatteten ihr nicht, über ihre Heilung zu sprechen. Sie befürchteten eine negative Reaktion der Mediziner.

Ich verbrachte natürlich auch soviel Zeit wie möglich mit der ersten Patientin, die ich in Toronto gehabt hatte. Mittlerweile hatte sie ein Problem mit der Hüfte und befürchtete, daß es sich um Knochenkrebs handeln könnte. Sie war bekümmert, daß ich so viele andere Patienten hatte und sie nicht jeden Tag behandeln konnte. Deshalb schickte ich ihr an den Tagen, an denen ich nicht zu ihr kommen konnte, behandeltes Wasser.

Wie bereits im Zusammenhang mit der Behandlung von Nierenpatienten erwähnt, habe ich in einer bestimmten Phase meiner Heiltätigkeit – ich kann mich nicht mehr an den genauen Zeitpunkt erinnern – folgendes entdeckt: Wenn ich meine Hand in Wasser tauche, sprudelt es um meine Hand herum, und das Wasser hat daraufhin eine Heilwirkung. In Toronto tauchte ich meine Hand jeden Morgen in einen Eimer Wasser, und meine Helferin füllte das Wasser in sterile Flaschen und brachte es verschiedenen Patienten, die Hilfe brauchten, so auch meiner ersten Patientin. Nach der zweiten Behandlungsserie lebte sie noch zwei Jahre.

Die Reise nach Kalifornien und der Besuch am Esalen Institute

Cherry und Yacub, die Freunde, die meine Reise nach Teheran organisiert hatten, luden mich auch nach Los Angeles ein. Diesmal war Yacub auch zu Hause. Wie zuvor versammelte Cherry in ihrem Haus Freunde, die Hilfe brauchten. Cherry wurde es nie zuviel, ganz gleich, für wie viele Menschen sie kochen mußte. Während meines Aufenthalts bei Cherry und Yacub hörte Dr. Stanislav Grof, ein Gastdozent am Esalen Institute, daß ich in Los Angeles war. Vor meiner Abreise aus Indien war ich nach Bombay eingeladen worden. Ich sollte meine Gabe des Heilens im Februar 1982 auf der siebten internationalen Konferenz zum Thema transpersonale Psychologie demonstrieren. Dr. Grof hatte die Leitung der Konferenz übernommen und brannte darauf, mich vorher kennenzulernen und sich ein Bild von meiner Arbeit zu machen. Er fragte, wie viele Tage ich am Esalen Institute verbringen könnte und was ich für die Zeit berechnen würde. »Ich kann nur für drei Tage kommen, und ich nehme nie Geld für meine Arbeit an, aber Sie müssen das Flugticket sowie Kost und Logis bezahlen«, sagte ich. Es überraschte und freute ihn sehr, daß ich keine Bezahlung für meine Heiltätigkeit verlangte.

Die zweistündige Autofahrt vom Flughafen nach Big Sur an der Westküste war sehr schön. Ich mochte Dr. Grof und seine Frau Christina vom ersten Augenblick an. Christina hatte ein wundervolles Lächeln und war sehr freundlich. Sie baten mich, nach dem Mittagessen an einem besonderen Workshop teilzunehmen, der in einer großen Halle stattfand. Ich entdeckte zu meiner Freude ein Bild von Sai Baba von Shirdi dort und erfuhr, daß sie ebenfalls Anhänger von ihm waren.

Die Erweckung der Schlangenkraft

Dr. Grof und seine Frau erklärten mir, daß es sich um einen besonderen Workshop handelte, der dazu diente, die verborgene Kraft bzw. die Schlangenkraft, die sogenannte Kundalini-Shakti, zu erwecken. Viele Menschen assoziieren die Schlangenkraft nur mit sexueller Erregung. Im Yoga unterscheidet man jedoch zwei Formen der Schlangenkraft – die niedere und die höhere. Die höhere Schlangenkraft wird auch als verborgene Kraft bezeichnet und kann von Heilern und Künstlern als Quelle der Stärke und Inspiration genutzt werden.

Bei dem Workshop am Esalen Institute wurde jedem Neuling ein Helfer zugeteilt. Die Neulinge sollten sich auf ihre Matten legen und einengende Kleidungsstücke lockern. Christina legte sanfte Musik auf, und die Begleiter machten Entspannungsübungen mit ihren Partnern, um ihnen zu helfen, sich zu entspannen. Daraufhin sollten die Neulinge zuerst langsam atmen, dann etwas schneller und schließlich ganz schnelle, tiefe Atemzüge nehmen. Plötzlich erklang sehr laute, heftige Musik, die, so Dr. Grof, die Kundalini-Shakti erwecken sollte. Auf einmal begannen einige der Neulinge zu schreien und zu weinen. Andere gaben tierische Geräusche von sich, und wieder andere bewegten sich ziemlich wild. Die Helfer gaben den Neulingen Wasser und wischten ihnen den Schweiß von der Stirn. Dr. Grof ging von einer Person zur anderen und legte den Kursteilnehmern die Hand auf den Bauch, wobei seine Handfläche den Bauchnabel berührte. Dies zog sich über zwei Stunden hin, bis alle erschöpft waren und sich mehr oder weniger wieder beruhigt hatten. Anschließend sollten die Teilnehmer ihre Erfahrungen niederschreiben, die wir nach einer Pause um 20:00 Uhr besprechen wollten.

»Wie fanden Sie den Workshop?« fragte Dr. Grof, als alle Teilnehmer die Halle verlassen hatten. Ich fühlte mich sehr geehrt, daß mich ein Arzt und eine Autorität auf dem Gebiet der Bewußtseinsforschung nach meiner Meinung fragte, aber ich mußte sagen, was ich fühlte.

»Ich kann nicht umhin, mich zu fragen, ob der ganze Prozeß nicht unnatürlich und vielleicht schädlich für das Nervensystem ist, bei all diesen heftigen Reaktionen und Zuckungen des Körpers«, meinte ich. Dr. Grof bestätigte, daß die Erfahrungen, die die Kursteilnehmer machten, belastend sein könnten, und fügte hinzu, daß sie diesen Workshop deshalb nur zweimal pro Woche abhielten.

Am Abend trafen wir uns wieder in der großen Halle und hörten uns die Berichte der Teilnehmer über ihre Erfahrungen an. Ich erinnere mich nicht mehr an alles. Eine Person sagte, sie habe Jesus gesehen, eine andere hatte nur Licht wahrnehmen können, und mehrere hatten sich so gefühlt, als seien sie in Trance. Leider war der Projektor kaputt, so daß wir uns die Filme von den früheren Workshops zur Erweckung der Kundalini-Shakti nicht ansehen konnten, und wir hatten Zeit für etwas anderes. Daher bat Dr. Grof mich, den Teilnehmern etwas über meine Arbeit zu erzählen. Es war eine informelle Zusammenkunft, aber die Teilnehmer kamen aus der ganzen Welt und waren sehr gebildet, und ich hatte das Gefühl, nur ein gewöhnlicher Mensch und nicht wirklich qualifiziert zu sein, eine Rede zu halten. Alle sahen mich erwartungsvoll an. Ich dachte ein paar Minuten nach und sagte dann: »Warum stellen Sie mir nicht einfach Fragen zu meiner Arbeit als Heilerin. Ich weiß wirklich nicht, wie man einen Vortrag hält.« Das Interesse der Teilnehmer war sehr groß. Sie baten mich um eine Demonstration meiner Gabe des Heilens. Wir waren so vertieft, daß drei Stunden vergingen, bis wir uns gegenseitig gute Nacht sagten. Am nächsten Morgen sagte Christina beim Frühstück, daß sie es sehr bedauere, am Vorabend nicht dabei gewesen zu sein. Sie habe gedacht, daß wir uns nur die Filme anschauen würden, die sie schon viele Male gesehen habe. Sie fügte hinzu, daß Dr. Grof sehr froh sei, schon vor der Konferenz in Bombay etwas über meine Arbeit erfahren zu haben. Er habe auch darauf hinge- wiesen, wie sehr ich mich von den meisten berühmten Heilern, die im Laufe der Jahre ins Esalen Institute eingeladen worden seien, unterscheide, nicht nur in bezug auf meine Heilmethode, sondern auch, weil ich mich weigere, Geld oder Geschenke für meine Arbeit anzunehmen.

Als ich zu meinem Workshop kam, der drei Stunden dauern sollte, war ich überrascht, eine riesige Ansammlung von Men- schen vorzufinden, die alle wollten, daß ich ihre Erkrankungen diagnostiziere und sie kurz behandle. Ich überschlug schnell, daß ich nicht mehr als ein paar Minuten mit jeder Person ver- bringen würde können, und als die drei Stunden um waren, war ich völlig erschöpft. Eine Patientin hatte ein Rückenleiden, um das ich mich nicht hatte kümmern können. Ich schlug ihr vor, zur Nachmittagsveranstaltung zu kommen, aber sie er- klärte, daß man ihr das nicht gestatten würde, weil sie nur für eine Veranstaltung bezahlt habe. Ich hatte nicht gewußt, daß sie Geld von den Leuten verlangten, die an meinen Workshops teilnahmen, aber ich vermute, daß sie die Ausgaben für meine Reise abdecken mußten.

Als ich nach Los Angeles zurückkehrte, wollten Cherry und Yacub mir die Gegend zeigen, aber mir stand der Sinn nicht danach. Es ist sehr schwierig, Menschen zu behandeln und zugleich Freude daran zu haben, sich Touristenattraktionen an- zuschauen. Ich spare meine Energie lieber für die Kranken auf und vergeude sie nicht zu meinem eigenen Vergnügen. Zudem war es Zeit, nach Indien zurückzukehren.

Meine erste internationale Konferenz

Dr. Grof hatte mich vor unserer Begegnung am Esalen Institute eingeladen, meine Heiltätigkeit auf der siebten internationalen Konferenz zum Thema transpersonale Psychologie, die 1982 in Bombay stattfand, zu demonstrieren. Dr. Grof, der Organisator der Konferenz, war ursprünglich von Dr. Ajit Mookerjee, einem alten Freund von mir, auf mich aufmerksam gemacht worden. Dr. Mookerjee ist eine Autorität auf dem Gebiet der Erweckung der Kundalini-Shakti und hat viele Bücher zu diesem Thema geschrieben. Auch er sollte auf der Konferenz einen Vortrag halten.

Ich war wegen der großen internationalen Konferenz mit vielen berühmten Rednern sehr aufgeregt. Ich hatte Dr. Grof über meine Ängste erzählt, als ich in Kalifornien gewesen war. Er und seine Frau Christina kamen vor der Konferenz nach Delhi, um mir Mut zu machen und mir zu sagen, welche Vorkehrungen sie für mich getroffen hatten.

Als ich am Flughafen in Bombay eintraf, wartete ein junger Mann auf mich. Er sollte mich ins Hotel bringen. »Wie haben Sie mich erkannt?« fragte ich ihn.

»Dr. Grof hat gesagt, ich solle nach einer kleinen Frau mit einem großen Tikka-Fleck auf der Stirn Ausschau halten«, erwiderte er. Auf der Fahrt in die Stadt stellte er mir verschiedene Fragen, um herauszufinden, warum ich wohl zusammen mit so vielen wichtigen Leuten eingeladen worden war. »Sind Sie schon einmal in Bombay gewesen? Ist es aufregend für Sie, Gast in einem großen, modernen Hotel wie dem Oberoi zu sein – ich nehme an, daß Sie noch nie in einem Hotel wie dem Oberoi logiert haben, oder?«

»Ich bin schon ein paarmal in Bombay gewesen«, antwortete ich, »doch, ich habe schon in großen Hotels gewohnt, meist übernachte ich einfach da, wo sie mich unterbringen. Manchmal ist es ein Hotel und manchmal das Haus einer Privatperson oder eine Pension.«

»Woher kennen Sie Dr. Grof?« war seine nächste Frage. Als ich ihm erzählte, daß ich Dr. Grof in Kalifornien kennengelernt hatte, enthielt er sich eines Kommentars, machte aber immer noch einen sehr verwirrten Eindruck und wußte wahrscheinlich nicht, ob er mir glauben sollte.

Als wir im Oberoi Towers Hotel am Narriman Point eintrafen, begab ich mich direkt in den Saal, in dem der Gouverneur von Bombay die Eröffnungsrede für die Konferenz hielt. In seiner Rede sagte der Gouverneur, man wolle mit der Konferenz erreichen, daß sich die uralte fernöstliche Weisheit und die moderne Wissenschaft der westlichen Welt einander annähern und die Hand reichen. Dies sei erforderlich, fügte er hinzu, da wir zunehmend erkennen würden, daß die rein materielle Sicht der westlichen Wissenschaft mit einer spirituellen Weltsicht vereint werden müsse, wenn wir eine Bewußtseinsentwicklung der Menschheit und eine neue Weltordnung wollten.

Als ich mich in der internationalen Zuhörerschaft, die etwa siebenhundert Menschen umfaßte, umsah und all die Berühmtheiten und die Reporter mit ihren Videokameras, Mikrofonen und Recordern sah, begann ich zu verstehen, was der junge Mann, der mich am Flughafen abgeholt hatte, empfunden hatte. Was hatte ich hier zu suchen? Ich konnte diesen Menschen weder Wissen noch Weisheit anbieten. Ich fühlte mich besser, als ich Christinas Willkommenslächeln und meinen alten Freund Dr. Mookerjee sah. Sie sagten mir, daß mein Workshop um

15:30 Uhr beginnen würde. Die Grofs würden um diese Zeit eine Pressekonferenz abhalten, und Dr. Mookerjee würde mich vorstellen.

Als ich zu dem Workshop kam, war der Raum bis auf den letzten Platz besetzt. Berühmte Ärzte, Psychologen, Biologen, Anthropologen und viele andere hatten sich versammelt. Auf dem Podium war ein Junge im Rollstuhl, der an Muskeldystrophie litt. Er gab mir einen Brief von Christina, in dem stand, daß ich meine Gabe des Heilens an ihm demonstrieren sollte.

Ich stand sehr nervös auf dem Podium und wartete darauf, daß Dr. Mookerjee nach vorne kommen und mich vorstellen würde. Dann stand Dr. Mookerjee hinten im Raum auf. Alles, was er sagte, war: »Bitte öffnen Sie Ihre Broschüre auf Seite zehn und lesen Sie den Text über Mrs. Chakravarti.« Darauf verließ er den Raum.

Es gab ein allgemeines Rascheln, als alle die Seite zehn ihrer Broschüre aufschlugen – »Sree Chakravarti: Diagnostik und Heilung durch magnetische Vibrationen der Hand.« Während sie den Text lasen, sprach ich mit dem kleinen Jungen und versprach ihm, daß ich mein Möglichstes tun würde, um ihm zu helfen. Ich mußte ihm erklären, daß ich Patienten mit Muskeldystrophie normalerweise nicht behandle, weil ich aus Erfahrung weiß, daß ich diese Erkrankung nicht heilen kann. Während ich mit dem Jungen sprach, wurden die Zuhörer ungeduldig und begannen zu rufen: »Bitte beginnen Sie mit Ihrem Vortrag. Wir sind hier, um Ihren Vortrag zu hören.« Ich trat zum Mikrofon.

»Ich weiß wirklich nicht, warum ich zu dieser Konferenz eingeladen wurde, auf der von allen erwartet wird, daß sie Vorträge halten«, sagte ich. »In der Broschüre steht schwarz auf weiß, daß es sich hier um eine Demonstration meiner Diagnose- und Heilfähigkeiten handelt, und dieser junge Mann, den ich hier auf dem Podium behandle, wird Ihnen berichten, wie es ihm dabei ergeht.«

Als ich mit der Behandlung begann, äfften mich die Zuschauer nach. Sie wedelten mit den Händen und lachten. Es überraschte mich, daß eine so vornehme Zuhörerschaft so grob sein konnte. Ich mußte die Behandlung unterbrechen und wieder zum Mikrofon treten. »Ruhe bitte«, sagte ich. »Geben Sie mir ein paar Minuten, um diesen Jungen zu behandeln, und Sie werden den Rest der Zeit zur Verfügung haben, um sich nach Herzenslust über mich zu amüsieren.«

Es wurde sehr still im Raum, und ich fuhr fort, die Wirbelsäule des Jungen zu behandeln, weil ich weiß, daß sich Muskeldystrophie auf diesen Körperbereich auswirkt. Als ich den Jungen berührte, bat ich ihn, dem Publikum zu erklären, was er spüre. »Ich fühle mich, als ob mein ganzer Körper unter Strom steht und vibriert, so als würde sie mir überall die Hand auflegen, nicht nur auf dem Rücken«, berichtete er. »Es ist, als würde ein Blitz durch meinen Körper schießen.«

»Ist ein Arzt mit einer Erkrankung im Publikum, die ich versuchen kann zu diagnostizieren?« fragte ich, als ich mit der Behandlung des Jungen fertig war. Eine Frau stand auf und stellte sich als Ärztin vor. Sie sagte, sie habe schon seit einiger Zeit ein Rückenproblem, durch das sie nicht bequem sitzen könne. Ich forderte sie auf, zum Podium zu kommen, sich auf einen Stuhl zu setzen und Socken und Schuhe auszuziehen.

Ich stellte eine Schnelldiagnose, indem ich meine Hand über ihren Füßen vibrieren ließ, und übte Druck auf den Bereich aus, der, wie mir meine Hand gezeigt hatte, mit dem Erkrankungsherd in reflektorischer Beziehung stand. »Mein Gott, es ist unglaublich«, sagte sie nach nur ein paar Minuten. »Mir geht es schon soviel besser.« Mein intuitives Wissen über Fußreflexzonentherapie war auf dieser Konferenz, auf der ich Schnelldiagnosen stellen und meine Gabe des Heilens demonstrieren sollte, sehr hilfreich.

Nachdem ich den kleinen Jungen und die Ärztin behandelt hatte, schlug die Atmosphäre im Saal um. Jetzt wollten die Leute, die sich über mich lustig gemacht hatten, daß ich möglichst vielen die Hand auflegte. Ich glaube, Gott war mit mir und half mir. Ich legte so vielen Menschen die Hand auf, wie es mir im zeitlichen Rahmen des Workshops möglich war. Als das Seminar zu Ende war, berichteten mehrere Teilnehmer anderen begeistert davon.

Dr. Grof und seine Frau freuten sich sehr darüber, daß mein Workshop so ein Erfolg gewesen war. »Ich habe Ihnen doch gesagt, daß es keinen Grund gibt, nervös zu sein«, neckte Dr. Grof mich. Wie er mir mitteilte, hatten sie nachträglich einen zweiten Workshop in einem viel größeren Raum organisiert, weil viele Menschen, die den ersten verpaßt hatten, meine Arbeit sehen wollten. Der riesige Saal, in dem ich den zweiten Workshop abhielt, quoll vor Leuten über, und doch vermochte ich wie zuvor schnelle und genaue Diagnosen zu stellen. Sie wollten sogar, daß ich einen dritten Workshop abhalte, aber es war unmöglich, einen Termin dafür zu finden. So sind Gottes Wege: Trotz meiner anfänglichen Nervosität war ich eines der Highlights der Konferenz.

Einer meiner Patienten auf dieser Konferenz war Harrison Hoblitzelle, ein Psychologieprofessor aus Boston, der im Rollstuhl zu meinem ersten Workshop kam. Seit seiner Ankunft in Bombay war er von schrecklichen Schmerzen geplagt worden, als deren Ursache man Arthritis diagnostiziert hatte. Die Schmerzen waren so unerträglich, daß er daran dachte, nicht an der Konferenz teilzunehmen und zur Behandlung nach Hause zu fliegen. Harrison hat mir einen sehr anschaulichen Bericht über unsere erste Begegnung geschickt.

Fallbeispiel: Harrison Hoblitzelle

Als ich in Bombay eintraf, konnte ich mich aufgrund einer mir nicht erklärlichen gesundheitlichen Krise plötzlich nicht mehr rühren. So ein Pech, dachte ich. Doch gerade diese Krise führte zu der schicksalhaften Begegnung mit Sree Chakravarti, die sich als Wendepunkt in meinem Leben erwies.

Nachdem ich vor der Konferenz einen Monat lang in Indien umhergereist war, kam es auf einmal zu einer schmerzhaften und fortschreitenden Versteifung meines linken Hüftgelenks, so daß meine ausgedehnte Reise, die ich minuziös geplant hatte, gefährdet war. Ich war wegen dieser plötzlichen Behinderung schockiert und besorgt. Meine Stimmung war auf dem Nullpunkt. In Bombay hatte ein in der westlichen Medizin bewanderter Arzt die Erkrankung als »Postruhr-Arthritis« diagnostiziert, gegen die es, wie er sagte, außer entzündungshemmenden Medikamenten und ausgedehnter Bettruhe kein Heilmittel gab. Er riet mir dringend, unverzüglich die Heimreise anzutreten. Da ich einen viermonatigen Aufenthalt in Indien und eine Trekkingtour mit meinem 16jährigen Sohn in Nepal geplant hatte, waren dies in der Tat schlechte Nachrichten.

Jedenfalls war ich zu Beginn der Konferenz kaum in der Lage zu gehen. Ich blieb in meinem Hotelzimmer, und die Konferenz fand ohne mich statt, bis meine Frau am dritten Morgen voller Aufregung und Entschlossenheit mit einem Rollstuhl in unser Zimmer stürmte.

»Steh auf! Du mußt sofort mitkommen. Eine Heilerin veranstaltet eine Demonstration. Ich habe gerade zugeschaut, wie sie ein paar Leute behandelt hat. Es ist wirklich erstaunlich. Und sie braucht Versuchspersonen. Ich erkläre dir alles im Fahrstuhl.«

Zuerst konnte ich nicht glauben, daß sie es ernst meinte. Ich erinnerte mich, daß im Konferenzprogramm eine besondere

Demonstration angekündigt worden war: »Sree Chakravarti: Diagnostik und Heilung durch magnetische Vibrationen der Hand.« Doch ich hatte diese Demonstration längst als Firlefanz abgetan. Der Vorschlag meiner Frau erschien mir verrückt. Meine Frau kann jedoch sehr hartnäckig sein. Um die Geschichte abzukürzen: Ehe ich mich's versah, wurde ich im Schlafanzug in den überfüllten Hotelsaal gefahren. Die Atmosphäre war spannungsgeladen. Das Publikum, das offenbar gerade eine erstaunliche Verwandlung der vorherigen Versuchsperson erlebt hatte, hing Sree Chakravarti, der indischen Heilerin, an den Lippen, als sie von ähnlichen Heilungen berichtete. Sie kniete immer noch in der Mitte des Raums im Rampenlicht, als sie uns zu sich winkte. Nachdem wir uns kurz bekannt gemacht hatten, nahm sie die Zügel in die Hand.

»Kommen Sie. Kommen Sie. Legen Sie sich hier hin«, forderte Sree mich freundlich auf. Man half mir aus dem Rollstuhl, und ich legte mich auf den Boden. Ich war, gelinde gesagt, widerwillig und skeptisch und betrachtete mich nicht gerade als geeignete Versuchsperson für ein unglaubwürdiges Heilungsexperiment. Und doch zog mich die charismatische Ausstrahlung dieser schönen, in einen Sari gekleideten, bengalischen Frau mit ihren blitzenden und lachenden Augen in ihren Bann, als sie lebhaft zu den Zuschauern sprach. Was mich sofort entwaffnete, war ihr angeregtes, jugendliches Geplauder und ihr Lachen. Sie wirkte außergewöhnlich lebhaft und hatte offensichtlich sehr viel Freude an der Veranstaltung.

Als ich auf dem Rücken lag und ihr von meinem Problem erzählen wollte, brachte sie mich mit einer Geste zum Schweigen und begann sofort mit der Arbeit. Mit der rechten Hand, die leicht vibrierte, fuhr sie in einem Abstand von etwa 15 Zentimetern über meinen Körper. Nach ein paar Minuten verkündete sie fröhlich: »Ihre Hüfte ist vollkommen in Ordnung.« Das war einfach zuviel. Ich war fassungslos – um nicht zu sagen erzürnt –, daß diese Frau so schnell zu ihrer fröhlichen Schluß-folgerung kam, die mich offenbar als erstklassigen Hypochon-der abstempelte.

»Meinen Sie, ich bilde mir das alles nur ein?« konterte ich. Ohne meine Frage zu beantworten, forderte sie mich fröhlich auf: »Drehen Sie sich auf den Bauch.« Als ich mich widerwillig um-drehte, verdüsterte sich meine Stimmung. Wie konnte diese Frau meine eigenen Erfahrungen ignorieren und mir sagen, daß mit meiner Hüfte alles in Ordnung sei? Dies war genau der Körperteil, der mir Schwierigkeiten bereitete! Ich war wieder äußerst skeptisch.

In der Bauchlage konnte ich nicht mehr sehen, was geschah. Ich erfuhr später, daß sie das sanfte Scannen meines Körpers fort-gesetzt hatte und ihre Hand über der linken Niere heftig zu zit-tern begonnen hatte.

»Was ist das? Was ist das, Harrison? Es ist die *Niere*«, rief sie aus, und verkündete dann allen Zuschauern mit einem leicht-herzigen Kopfnicken, daß sie das Problem entdeckt hatte. Dies war ein verblüffender Augenblick. Sie hatte mit der Hand eine Diagnose gestellt, die sowohl meinen körperlichen Symptomen als auch der besten Diagnose der westlichen Schulmedizin widersprach.

Während ihre Hand jetzt heftig vibrierte, berührte sie mich das erste Mal – sehr behutsam – an der Niere. Sie war erstaunlich druckempfindlich. Ich hatte noch nie Nierenprobleme gehabt und bis zu diesem Moment nicht einmal genau gewußt, wo sich meine Nieren befanden! Dem Publikum erklärte sie, daß Flüs-sigkeitsmangel infolge unzureichender Wasserzufuhr die uner-kannte Hauptursache dieser und vieler anderer Gesundheits-störungen sei: »Die Menschen trinken nicht genug Wasser!« betonte sie.

Ich unterbrach sie und fragte, ob sie etwas gegen mein versteiftes Hüftgelenk tun könne. Sie erwiderte, ich solle mir keine Sorgen machen. Sie habe schon angefangen, es zu behandeln. Ich konnte spüren, wie ihre Finger mit dem Vibrato einer virtuosen Geigenspielerin über dem Nierenbereich hin- und herfuhren. Nebenher berichtete sie dem Publikum über ihre Erfahrungen als Heilerin.

Mittlerweile war ich ziemlich verwirrt. Ich wußte nicht, was ich mit all dem anfangen sollte. Ich sagte zu mir selbst: »Wie kann sie mit dem Publikum plaudern, während sie mich behandelt? Sie scheint nicht einmal auf mich zu achten! Will sie denn nicht mehr über meine Symptome erfahren? Wie kann sie mich überhaupt heilen, wenn ich so unheilbar skeptisch bin!«

Nach ein paar Minuten verkündete Sree, daß sie jetzt meine Füße bearbeiten würde. Obwohl ich keine Ahnung hatte, was sie tat oder warum um alles in der Welt sie es tat, spürte ich einen intensiven Schmerz, als ihre vibrierende rechte Hand einen bestimmten Bereich an meinem Fuß berührte. Als ich mich später über Fußreflexzonenmassage kundig machte, erfuhr ich, daß es sich um die Reflexzone der Niere handelte. Während der Behandlung fuhr sie mit ihrem leichtherzigen Geplauder über alle möglichen Themen fort, nur über das naheliegende sprach sie nicht.

Dann sagte sie zu mir: »In Ordnung, stehen Sie auf! Stehen Sie auf!« Ich dachte: »Jetzt ist sie *völlig* übergeschnappt. Ich habe mich tagelang kaum rühren können, und sie erzählt mir, ich solle einfach aufstehen und gehen!« Ich stand vorsichtig auf und tat ein paar sehr zaghafte Schritte. Zu meinem Erstaunen stellte ich fest, daß die Schmerzen fast verschwunden waren. Ich humpelte zwar noch etwas, aber ich konnte tatsächlich wieder gehen! Das Problem war zu etwa 75 Prozent behoben.

Der gesamte Prozeß hatte nur etwa 15 Minuten gedauert. In dieser kurzen Zeitspanne hatte ich mich im Mittelpunkt eines Wunders befunden... und ich glaubte nicht an Wunder. Was macht der Verstand damit? Sowohl die Diagnose als auch die Heilung waren ein Wunder.

Mir schwirrte der Kopf. Als guter westlicher Rationalist sah ich meine geliebten Überzeugungen wie ein Kartenhaus zusammenfallen. Eine Flut unmöglicher Fragen stürmte auf mich ein: Warum ich? ... Wie habe ich dieses außerordentlich gütige Schicksal verdient, wenn so viele andere bedürftiger sind? ... Wie hat sie es bewerkstelligt? ... Wie konnte angesichts einer so großen Skepsis wie der meinen eine Heilung stattfinden?

Während der restlichen Tage der Konferenz kam ich auf Srees Anordnung hin täglich zur Behandlung, um den Heilungsprozeß abzuschließen. Am letzten Tag war mein Hüftleiden vollständig verschwunden. Ich war wieder ganz gesund. Doch obwohl mein Körper geheilt war, schwirrte mir immer noch der Kopf vor lauter unbeantworteter Fragen. Schließlich nahm ich meinen Mut zusammen und stellte Sree einige der Fragen, die mich so sehr beschäftigten. Sie beantwortete sie kurz:

»Gott hat uns zusammengebracht, Harrison. Er hat mich dazu bestimmt, Sie zu heilen, und Sie dazu, geheilt zu werden. Es ist nicht an Ihnen oder an mir, dies zu hinterfragen.«

»Aber Sree, wie funktioniert diese Heilung? Wie kann dies bei einem Menschen wie mir, der nicht daran glaubt, möglich sein?«

»Sie denken zuviel, viel zuviel!« schalt sie mich. »Es spielt keine Rolle, was Sie denken oder was ich denke.« Sie ging zum Bild von Sai Baba von Shirdi, dem alten indischen Heiligen, dem sie ihre Heilkraft zuschreibt, und wies dann mit funkelnden Augen zum Himmel.

»Es ist einzig seine Gnade. Wir brauchen nicht alles zu verstehen. Meine Hand ist wissend. Ich tue gar nichts. Es ist einzig Sai Babas Gnade, die durch meine Hand fließt. Seine Gnade bedeutet Heilung.«

Nach der Konferenz war ich völlig symptomfrei. Wider alle bösen Omen ging ich sogar auf die geplante Trekkingtour in Nepal. Im Laufe der Jahre bin ich noch mehrere Male in Indien gewesen und habe Sree immer besucht. Neben mir hat sie auch noch einige Familienangehörige von mir behandelt.

Es hat Jahre gedauert, all das, was sich durch die Begegnungen mit Sree in mir entwickelt hat, zu assimilieren. Ich habe neuen Respekt vor den Wundern und Geheimnissen gewonnen, die das Leben in sich birgt. Mit der Zeit begann ich Hamlets Demut gebietende Worte, die er an seinen Freund richtet, zu verstehen: »Es gibt mehr Ding' im Himmel und auf Erden, als Eure Schulweisheit sich träumt, Horatio.«

Harrison Hoblitzelle
Boston, Massachusetts
USA

Ich habe auf der Konferenz noch einen anderen sehr interessanten Mann behandelt, den die Grofs zu mir schickten. Cecil Burney war Jungianer und ein international bekannter Referent im Bereich transpersonale Psychologie. Er zeigte großes Interesse an meiner Heiltätigkeit und rang mir das Versprechen ab, auf der nächsten internationalen Konferenz zum Thema transpersonale Psychologie, die er im nächsten Jahr in Davos in der Schweiz leiten würde, einen Workshop abzuhalten.

Doch der eigentliche Höhepunkt war meine Begegnung mit Mutter Teresa, die der Konferenz am letzten Morgen beiwohnte. Dr. Grof stellte mich ihr vor, und sie war sehr glücklich zu hören, daß ich Menschen behandle, ohne Geld dafür zu nehmen. Für mich ging ein lebenslanger Traum in Erfüllung, als ich dieser Frau begegnete, die für mich die Verkörperung Gottes auf dieser Erde ist. Ich konnte meine Tränen nicht zurückhalten, als sie mich umarmte.

Die erste internationale Konferenz über Schamanismus und Heilen

Einige Wochen nach der Konferenz in Bombay bat mich Dr. Dieter Scheid, auf der ersten internationalen Konferenz über Schamanismus und Heilen, die die Münchner Crystal Association for Life Exploration organisierte, einen Workshop abzuhalten. Die Konferenz fand vom 29. Mai bis 4. Juni 1982 in Österreich in der schönen Berggegend von Alpbach statt.

Es war eine viel kleinere Konferenz als die in Bombay, obwohl viele der Redner von weit her kamen – zum Beispiel Letty Guirnalda, eine philippinische Lehrerin und Heilerin, die mit Ärzten in Deutschland zusammenarbeitet, die Medien und Heiler Carmen und Jarbas Marinho aus Brasilien, Rolling Thunder, Medizinmann der Cherokee-Indianer, aus den USA, der Anthropologe Michael Harner von der New School for Social Research in New York und insbesondere Don José Matsuwa, Schamane der Huichol-Indianer, aus Mexiko. Er war zum ersten Mal in Europa. Er war schon 102 Jahre alt und ein wirklich erstaunlicher und wunderbarer Mann. Da es relativ wenige Referenten gab und die Zuhörerschaft viel kleiner war, erinnerte die Zusammenkunft eher an ein Familientreffen als an eine große Konferenz.

Nach meinem Verständnis ist ein Schamane ein Priester und Heiler, der Magie anwendet, um Kranke zu heilen und Kräfte, die sein Volk beeinflussen, zu steuern, zum Beispiel, indem er um Regen bittet. Der Schamanismus ist keine eigenständige Religion, sondern stammt aus einer Zeit, in der Magie und Religion noch nicht voneinander getrennt waren. In der magischekstatischen Praxis des Schamanismus kommt die liebevolle Fürsorge für die ganze Gemeinschaft und die Umwelt zum Ausdruck.

In seiner Eröffnungsrede berichtete Dr. Dieter Scheid, einer der Hauptorganisatoren der Konferenz, er habe herausgefunden, daß geistiges Heilen in Österreich illegal sei. Er entschuldigte sich, daß er dies nicht gewußt habe, als er Alpbach für die Konferenz über Schamanismus und Heilen ausgewählt habe, und forderte uns auf, Journalisten keine Interviews zu geben und nicht für Publicity zu sorgen. Ich sagte zu Dieter, daß es mich sehr schockiere, dies zu hören. »Ich habe aus Erfahrung gelernt, daß es mir kaum möglich ist, meine Gabe des Heilens geheimzuhalten, wo immer ich auch hingehe, und wieviel Mühe ich mir auch gebe«, mußte ich gestehen.

Man hatte geplant, daß ich täglich zwei Sitzungen abhalte, um meine Heiltätigkeit zu demonstrieren. Schon zu der ersten Sitzung kamen viele Zuhörer, und es wurden in jeder Sitzung mehr. Alle wollten, daß ich meine Gabe des Heilens an ihnen vorführe. Da ich mehr Zeit hatte als in Bombay, konnte ich den Teilnehmern heilsame Yoga-Stellungen und Meditationsübungen beibringen.

Ich selbst hatte besonders großes Interesse an Michael Harners Workshop, für den ich auf der Konferenz in Bombay keine Zeit gehabt hatte. Ziel des Seminars war, mit Hilfe von speziellen Atemtechniken und Trommeln zur Quelle der Urenergie vorzudringen und einen veränderten Bewußtseinszustand herbeizuführen. Michael Harner verwendete dazu Rituale, die er bei Naturvölkern in Nord- und Südamerika studiert hatte.

Am ersten Tag des Workshops tat ich mein Bestes, alle Anweisungen zu befolgen, aber ich hatte keine der Empfindungen, welche die anderen Teilnehmer beschrieben. Ich überlegte, ob ich mich vielleicht nicht richtig konzentriert hatte. Am zweiten

204

Tag nahmen wir uns an den Händen, um den Strom der Urenergie zu erfahren, aber wieder erlebte ich keines der Gefühle,
die die anderen beschrieben, zum Beispiel das Gefühl, in eine
verborgene Welt einzutreten. Ich war sehr enttäuscht, doch
Michael Harner erklärte, daß ich diese Erfahrungen nicht
machen könne, weil ich »anders« sei als gewöhnliche Menschen.

»Meinen Sie, es liegt daran, daß ich Inderin bin?« fragte ich.
»Nein, es hat nichts damit zu tun, daß Sie Inderin sind – auf der
Konferenz in Bombay habe ich dieselben Techniken sehr erfol-
greich bei vielen indischen Teilnehmern angewandt. Es ist
Ihnen nicht möglich, diese Erfahrungen zu machen, weil Sie
selbst übersinnliche Kräfte haben«, erwiderte er.

Während der Konferenz mußte ich Jarbas Marinho, dem Heiler aus Brasilien, helfen. Er hatte eine schwere Halsentzündung
und konnte nur noch krächzen, aber er mußte in seinem
Workshop Erläuterungen zu einem Video geben. »Warum bitten Sie nicht Ihre Frau, Sie zu heilen?« fragte ich. »Sie hat es
versucht – ohne Erfolg«, erwiderte er. Ich brauchte ihn nur einmal zu berühren, und er hatte seine Stimme wieder. Er war mir
so dankbar, daß er mir ein Armband schenkte, das aus brasi-
lianischen Steinen gefertigt war.

Die zweite Heilung während dieser Konferenz erzielte ich bei
einem Kaninchen! Es war ein Junges, das einen Schock bekommen hatte, als es auf die Straße gelaufen und ein Auto an ihm
vorbeigebraust war. Jemand hob das bewußtlose Kaninchen
am Straßenrand auf und brachte es zu mir. Zuerst erschien das
Junge kalt und leblos. Dann begann meine Hand über seinem
Herzen zu vibrieren, und nach ein paar Minuten erhöhte sich
die Herzfrequenz, und das Kaninchen wurde wärmer. Es begann, tiefe Atemzüge zu nehmen. Alle sahen zu, und jemand
machte ein Foto. Das winzige Junge schlief ein paar Minuten

lang auf meinem Schoß. Dann sprang es plötzlich herunter und hoppelte davon. Ich hoffe, daß es zu seiner Mutter zurückgefunden hat.

Ich traute mir zu, das Kaninchen zu heilen, weil ich auch unsere Hündin und die Hunde zweier Nachbarn erfolgreich behandelt hatte. Als ich eines Tages nach Hause kam, fand ich meinen Mann in großer Sorge wegen unserer kleinen Hündin vor, die bewußtlos zu seinen Füßen lag. Er erzählte mir, daß sie fröhlich auf unserer Terrasse gespielt habe und plötzlich umgefallen sei. Als ich mit der Hand über ihren Körper fuhr, vibrierte sie über ihrem Kopf, und ich stellte fest, daß eine Biene sie in die Nase gestochen hatte. Innerhalb von ein paar Minuten ließ die Schwellung, die der Stich verursacht hatte, nach, und sie kam wieder zu sich. Darüber hinaus konnte ich zwei Hunde unserer Nachbarn heilen – der eine hatte eine Vergiftung, und der andere war bei einem Kampf mit anderen Hunden schwer verwundet worden.

Am dritten Tag der Konferenz erfuhren die Veranstalter, daß einer der Referenten kein Visum bekommen hatte und sie einen Ersatz finden mußten. Dieter bestimmte mich als Ersatzrednerin. »Ich kann keine Vorträge halten«, wandte ich ein, aber Dieter ließ sich nicht von seinem Plan abbringen. Da erinnerte ich mich daran, wie ich am Esalen Institute klargekommen war. »Wenn du es unbedingt möchtest, werde ich am Rednerpult stehen und die Fragen der Leute beantworten, aber ich kann einfach keinen richtigen Vortrag halten«, gab ich schließlich nach.

Als ich den Saal betrat, kam mir die Menschenmenge riesig vor. Ich begann im stillen zu Sai Baba zu beten. »Bitte, begleite mich, bitte hilf mir«, sagte ich. »Wenn ich versage, ist es mein Versagen, und wenn mir Ehre erwiesen wird, dann wird diese Ehre dir zuteil.« Irgendwie gewann ich dadurch etwas Selbstvertrauen, und als Dieter mich bat, zunächst etwas darüber zu erzählen, wie ich meine Berufung zur Heilerin entdeckt hatte, stellte ich fest, daß ich recht leicht und viel länger sprechen konnte, als ich es zuvor für möglich gehalten hatte. Zum Abschluß beantwortete ich viele Fragen. Meine Rede und die Fragen und Antworten wurden aufgezeichnet. Zu meinem Erstaunen kauften viele Leute die Kassette.

Als mein Vortrag zu Ende war, kam als erstes Letty zu mir, um mir zu gratulieren. »Oh Sree, Ihr Vortrag war hervorragend. Lassen Sie uns gemeinsam zu Mittag essen«, sagte sie. Ich freute mich sehr darüber, weil ich mich mit ihr hatte anfreunden wollen, aber nicht das Gefühl gehabt hatte, daß sie mich mochte. Daraufhin wurden wir sehr gute Freundinnen.

Dieter meinte: »Sie haben so gut gesprochen. Warum haben Sie sich zuerst so dagegen gesträubt, einen Vortrag zu halten?«

»Ich habe Sai Baba gesagt, daß er es in die Hand nehmen müsse«, erwiderte ich. »Er ist der indische Heilige, der mein Führer ist.«

»Wir vertrauen auch auf Gott«, gab Dieter zurück.

»Dann müssen Sie das Steuerrad ganz in seinen Händen lassen«, sagte ich.

Am Sonntag kam es beim Abendessen meinetwegen zu Querelen, für die ich jedoch nicht verantwortlich war. Gräfin Keyserling, die Frau des österreichischen Ehrenvorsitzenden, bat mich, einer jungen Hotelangestellten zu helfen, die fürchterliche Zahnschmerzen hatte. Da es Sonntag war, stand kein Zahnarzt zur Verfügung. Nancy, die als Sekretärin für mich arbeitete, sagte, ich dürfe meine Heiltätigkeit nicht ausüben, es sei denn, Dieter sei damit einverstanden. Die Gräfin ging zu seinem Tisch, und sie debattierten einige Zeit lang. Er war sichtlich ärgerlich, aber er gab seine Erlaubnis, unter der Bedingung, daß die Gräfin über die Angelegenheit Stillschweigen bewahrte.

Ich behandelte die junge Frau, bis sie sagte, daß es ihr viel besser gehe. Leider erzählte sie die Geschichte am nächsten Tag im Dorf herum. Natürlich bin ich in meinem Sari und mit dem großen Tikka-Fleck auf der Stirn recht leicht zu erkennen, und als ich am nächsten Tag mit Nancy, meiner Sekretärin, das Hotel verließ, kamen alle Dorfbewohner aus ihren Häusern, um mich zu sehen. Plötzlich waren wir von einer Traube von Menschen umgeben, die mir auf Deutsch Fragen stellten. Nancy erklärte mir, daß sie alle behandelt werden wollten. »Sagen Sie ihnen, daß eine Verwechslung vorliegt«, bat ich.

»Das kann ich nicht. Letzte Woche ist ein Artikel über Sie im Lokalblatt erschienen, und jetzt hat die junge Frau ihnen erzählt, daß Sie sie gestern abend von ihren Zahnschmerzen geheilt haben.« Wir hatten keine andere Wahl, als schnell ins Hotel zurückzukehren, die ganzen Menschen im Schlepptau. Ich eilte hinein und schloß mich im Badezimmer ein. Dieter mußte der Menschenmenge erklären, daß ich keine Genehmigung zur Ausübung meiner Heiltätigkeit habe, und war sehr ungehalten. Einer der Heiler – ich habe seinen Namen vergessen – war auf der Konferenz nur mit einem Tigerleder bekleidet. Er trug weder Schuhe noch ein Jackett und hatte langes, wallendes Haar. Er erzählte mir, daß er den Tiger, dessen Haut er trug, mit bloßen Händen hatte töten müssen, ehe er sich als Schamane hatte bezeichnen können. Er sah so jung und schön aus – ich konnte nicht glauben, daß er schon Enkelkinder hatte. Ein junges Paar, das an der Konferenz teilnahm, bat diesen Heiler, als Priester zu fungieren und sie zu »trauen«, und lud mich als Ehrengast zu der Zeremonie ein. Sie fand in der Morgendämmerung statt. Als Altar diente ein mit wilden Blumen geschmückter Stein inmitten eines kleinen Wasserfalls. Mehrere Konferenzteilnehmer kletterten zu diesem Stein, und beobachteten das Paar, das in die aufgehende Sonne blickte. Der »Priester« gab einige seltsame Laute von sich, die niemand von uns verstehen konnte. Er hatte die Hände des jungen Paares mit einer Ranke zusammengebunden, und am Ende der Zeremonie wies er die frisch Vermählten an, durch den Wasserfall und nicht über den Pfad, den wir alle benutzt hatten, zurückzugehen.

»Warum sollen sie das tun?« fragte ich ihn. Da sie noch immer zusammengebunden waren, machte ich mir Sorgen, daß sie auf den glitschigen Steinen ausrutschen und sich verletzen könnten. »Der gemeinsame Abstieg durch den rauschenden Wasserfall symbolisiert die Notwendigkeit, einander festzuhalten, wenn man in der Ehe eine schwierige Zeit durchmacht«, erwiderte er. Als die frisch Vermählten sicher unten angekommen waren, baten sie mich, sie zu segnen. Ich wußte nicht, was ich ihnen schenken sollte, bis mir plötzlich das Armband aus Brasilien in meiner Tasche einfiel. Ich gab es ihnen als Hochzeitsgeschenk. Ich denke oft an die beiden und frage mich, ob sie immer noch zusammen sind.

Am letzten Tag der Konferenz luden mich Dieter und Bat-ya, einer der Mitorganisatoren der Konferenz, nach München ein. Bat-ya fuhr mich nach München, und zu meiner großen Freude waren auch Don José Matsuwa und sein Dolmetscher Brant Secunda dort. Wir feierten gemeinsam die Vollmondnacht. Zeit mit Don José, diesem zutiefst spirituellen Mann, zu verbringen, war eine der schönsten Erfahrungen meines Lebens, die ich nie vergessen werde. Er erinnerte mich an den Adler in dem Gedicht »Lied für die Reise« von Josie Tamarin:

Licht regt sich
Licht erregt uns alle
und ein Adler schwingt sich empor zur Sonne
auf den Seufzern unseres Erwachens. *

* aus: Michael Harner: Der Weg des Schamanen, Genf/München, 1995, S. 192 (Anm. d. Ü.)

Die Reise nach London

Dr. Mookerjee, der dafür gesorgt hatte, daß ich zu der Konferenz in Bombay eingeladen wurde, bat mich, im Spätsommer 1982 nach London zu kommen, um eine Reihe von Patienten zu behandeln, die meine Reise auch finanzierten. Ich sollte in seinem Haus wohnen und die Leute dort behandeln. Als ich in London eintraf, stellte sich heraus, daß Rory, einer der Sponsoren, schwer krebskrank war. Dr. Mookerjee entschuldigte sich, nachdem Rory mir am Telefon von seiner Krebserkrankung berichtet hatte. Er wußte, daß ich Krebspatienten normalerweise nicht behandle, weil die Behandlung mir zuviel Energie raubt und ich mir nie sicher bin, ob ich sie wirklich heilen kann.

»Rorys Frau ist Österreicherin. Sie kommt aus Alpbach und hat schon sehr viel über dich gehört«, erzählte er mir. »Als ich erwähnte, daß du kommst, hat ihr Mann sich sofort angeboten, den größten Teil der Reisekosten zu übernehmen. Es tut mir leid, daß ich mich nicht erkundigt habe, was ihm fehlt, aber bitte geh zu ihm und sieh ihn dir an. Er hat starke Schmerzen, und es würde ihm sehr schwerfallen, herzukommen.

Wir trafen nur ihn und seine Haushälterin an – seine Frau war in ihrem Haus in Schottland. Rory war Künstler und Autor und sah sehr sensibel und intelligent aus. Er war mir auf Anhieb sympathisch. Er hatte zuerst Prostatakrebs gehabt und war operiert worden. Eine weitere Operation war notwendig gewesen, als sich Metastasen im Dünndarm gebildet hatten. Anschließend hatte man ihm einen Gehirntumor entfernt. Danach war er eine Weile symptomfrei gewesen, bis er ein paar Wochen zuvor plötzlich starke Kopfschmerzen und Übelkeit verspürt hatte. Man hatte vor kurzem eine Computertomographie bei ihm gemacht und ihm gesagt, daß alles in Ordnung sei. Er wollte jedoch meine Meinung hören.

Als ich ihm mit der Hand über den Kopf fuhr, begann sie zu vibrieren, aber nicht auf der Seite, auf der man ihm den Tumor entfernt hatte, sondern auf der anderen Kopfseite. Ich nahm stark an, daß er wieder einen Tumor hatte, aber ich wollte den Ärzten nicht widersprechen und ihm keine Angst machen. »Wahrscheinlich ist es eine Hirnschädigung infolge der Operation«, meinte ich. Sein Gesichtsausdruck sprach Bände – er wußte, daß ich einen Tumor vermutete.

Schon am nächsten Tag verschlechterte sich sein Zustand, und er hatte Schwierigkeiten zu gehen. »Sie müssen sofort Ihre Frau benachrichtigen und sich wieder ins Krankenhaus einweisen lassen«, sagte ich. Im Krankenhaus berichtete er den Ärzten, daß ich einen Tumor diagnostiziert hätte. Als die Ärzte meine Diagnose mit einer zweiten Computertomographie bestätigten, fragte er sie, ob ich ins Krankenhaus kommen dürfe, um ihn zu behandeln. Sie willigten ein. Ich finde, daß sich die Ärzte in diesem Fall ungewöhnlich fair und vorurteilsfrei verhalten haben. Ich ging zweimal am Tag ins Krankenhaus und ließ all meine Energie fließen, um zu versuchen, Rory zu retten. An den Abenden behandelte ich die anderen Patienten, die Dr. Mookerjee zu mir schickte, aber der Großteil meiner Gedanken drehte sich um Rory. Als er nicht mehr unter Übelkeit und Erbrechen litt und seine Kopfschmerzen abgeklungen waren, sagte ich ihm, daß ich nach Hause zurückkehren müsse – ich war schon einige Tage länger geblieben als geplant. Rory und seine Frau wollten, daß ich blieb, aber ich erklärte, daß ich zu meinem Mann und meinen Patienten in Indien zurückkehren müsse. »Wir sehen uns bald wieder«, versuchte ich Rory zu trösten, aber er blickte mich nur sehr traurig und intensiv an, so als wolle er sich mein

Gesicht einprägen. Ich hatte das dumpfe Gefühl, daß ich ihn nie wiedersehen würde.

Als ich nach Hause zurückkehrte, bekam ich einen wundervollen Brief von ihm, aus dem ich einen Auszug zitieren möchte:

Meine liebe Sree,
wie kann ich Ihnen je gebührend dafür danken, daß Sie mich so hingebungsvoll behandelt haben und mir bei Ihren Besuchen Ihre Anteilnahme und Freundschaft zuteil werden ließen? Kurz, ich kann es nicht. Sie haben mir ein großes Geschenk gemacht, und ich kann es nur demutsvoll annehmen – mit der gleichen geistigen Haltung, mit der Sie es mir gaben.

In seinem Brief schrieb Rory auch, daß er unter Depressionen leide, die ihn immer tiefer hinunterzögen, obwohl die Ärzte ihm gesagt hätten, daß er geheilt sei. »Ich habe keinen Lebenswillen mehr«, schrieb er. Ein paar Wochen später erfuhr ich über Dr. Mookerjee von seinem Tod. Ich war mir sicher, daß er keines natürlichen Todes gestorben war. Dann bekam ich einen Brief von seiner Frau. Es will mir immer noch nicht in den Kopf, welch ein schreckliches Ende er gewählt hat. Sie schrieb, daß er nach seiner Entlassung aus dem Krankenhaus sehr traurig und deprimiert gewesen sei. Eines Morgens hatte er das Auto seiner Tochter genommen, war zur nächstgelegenen U-Bahn-Station gefahren und hatte sich vor einen Zug geworfen. Er hatte einen Abschiedsbrief hinterlassen, in dem stand, daß er es für die beste Möglichkeit hielt zu sterben – ein schneller Tod, kein qualvolles Dahinsiechen. Ich sehe mir oft das Foto an, das ich von ihm habe, lese in dem Buch, das er mir geschenkt hat, und denke an ihn. Ich habe schon so viele Todesfälle betrauert, aber sein Tod hat mich besonders tief getroffen.

Weitere internationale Konferenzen

1983 lud mich Dr. Dieter Scheid zur zweiten internationalen Konferenz über Schamanismus und Heilen ein. Ich sollte in der ersten Juniwoche einen Workshop abhalten. Die Konferenz fand wieder im österreichischen Alpbach statt, aber von der ersten Riege waren nur noch Michael Harner, der phantastische Don José Matsuwa mit seinem Dolmetscher Brant Secunda und ich dabei.

Schwerpunktthema der Konferenz war diesmal die therapeutische Wirkung von Musik. Zu den Musikern, die über die Beziehung zwischen Musik, Meditation und Bewegung referierten, zählte der berühmte Flötist Paul Horn. In der schönen Natur, umgeben von Bergen, Wiesen und dem weiten blauen Himmel, fällt es einem leichter, die Musik des rhythmisch schlagenden Herzens, die immer in uns und um uns herum erklingt, zu hören. Wenn wir »richtig gestimmt« sind, kann uns das helfen, selbstzerstörerische Verhaltensmuster durch gesundheitsfördernde zu ersetzen.

In diesem Jahr waren die Einwohner von Alpbach unserer Konferenz gegenüber aufgeschlossener. An einem Morgen gab Paul Horn in der Kirche ein Flötenkonzert. Ich werde von der Atmosphäre in religiösen Gebäuden immer stark beeinflußt. Dann vibriert mein ganzer Körper und nicht nur meine Hand. Bei dieser Gelegenheit spielte Paul Horn so schön, daß ich mich fühlte, als würde sich meine ganze Seele mit der Musik des Universums vereinen.

Ich hatte besonderes Interesse daran, Joseph Eagle Elk, einen Medizinmann aus dem Rosebud Sioux-Reservat in den USA, kennenzulernen. Mit seiner Frau und zwei Anhängern führte er vor, wie Pfeifen, Pflanzen und Materialien, die den Sioux heilig sind, zum Beten und Heilen eingesetzt werden. Percy Kuphe, ein Zulu-Medizinmann, zeigte mir unabhängig von einem Seminar, wie er Menschen, die zu ihm kommen, unterstützt, indem er die Knochen seiner Vorfahren wirft und deutet. Die Knochen, so Percy, befähigen ihn, Kontakt zu den Vorfahren aufzunehmen, die ihm dann helfen, die Probleme seiner Patienten zu lösen und ihre Träume zu interpretieren.

Ich sollte neben der praktischen Demonstration meiner Gabe des Heilens wieder einen Vortrag halten. In dem Vertrauen, daß Sai Baba auch in diesem Fall durch mich sprechen würde, hatte ich mir weder Notizen gemacht noch sonstige Vorbereitungen getroffen. Als ich in die Halle kam, fand ich ein großes Publikum vor, das darauf wartete, meinen Vortrag zu hören, und beschloß ganz spontan, über die Rolle des Leidens bei der Entwicklung der Seele zu sprechen. Dieser Vortrag wurde nicht aufgezeichnet, aber ich hatte das Gefühl, daß er besser war als der vom Vorjahr. Ich sah Männer unter den Zuhörern, die sich die Tränen trockneten, und mehrere Leute erzählten mir, sie hätten das Gefühl gehabt, ich würde über ihr eigenes Leben sprechen. Ein Journalist aus München meinte zu meiner Sekretärin: »Sree hat als einzige ganz natürlich gesprochen. Ihr Vortrag war sehr einfach, aber er vermittelte die wertvollste Botschaft von allen – daß Leiden die Seele zur Vollkommenheit führt und uns Gott näherbringt.«

Zu meiner Überraschung sah ich zu Beginn meines Vortrags einen Bekannten aus Indien, einen großen Industriellen, die Halle betreten. Einen Moment lang war ich entgeistert, weil ich weiß, daß er kein spiritueller Mensch ist. Dann dachte ich: »Ich muß einen Vortrag halten, ich darf mich deshalb nicht durcheinanderbringen lassen.«

Nachdem ich nach Indien zurückgekehrt war, besuchte uns dieser Bekannte und erzählte meinem Mann von meinem Vortrag. »Sree war bei weitem die beste Rednerin«, sagte er. »Ich war erstaunt, wie gut sie sprach. Sie war überhaupt nicht unsicher wegen der vielen Menschen und sprach ohne Vorlage. Ich war wirklich überrascht.«

Am Ende der Konferenz bat man mich, zwei weitere Workshops zu veranstalten, einen im Coloman-Zentrum in der Nähe von München und den anderen in Marienhafe. Mir gelang es auch, drei Tage auf der achten internationalen Konferenz über transpersonale Psychologie in Davos einzuschieben. Ich sah Christina und Stanislav Grof wieder und wurde vom Schweizer Fernsehen interviewt. Die drei Tage waren sehr ereignisreich und anstrengend. Ich veranstaltete dort nicht nur Workshops, sondern Dr. Burney, der Leiter der Konferenz, schickte mir auch viele Patienten, die ich in meinem Hotelzimmer behandelte. Beim Abschiedsessen bat mich Dr. Burney, vor den versammelten Teilnehmern aufzustehen. Dann sagte er: »Ich bin sehr stolz auf Sree. Sie ist mein persönliches Geschenk an diese Konferenz.«

Dr. Burney bat mich, im April 1985 zur neunten internationalen Konferenz über transpersonale Psychologie nach Kioto, Japan, zu kommen. Zu dieser Zeit hatte ich jedoch mit meinen Patienten in Indien sehr viel zu tun, und ein Jahr später mußte ich zu meinem großen Bedauern erfahren, daß Dr. Burney im Schlaf gestorben war. Ich hatte einen guten Freund verloren, und seither haben keine internationalen Konferenzen über transpersonale Psychologie mehr stattgefunden.

Weitere ungewöhnliche Fälle

Zu dem Zeitpunkt, an dem ich dieses Buch abschließe, habe ich mehr als dreißig Jahre lang als Heilerin gewirkt und über dreißigtausend Patienten behandelt. Trotz meines großen Erfahrungsschatzes überraschen mich die ungewöhnlichen Fälle, die ich hatte und weiterhin habe, immer noch. Ich habe schon immer eine recht große Zahl von Kindern behandelt. Ich liebe Kinder sehr und habe nie erlebt, daß eines vor mir Angst hatte. Vielleicht sind sie in der zwanglosen Atmosphäre bei mir zu Hause entspannter als in einer Arztpraxis.

Kürzlich brachte ein junger Vater seine kleine Tochter zu mir zur Behandlung. Ein paar Monate, nachdem das Baby geboren worden war, hatte es plötzlich Blut im Stuhl. Das arme kleine Baby hatte endlose Untersuchungen und sogar Bluttransfusionen über sich ergehen lassen müssen, aber niemand war in der Lage gewesen, die Ursache für die Blutung zu ermitteln oder den Bereich zu finden, in dem es Schmerzen hatte. Als ich es untersuchte, vibrierte meine Hand über einem bestimmten Teil des Dickdarms. Ich ertastete dort etwas Ballonartiges, und das Baby schrie auf einmal vor Schmerzen auf. Ich behandelte das kleine Mädchen mehrmals. Etwa nach der fünften Sitzung kam dünnes, membranähnliches Material im blutigen Stuhl heraus. Ich glaube, daß das, was sich für meine Hand wie ein Ballon angefühlt hatte, eine sackartige Zotte in ihrem Dickdarm gewesen sein muß, die sich mit Blut füllte, platzte und wieder füllte. Sobald es die ballonartige Membran im Stuhl ausgeschieden hatte, wurde das Baby friedlich, und sein Zustand normalisierte sich.

Heilerfolge bei Ohrenerkrankungen

Ich freue mich auch sehr, daß ich den Sohn eines berühmten indischen Augenchirurgs heilen konnte. Ich kenne die Mutter des Kindes schon seit ihrer Kindheit. Vor einigen Monaten rief sie mich an, um mich zu bitten, etwas gegen die partielle Taubheit ihres Sohnes zu tun. Den Eltern war nichts Ungewöhnliches aufgefallen, bis der Junge etwa drei Jahre alt war. Dann bemerkten sie einige Zeit, nachdem er hohes Fieber gehabt hatte, daß ihm das Sprechen schwer fiel. »Wir waren mit ihm bei allen Spezialisten. Die Ärzte sagen, daß die Nerven der Ohren teilweise abgestorben sind und es keine Heilungschancen gibt«, berichtete mir die Mutter.

»Da Ihr Mann ein sehr berühmter Chirurg ist, sind Sie sicher bei den besten Ärzten gewesen«, sagte ich. »Wenn diese Ärzte ratlos sind, was soll ich dann für den Jungen tun können?« Sie bat mich, ihn mir wenigstens anzusehen und ihr zu sagen, ob ich auch der Meinung sei, daß keine Hoffnung bestehe.

Als sie ihren Sohn Chaitanya zu mir brachte, konnte ich kaum verstehen, was er sagte. Er hatte vor allem mit dem Buchstaben »r« Schwierigkeiten. Meine Hand sagte mir, daß die Nerven nicht abgestorben waren, sondern daß sich zähflüssiger Schleim gestaut hatte. Es überraschte mich nicht, daß der Junge immer wieder schwere Erkältungen gehabt hatte. Dennoch konnte ich nicht mit Bestimmtheit sagen, ob ich ihm würde helfen können. Obwohl ich sehr viel Erfahrung habe, bin ich mir meiner Heilkräfte nie sicher, bis ich tatsächlich eine Heilung erziele.

Es dauerte drei Monate, bis seine Mutter und ich keine Zweifel mehr hatten, daß sich sein Zustand verbesserte. Kompressen mit Steinsalz (siehe Seite 247f.), die seine Mutter ihm jeden Abend auf die Ohren legte, unterstützten die Heilung. Auch das Kind selbst förderte seinen Heilungsprozeß.

»Glaubst du, daß du mir dabei helfen kannst, dein Hörvermögen zu verbessern?« fragte ich Chaitanya.

»Natürlich«, erwiderte er wie ein Erwachsener. Er war ein ungewöhnlich aufgeweckter und kluger Junge und freute sich sehr darüber, daß auch er etwas zu seiner Heilung beitragen konnte, indem er täglich die spezielle Yoga-Fingerübung gegen Taubheit, das *Shunya-Mudra* (siehe Seite 272), machte.

Als seine Mutter schließlich wieder mit ihm zu seiner Logopädin ging, war sie verblüfft. »Er braucht keine Sprachtherapie mehr, er spricht perfekt«, meinte die Therapeutin.

Eines Tages brachte der Vater Chaitanya zur Behandlung. Ich sagte, daß ich sein rechtes Ohr noch einige Zeit lang behandeln würde müssen. Ich fragte ihn auch, ob er der Meinung sei, daß sich das Hörvermögen seines Sohnes verbessert hätte. »Es ist wunderbar, ich kann kaum glauben, daß es ihm so viel besser geht«, antwortete er.

»Das muß ein Dilemma für sie sein«, neckte ich ihn. »Wie kann er auf dem rechten Ohr besser hören, wenn alle großen Spezialisten gesagt haben, daß er für den Rest seines Lebens auf diesem Ohr taub sein würde?«

»Ich sage es offen, Mrs. Chakravarti, wenn ich nicht selbst miterlebt hätte, daß diese Heilung stattfindet, dann hätte ich es nie geglaubt«, gab er zu.

Erst vor kurzen hatte ich einen ähnlichen Fall. Ein dreijähriges Mädchen hatte seine Stimme verloren. Überdies hatte es ständig unter Erkältungen gelitten, und Ärzte in Indien und den USA hatten wegen einer möglichen Wucherung im Kehlkopf zu einer Operation geraten.

Als ich das Kind untersuchte, stellte ich fest, daß es durch die chronischen Erkältungen und all die Antibiotika, die man ihm verabreicht hatte, zu Schleimstauungen in seinen Atemwegen gekommen war. Nach nur ein paar Behandlungen war es mir eine Freude, ein sprechendes, singendes und vollständig geheiltes Kind vor mir zu haben.

Heilerfolg bei einem perforierten Trommelfell

Ich erinnere mich noch an einen weiteren recht ungewöhnlichen Fall. Ein Offizier kam über seine Frau, eine sehr gute Freundin von mir, in meine Praxis. Sein Jeep war von einer Mine in die Luft gejagt worden, und als er aus dem Auto geschleudert wurde, wurde auch sein Trommelfell verletzt. Mehrere Chirurgen hatten gesagt, der Ohrschaden sei zu groß, als daß er operiert werden könne, da der verletzte Bereich nicht durchblutet sei.

Ich begann meiner Freundin zuliebe mit der Behandlung, und nach ein paar Sitzungen klagte er über Schmerzen. Sie rief mich in heller Aufregung an. »Mein Mann behauptet, du hättest ihm den Finger ins Ohr gesteckt und das Problem verschlimmert. Du hast so winzige Hände, glaubst du, daß das möglich ist?« Ich war sehr ungehalten. »Natürlich habe ich so etwas nicht getan«, betonte ich. »Er sollte besser zu einem Hals-Nasen-Ohren-Arzt gehen, um sich Klarheit zu verschaffen.«

Als der Offizier zum Hals-Nasen-Ohren-Arzt ging, war dieser hocherfreut. »Der Grund für Ihre Schmerzen liegt darin, daß die Blutzirkulation wieder eingesetzt hat«, erklärte er. »Das ist ein sehr gutes Zeichen. Wenn die Heilung weiter so voranschreitet, werden wir operieren können.«

Als der Offizier wieder zu mir kam, weigerte ich mich, ihn weiter zu behandeln. »Was erwarten Sie von mir, wenn Sie allen erzählen, ich hätte Ihnen den Finger ins Ohr gesteckt und das Problem verschlimmert«, schimpfte ich. Letzten Endes lenkte ich jedoch ein und fuhr mit der Behandlung fort, bis eine erfolgreiche Operation möglich war.

Heilerfolg bei einem Schädelbruch

Einer meiner seltsamsten Fälle ist in die Medizingeschichte eingegangen. Man bat mich, einen plastischen Chirurgen zu behandeln, der bei einem Unfall einen Schädelbruch erlitten hatte.
Er wurde im Koma ins Krankenhaus eingeliefert, wo die Ärzte
mehrere kleine Knochensplitter von seinem Schädel entfernten.
Als er das Bewußtsein wiedererlangte, konnte er sich an den Unfall nicht mehr erinnern, litt aber unter quälenden Kopfschmerzen. Nach nur ein paar Sitzungen ließen sie nach. Die Ärzte
wollten ihn jedoch immer noch operieren, um Verletzungen an
der harten Hirnhaut, die das Gehirn umhüllt, zu beheben. Die
Operation sollte von einem anderen berühmten plastischen
Chirurgen in einem Militärkrankenhaus durchgeführt werden.
Als der Chirurg den Schädel öffnete, stellte er fest, daß die
Hirnhautverletzung an der Stelle, an der er die Hauttransplan-
tation durchführen wollte, von selbst geheilt war – ein Präze-
denzfall in der Medizingeschichte. Keiner der Ärzte konnte sich
erklären, wie dies geschehen war. Mein Patient schwieg sich
darüber aus, daß er ungefähr 15 Behandlungen bei mir gehabt
hatte. Vielleicht war es ihm peinlich, zuzugeben, daß er von
einer Geistheilerin behandelt worden war.

Heilerfolge mit Sai Babas Asche

Ich habe zwei Patienten mit seltsamen psychischen Störungen
behandelt, die ganz anders waren als all meine anderen Fälle.
Ich nehme normalerweise keine Patienten mit psychischen Problemen an, aber in diesen beiden Fällen hat man mich dazu
überredet, weil ich die Familien der Patienten gut kannte. Beide
Male verwendete ich zur Heilung Sai Babas Asche.

Die Asche des Heiligen, die als die geheiligte *Vibhuti* Sai Babas bezeichnet wird, ist dafür bekannt, eine Art Wunderkraft zu besitzen. Als Sai Baba allein in seiner zerfallenden Moschee in Shirdi lebte, ließ er in einer Ecke ein Feuer brennen, in das er stets Holzscheite hineinwarf. Das Feuer ist seit Sai Babas Tod nicht erloschen, da Pilger, die nach Shirdi kommen, um zu ihm zu beten, weiterhin Scheite hineinlegen. Die Asche aus diesem Feuer ist als Heilmittel sehr gefragt. Auch ich habe meist einen kleinen Vorrat davon im Haus.

Der erste Patient mit einer psychischen Störung, den ich mit Sai Babas Asche behandelte, war ein kleines Mädchen, das ein traumatisches Erlebnis gehabt hatte. Der Stiefbruder des Mädchens war bei einem Unfall auf dem Spielplatz tödlich verunglückt. Aus irgendeinem Grund hatte man den Leichnam in die Schule des Mädchens gebracht. Als es den Leichnam seines geliebten Bruders sah, war es in Ohnmacht gefallen, und fortan hatten sich Phasen, in denen es sich völlig zurückzog, mit Phasen beängstigend aggressiven Verhaltens abgewechselt. Als die Eltern keine Hilfe von den Ärzten bekamen, gingen sie zu einem Priester. »Ihre Tochter wird von dem Geist ihres toten Bruders verfolgt. Er möchte, daß sie ihm ins Grab folgt«, meinte er.

Ich sagte offen, daß ich solche Fälle prinzipiell nicht übernehme, aber die Familie flehte mich an, dem Mädchen zu helfen – »Vielleicht wird die Berührung deiner Hand sie beruhigen.« Ich war sehr nervös wegen dieses Falles und befragte einen Freund, der eine berühmte Autorität im Bereich tantrische Literatur ist. »Das Kind wird durch die Berührung deiner Hand und die Gegenwart Sai Babas geheilt werden«, versicherte er mir. »Leg es einfach auf deine Behandlungsliege und bete zu Baba.«

Als die Mutter ihre Tochter zu mir brachte, machte diese einen äußerst verstörten Eindruck. Ich war erstaunt, daß sie mich mit solchem Haß ansah, nicht mit dem Haß eines Kindes, sondern mit dem eines Erwachsenen. Das Mädchen weigerte sich mit Händen und Füßen, sich hinzulegen oder sich etwas von Sai Babas geheiligter Asche auf die Stirn geben zu lassen, und schubste mich mit großer Aggressivität weg. Ich wies die Mutter an, mit ihrer Tochter nach Hause zu gehen, mehrere Nächte lang Asche unter ihr Kopfkissen zu streuen und dann mit ihr wiederzukommen. Das nächste Mal war das Mädchen ruhiger und gehorchte, als ich es aufforderte, sich auf die Liege zu legen. Als ich jedoch die Mutter fragte, wie lange es schon so verstört sei, griff es plötzlich nach einem Ebenholzelefanten und versuchte, ihn auf das Bild von Sai Baba zu werfen. Die Mutter entriß dem Mädchen den Elefanten, aber es starrte weiter haßerfüllt auf das Bild von Sai Baba.

Ich wies die Mutter an, dem Mädchen erneut Asche unter das Kopfkissen zu legen, und fuhr fort, es mit meiner vibrierenden Hand am Kopf zu behandeln. Sein aggressives Verhalten ließ nach, und es begann wieder zu spielen und am Leben Anteil zu nehmen. Als ich der Mutter die frohe Botschaft verkünden konnte, daß keine weitere Behandlung mehr erforderlich sei, klammerte sich das kleine Mädchen an mich und wollte nicht gehen. So kam ein höchst eigenartiger Fall zum Abschluß.

Der zweite Patient, der unter einer psychischen Störung litt, war ein junger Mann, der bei einer Bank arbeitete und in Gefahr war, seinen Job zu verlieren. »Ich habe das Gefühl, als würden zwei Seelen in meiner Brust miteinander kämpfen, eine gute und eine schlechte«, erzählte er mir. »Es ist sehr schwer zu erklären: Wenn ich Zahlen addiere, weiß ich, welche Summe richtig ist, aber das Teufelchen in mir zwingt mich, das falsche Ergebnis hinzuschreiben.«

Ich fragte seine Mutter, ob er schon immer psychische Probleme gehabt habe. Sie berichtete, daß er bis zu einem traumatischen Erlebnis im Alter von acht Jahren ein völlig normales Kind gewesen sei. Als er mit der geladenen Pistole seines Vaters spielte, hatte er aus Versehen einen Schuß ausgelöst und seinen Vater getötet. Der Junge hatte seine Schuldgefühle nie überwinden können, und sein Verhalten war im Laufe der Zeit immer seltsamer geworden.

Ich konnte ihr nur vorschlagen, etwas von Sai Babas Asche mit nach Hause zu nehmen und die Schlafstörungen ihres Sohnes zu lindern, indem sie ihm jeden Abend vor dem Schlafengehen Asche auf die Stirn tupfte. Nach ein paar Monaten bekam ich einen Brief von der Mutter. Sie schrieb, daß es ihm besser gehe, und bat um mehr Asche. Nach einem Jahr bekam ich einen weiteren Brief von ihr, in dem sie mir von der vollständigen Genesung ihres Sohnes berichtete.

Innerer Frieden durch Schmerzlinderung

Ich stelle immer wieder fest, daß es mir zuviel Energie raubt, Patienten im Krankenhaus zu behandeln. Die Bitte einer guten Freundin, mich um ihre Schwester zu kümmern, konnte ich jedoch nicht abschlagen. Ihre Schwester hatte einen Gehirntumor und lag in einem Krankenhaus in der Nähe von Delhi im Sterben. Mein Mann war sehr bekümmert, als ich mich einverstanden erklärte. Er hatte Angst, daß ich mich zu sehr verausgaben würde, aber ich konnte nicht nein sagen.

Als ich das Krankenhauszimmer betrat, fand ich die Schwester meiner Freundin im Halbschlaf vor. Sie stöhnte jedoch, und man konnte an ihrem Gesichtsausdruck erkennen, daß sie große Qualen litt. »Die Ärzte sagen, daß sie nichts tun können, um ihre Schmerzen zu lindern«, klagten ihre Geschwister. Ich trat sofort an das Bett der Kranken und legte ihr die Hand auf den

Kopf. Nach etwa einer halben Stunde hörte sie auf zu stöhnen, und ihre Atemzüge wurden ruhiger. Ich kam am Abend wieder, und als ich ihr diesmal die Hand auflegte, hob sie mühsam den Arm, um nach meiner Hand zu greifen, und schob sie sehr langsam zur anderen Kopfseite. Nach ein paar Minuten huschte der Hauch eines Lächelns über ihre Lippen. Am nächsten Tag stöhnte sie gar nicht mehr. Ich kam drei Tage, bis sie nicht mehr unruhig war. Sie schlief drei Tage später friedlich ein.

Es war mir nicht möglich, sie zu heilen, aber es tröstete ihre Geschwister sehr, daß sie ohne Schmerzen gestorben war.

Eine »Wunderheilung«

Vor kurzem behandelte ich einen Jungen, dessen Heilung man meiner Ansicht nach zu Recht als »Wunder« bezeichnen kann. Man brachte den elfjährigen Jungen aus dem Krankenhaus zu mir. Er hatte einige Tage zuvor einen Schlaganfall erlitten. Im Krankenhaus hatten die Ärzte jedoch nicht mehr zu tun vermocht, als Krankengymnastik und Aspirin zu empfehlen. Weder das eine noch das andere hatte geholfen, und als die Eltern ihn zu mir brachten, mußte der Vater den Jungen die Treppe hinauftragen.

»Nikhil war am Abend vor dem Schlaganfall gesund und munter und spielte mit seinen Freunden Kricket«, berichteten sie. »Am nächsten Morgen konnte er jedoch nicht mehr aufstehen. Er konnte reden – mit seiner Sprachfähigkeit war alles in Ordnung –, aber er konnte den linken Arm und das linke Bein nicht mehr bewegen.«

Als ich ihn untersuchte, wurde meine Hand zu einer Stelle am Kopf gezogen. »Spürst du die Vibrationen?« fragte ich den Jungen. Als er bejahte, behandelte ich ihn eine Stunde lang und forderte ihn dann auf, sich allein aufzusetzen. Er war nicht nur in der Lage, sich ohne Hilfe aufzurichten, sondern konnte auch den linken Arm und das linke Bein etwas bewegen.

Nach der zweiten Behandlung konnte er ohne Hilfe aufstehen und nach der dritten ein paar Schritte gehen. Nach der vierten Sitzung war er fähig zu rennen, und meine Hand hörte auf zu vibrieren.

Ein paar Wochen später kam die ganze Familie, um mir zu danken. Besonders Nikhil hatte mich wiedersehen wollen. Ich halte es wirklich für ein Wunder, daß Nikhil nach nur vier Behandlungen wieder gesund war.

Schlußgedanken

Beim Schreiben dieses Buches habe ich über sehr viele Dinge nachgedacht. Auch heute noch frage ich mich von Zeit zu Zeit, warum ich durch den Tod unseres Sohnes so viel erleiden mußte. Dann rufe ich mir ins Gedächtnis, daß Schmerz Gottes Hammer ist, mit dem unser Rohmaterial behauen wird, um Größe herauszumeißeln. Ohne Leid können wir den wertvollsten Teil unseres Selbst nicht zum Ausdruck bringen – wie die Lampe, die nur Licht gibt, wenn sie brennt, oder der Weihrauch, der nur Duft ausströmt, wenn er angezündet wird. Gold ist erst ein wertvoller Rohstoff, wenn es gereinigt wurde. So ist es auch mit unserem Leben. Ohne Leid finden wir keinen Zugang zu Gott. Wenn wir leiden, dann versuchen wir, Gott zu finden. Wir erkennen, daß er das einzig Wahre und Beständige in unserem Leben ist. Er ist Wirklichkeit. Alle anderen Dinge sind nutzlos und verschaffen uns nur vorübergehend Trost oder Vergnügen. Dennoch jagen wir weiterhin Illusionen nach, die wir für wirklich halten.

Wenn ich an leidvolle Erfahrungen denke, erinnere ich mich auch daran, daß mich unter anderem einer meiner ersten Patienten, eine Frau, die Krebs im Endstadium hatte, inspiriert hat, dieses Buch zu schreiben. Ihr Vater bat mich, ihr zu helfen. In der Hoffnung, sie zu retten, spendete er sehr viel Geld für wohltätige Zwecke. Sie war eine liebenswerte Person. Ich wollte ihr Linderung verschaffen. Ihr Mann sagte mir eines Tages auf den Kopf zu: »Die Ärzte haben die Hoffnung aufgegeben. Sie verschwenden nur Zeit und Energie.«

»Sie machen sich falsche Vorstellungen von meiner Arbeit«,

erwiderte ich. »Mir geht es darum, daß die Kerze so lange wie möglich brennt.« Meine Patientin hatte keine Ahnung, daß sie todkrank war, und jedesmal, wenn ich sie behandelte, hatte ich den Eindruck, daß sich ihr Zustand verbesserte.

»Ich warte den ganzen Tag auf Sie«, sagte sie. »Ich warte sehnsüchtig darauf, Ihre Schritte zu hören. An den Tagen, an denen Sie mich nicht behandeln, bin ich untröstlich.«

Eines Tages kamen Besucher, als ich ihr die Hand auflegte. Es gefiel mir nicht, in ihrem Beisein zu arbeiten, weil sie nicht verstanden, was ich tat. Ich war schockiert, als sie ihr über den Tod einer anderen Krebskranken erzählten. »Ein Fall wie deiner mit Krebsbefall der Gebärmutter, der Wirbelsäule und der Leber.«

Meine Patientin war außer sich, als sie erfuhr, daß sie dem Tode geweiht war. Sie bat ihren Mann, sie von Zimmer zu Zimmer zu tragen, damit sie ihr Haus zum letzten Mal sehen konnte. Sie wollten, daß ich sie begleite, aber ich brachte es nicht über mich, die ganze Zeit bei ihnen zu bleiben. Es brach mir das Herz. Als ich das nächste Mal kam, hatten die Ärzte ihr Medikamente gegeben, und sie erkannte mich nicht mehr. Bald danach starb sie.

Ich habe manchmal das Gefühl, daß Krebs durch Disharmonie verursacht wird. Diese Frau hatte allen erdenklichen Luxus, aber ihr Mann ließ sie allein. Er war nur darauf aus, Geld zu verdienen. Beide Kinder waren im Internat. Es gab eine große Leere in ihrem Leben. Ich dachte damals bei mir: »Wenn ich über sie schreibe, wird sie nicht vergessen. Für die Leser wird sie für kurze Zeit noch einmal zum Leben erweckt.«

Ich muß zum Abschluß noch ein Wort dazu sagen, wie wichtig die Unterstützung meines Mannes für mich war. Anfangs glaubte er nicht an meine Kräfte und ließ nichts unversucht, um mich von meiner Heiltätigkeit abzubringen. Das machte mich sehr traurig, weil mir all das Lob, das ich von anderen bekam, nichts bedeutete, solange er meine Arbeit nicht anerkannte. Doch ich war schon immer ein Dickkopf – je mehr ich auf Widerstand stoße, desto härter kämpfe ich. Wenn ich heute zurückblicke, glaube ich, daß Gott es war, der meinen Mann dazu brachte, sich gegen meine Arbeit zu stellen. Hätte ich von Anfang an zuviel Bestätigung und Anerkennung von ihm bekommen, dann hätte ich meine Gabe vielleicht mit falscher Eitelkeit zerstört.

Im Rückblick erkenne ich, daß seine Unterstützung in den späteren Jahren das Wichtigste in meinem Leben war. Er konnte die Wirkungsweise meiner heilenden Energien besser verstehen als ich und sie anderen anschaulich erklären. Seine Gegenwart war ein Segen, denn dadurch war es mir möglich, in Frieden und Harmonie zu arbeiten. Ich werde ihn immer vermissen.

Ich habe den autobiographischen Teil meines Buches mit einem Zitat meines Lieblingsdichters Rabindranath Tagore begonnen und möchte ihn mit ein paar Zeilen aus seinem Buch »Gitanjali« abschließen:

Ich dachte, daß meine Reise zu Ende sei – an den äußersten Grenzen meiner Kraft –, daß der Weg vor mir unbegehbar, der Vorrat erschöpft und die Zeit gekommen, um Zuflucht zu suchen in stiller Zurückgezogenheit.

Aber ich entdecke, daß Dein Wille kein Ende in mir kennt. Wenn alte Worte auf der Zunge ersterben, dann brechen neue Melodien aus dem Herzen hervor; und wo die alten Pfade ausgetreten sind, da erschließt sich neues Land, das seine Wunder offenbart.

ZWEITER TEIL

Praktischer Ratgeber

Heilmittel und -methoden zur Selbstbehandlung

Pflanzliche und natürliche Heilmittel

Schon bevor ich vor mehr als dreißig Jahren mit dem Heilen begann, war ich an pflanzlichen und natürlichen Heilmitteln interessiert. Die uralte traditionelle Heilkunst Indiens wird *Ayurveda (Ayur* bzw. *Ayus* bedeutet Leben oder Lebensenergie; *Veda* steht für Wissen oder Wissenschaft) genannt. *Ayurveda* ist eine Naturheilkunde, die Seele, Geist und Körper des Menschen als Einheit betrachtet und behandelt und sich dabei ausschließlich auf Arzneimittel stützt, die der Natur entstammen. Im Laufe der Jahre habe ich mit vielen ayurvedischen Ärzten zusammengearbeitet, die mir ihr Wissen vermittelt haben. Ich habe eine Bibliothek mit alten ayurvedischen Texten und schlage insbesondere im Werk von Shibkali Bhattacharya, eines zeitgenössischen *Ayurvedacharya* (Meisterarzt) aus Kalkutta, nach. Sein Buch »Chiranjeer Bonausdhi« ist eine unschätzbare Informationsquelle, was die Verwendung von Busch- und Dschungelpflanzen als natürliche Heilmittel anbelangt. Leider ist sein Buch nicht aus dem Bengali ins Hindi oder ins Englische übersetzt worden.

Ich werde auch Mutter Emmi, einer vor einigen Jahren verstorbenen Nonne, die ich in Kalkutta kennengelernt habe, für immer zu Dank verpflichtet sein. Sie schwörte vor allem auf homöopathische Arzneimittel und ein spezielles schwarzes Pflaster, das vor mehr als fünfzig Jahren von Vater Causanal, einem römisch-katholischen Pfarrer, entwickelt wurde. Ich erwärme dieses Pflaster und verwende es als Kompresse, um Gifte aus dem Körper zu ziehen, insbesondere bei Bandscheibenvorfällen, Tumoren und Abszessen. Das Pflaster weicht Abszesse auf und zieht den Eiter aus ihnen heraus, ohne daß man sie öffnen muß. Das Pflaster wird auch zur Behandlung von Hautgeschwüren, Wunden, entzündeten Hautstellen, rheumatischen Erkrankungen und anderen Beschwerden empfohlen. Ich habe es hauptsächlich bei den oben genannten Erkrankungen verwendet. Am Ende dieses Kapitels finden Sie Bezugsquellen und Bestellinformationen.

Es gibt Hunderte von pflanzlichen und natürlichen Heilmitteln. Ich empfehle hier nur die, die ich selbst erfolgreich eingesetzt habe.

Im folgenden finden Sie ausführliche Informationen zu den Heilmitteln, die ich Ihnen besonders ans Herz legen möchte.

Amalaki (Indische Stachelbeere, Aschfarbene Myrobalane)

Botanischer Name: Emblica officinalis oder *Phyllantus emblica*

Diese Frucht, die einer großen Stachelbeere ähnelt, kann getrocknet oder frisch und grün gegessen werden. Sie ist reich an Eisen und Vitamin C und schmeckt sehr sauer.

Anwendung: Als allgemeines Tonikum zur Stärkung von Herz, Gehirn, Sehvermögen, Intelligenz und Gedächtnis. Weitere Anwendungsgebiete: Asthma infolge von Schleimstauungen im Brustraum, Zuckerkrankheit und chronische Erkältungen.

Zubereitung und Dosierung: Je nach Jahreszeit und Verfügbarkeit täglich 1 frische Frucht oder ½ Tasse des Wassers, in dem 8–10 getrocknete Amalaki über Nacht eingeweicht wurden.

Arjunbaum

Botanischer Name: Terminilia arjuna W & A

Arjunbäume, die in den meisten Regionen des indischen Subkontinents wachsen, können bis zu 30 Meter hoch werden und einen Umfang von 6 Metern erreichen. Ihre Rinde, die in indischen pflanzlichen Heilmitteln verwendet wird, ist gräulich-weiß, weich und etwa 1,3 cm dick.

Anwendung: Die Rinde des Baums wirkt als Tonikum bei Herzerkrankungen, wie zum Beispiel Herzschwäche, Herzklopfen und Angina pectoris.

Zubereitung und Dosierung: Die Rinde in der Sonne trocknen und anschließend pulverisieren.

1 Teelöffel pulverisierte Rinde in 1 Tasse Milch und 1 Tasse Wasser kochen, bis die Mischung auf die Hälfte eingekocht ist. Honig zum Süßen hinzufügen und nach Belieben trinken.

Alternative: 2 Teelöffel pulverisierte Rinde in 1 Tasse heiße Milch einrühren und nach Geschmack mit Honig süßen. Diese Mischung sollte
morgens auf nüchternen Magen getrunken werden.

Basilikum (Breitkrantiges)

Botanischer Name: Ocimum »sanctum«
Anwendung: Basilikum ist eine Pflanze, die den Hindus heilig ist. Ihre
Blätter werden beim täglichen Gebet als Gabe für den Gott Shiva verwendet. Viele Menschen ziehen Basilikum in ihrem Garten oder in
Töpfen in ihren Wohnungen. Das Kraut wird häufig auch auf dem
Gelände von Hindu-Tempeln angepflanzt. Den Basilikumblättern und
-samen kommt bei einer Reihe von Erkrankungen eine wichtige Bedeutung als pflanzliches Heilmittel zu. Ich empfehle Basilikum bei Durchblutungsstörungen, zur Linderung von Erkältungssymptomen sowie
bei Harnwegsblockaden und Dickdarmentzündungen.
Zubereitung und Dosierung: Die Rezepturen richten sich nach der
gewünschten Heilwirkung.
1. *Durchblutungsstörungen:* 15–20 frisch gepflückte Blätter mehrere
Minuten lang waschen und anschließend kauen. Schlucken Sie nur den
Saft hinunter. Er wirkt als allgemeines Tonikum und verbessert die
Durchblutung.
2. *Erkältungen: Verstopfte Nase:* Wickeln Sie getrocknete Samen oder
eine Mischung aus Blättern und getrockneten Samen in ein Baumwolltuch, und inhalieren Sie den Duft, den sie ausströmen, um die Nase
wieder frei zu bekommen.
Trockener Husten: 5 Basilikumblätter und 5 schwarze Pfefferkörner
mit 1 Glas Wasser übergießen und kochen, bis das Wasser auf die
Hälfte reduziert ist. Die Flüssigkeit abseihen, etwas Honig zum Süßen
hinzufügen und so heiß wie möglich trinken. Fahren Sie mit der Behandlung fort, bis der Husten abgeklungen ist.
3. *Harnwegsblockaden infolge einer Infektion:* Wenn Sie Schwierigkeiten mit dem Wasserlassen haben: 4 Teelöffel Basilikumsamen 2 Stunden in 2 Tassen warmem Wasser einweichen. Die Flüssigkeit abseihen,
die Samen anschließend zerstampfen und wieder zur abgeseihten Flüssigkeit hinzufügen. Süßen Sie den Trank mit etwas Honig, und nehmen

Sie ihn 4mal am Tag zu sich, bis Sie wieder problemlos Wasser lassen können.

4. *Schleimhautentzündung des Dickdarms mit geschwürigen Darm-wandzerstörungen (Colitis ulcerosa):* 21 frische Basilikumblätter zerstampfen, bis eine Paste entsteht, in etwas Joghurt einrühren und direkt nach dem Aufstehen essen.

Diese Behandlung muß 40 Tage lang durchgeführt werden. Man muß sich in Geduld üben, aber man kann eine dauerhafte Heilung damit erzielen.

Bengalische Quitte (Belafrucht, Marmelos, Modjobaum)

Botanischer Name: Aegle marmelos, corr.

Die bengalische Quitte wird in ganz Indien angepflanzt. Ihre Früchte sind reich an Vitamin C und enthalten auch einen Vitamin-B-Komplex. Der Baum ist den Hindus heilig, und seine Blätter sind beliebte Gaben für den Gott Shiva, ohne die dessen Anbetung als unvollständig angesehen wird.

An dieser Stelle behandle ich nur die Blätter der bengalischen Quitte.

Anwendung: Zuckerkrankheit und Magengeschwüre.

Zubereitung und Dosierung: Die Rezepturen richten sich nach der zu behandelnden Erkrankung.

1. Zuckerkrankheit: Der Preßsaft der Blätter regt die Bauchspeicheldrüse an, Insulin zu bilden. Er sollte jedoch nur in Verbindung mit der ärztlich empfohlenen Diät und den verordneten allopathischen Medikamenten eingenommen werden.

Wenn der Patient kein Insulin bekommt: 21 frische, junge Blätter der bengalischen Quitte zerstampfen, 7 Pfefferkörner mahlen und den gemahlenen Pfeffer hinzufügen, den Saft abseihen. Dosierung: 1 Teelöffel Saft morgens auf nüchternen Magen. Wenn mehr als 1 Teelöffel Saft verfügbar ist, können Sie nach 10 Minuten den Rest einnehmen. Für Patienten, die kein Insulin bekommen, ist 1 Teelöffel täglich jedoch ausreichend.

Wenn der Patient Insulin bekommt: 2–3 Teelöffel Saft 2–3mal am Tag, beliebig über den Tag verteilt. Wie bereits erwähnt, regt der Saft die Bildung von Insulin an.

Lassen Sie nach 15 Tagen einen Blutzuckertest machen. Es ist immer eine Verbesserung festzustellen. Nehmen Sie 15 Tage lang keinen Saft ein, und wiederholen Sie die Behandlung anschließend, falls erforderlich. Wenn sich Ihr Zustand verbessert, sollten Sie die Dosis allmählich verringern.

2. *Magengeschwüre:* Die Blätter der bengalischen Quitte eignen sich sehr gut zur Behandlung von Magengeschwüren. Anwendung: 7–8 Blätter über Nacht in einem Glas Wasser einweichen. Das Wasser am Morgen abseihen und auf nüchternen Magen trinken.

Führen Sie diese Behandlung einen Monat lang durch. Die Inhaltsstoffe der Blätter bewirken, daß sich eine Schutzschicht auf der Magenschleimhaut bildet, und fördern somit die Abheilung des Geschwürs.

Bockshornklee (Alfalfa)

Botanischer Name: Trigonella foenum-graecum, Linn.

Anwendung: Der Bockshornklee ist eine sehr vielseitige Pflanze. Seine Samen und Blätter werden in Indien, in arabischen Ländern und in Israel in einer Vielzahl von pflanzlichen Heilmitteln verwendet. Die Blätter des Bockshornklees sind als Wintergemüse und als Heilpflanze bekannt. Nach dem Blühen trägt die Pflanze Schoten mit Samen, die fast 5 Zentimeter lang sind. Auch die gelben Samen der getrockneten Schoten werden in vielen Arzneimitteln verwendet. Mögliche Anwendungsgebiete des Bockshornklees als Heilmittel sind Anämie, rheumatische Beschwerden und Schmerzen, Zuckerkrankheit, Zwölffingerdarmgeschwüre, Fieber, Bluthochdruck, Verdauungsstörungen und Durchfall.

Zubereitung und Dosierung: Die Zubereitungsformen des Bockshornklees richten sich nach der zu behandelnden Erkrankung. Die Blätter kann man kochen, für einen Teeaufguß verwenden oder einweichen. Die Samen lassen sich auch geröstet oder gemahlen verwenden.

Die verschiedenen Zubereitungsformen werden im folgenden bei den einzelnen Erkrankungen näher erläutert:

1. *Anämie:* Sowohl die Blätter als auch die Samen des Bockshornklees regen die Bildung der roten Blutkörperchen an.

234

Blätter: Eine Handvoll Blätter bei mittlerer Hitze in 1 Teelöffel Pflanzenöl kochen, bis sie zerfallen (nach 1–2 Minuten). Anschließend 1 Tasse Wasser hinzufügen und etwa 15 Minuten kochen, bis eine weiche Paste entsteht. Diese noch warm essen. Patienten, die Salz essen dürfen, können die Paste nach Geschmack salzen.

Nehmen Sie die Paste 15 Tage lang zu einer beliebigen Tageszeit zu sich. Lassen Sie anschließend ein Blutbild machen. Man kann die Behandlung fortsetzen, bis sich die Anzahl der roten Blutkörperchen normalisiert hat.

Samen: Die Rezeptur mit den Bockshornkleesamen ist besonders wirksam bei Frauen, die eine Fehlgeburt oder Geburt hinter sich haben, und bei Mädchen nach Einsetzen der Pubertät. Wenn die Behandlung genau nach Anweisung durchgeführt wird, normalisiert sich die Anzahl der roten Blutkörperchen binnen 7 Tagen.

Zubereitung: 1 Eßlöffel Samen über Nacht in soviel Wasser einweichen, daß sie bedeckt sind. Die Samen am Morgen in diesem Wasser in einem geschlossenen Topf kochen. Falls erforderlich noch etwas Wasser hinzufügen. Die Samen so lange kochen lassen, bis sie weich sind (etwa ½ Stunde bei mittlerer Hitze). Nach Geschmack Honig hinzufügen und die gesamte Mischung essen.

Lassen Sie nach 7 Tagen ein Blutbild erstellen.

2. Rheumatische Beschwerden: Die gerösteten Bockshornkleesamen sind besonders wirksam zur Linderung von rheumatischen Schmerzen und Beschwerden, wie zum Beispiel Rheumatismus, Arthritis und allgemeinen Gliederschmerzen.

Zubereitung: Die Samen ohne Öl in einer Pfanne bei mittlerer Hitze rösten und dabei häufig umrühren, bis sie knusprig sind. Anschließend in einem Mörser oder einem Mixer zermahlen. Bewahren Sie das Pulver in einem fest verschlossenen Glasbehälter auf.

Dosierung: 1 Teelöffel Pulver täglich zu den Mahlzeiten, solange es erforderlich ist. Wenn Ihnen das Pulver zu bitter schmeckt, können Sie es in Quark oder Joghurt einrühren, um den bitteren Geschmack zu neutralisieren.

3. Zuckerkrankheit: Dosierung: 25–100 g (1–4 Teelöffel) geröstete, pulverisierte Samen täglich (Zubereitung siehe unter »Rheumatische

Beschwerden«). Rühren Sie das Pulver in etwas Milch ein, und nehmen Sie es vor dem Frühstück oder ½ Stunde nach dem Morgentee. Bewahren Sie nicht verbrauchtes Pulver in einem fest verschlossenen Glasbehälter auf.

Dieses Heilmittel regt die Bildung von Insulin an und kann unbedenklich auf Dauer eingenommen werden.

4. *Fieber:* Teeaufguß: Pulverisierte Samen mit kochendem Wasser übergießen und ziehen lassen. Der Tee wirkt reinigend und hilft so, Fieber zu senken.

5. *Darmgeschwüre:* Rezeptur gegen alle Arten von Darmgeschwüren: 2 Teelöffel Bockshornkleesamen und 1 Teelöffel Anissamen über Nacht in ½ Glas Wasser einweichen. Abseihen und *nur* das Wasser nach dem Aufstehen auf nüchternen Magen trinken. Bereiten Sie die Mischung jeden Abend frisch zu, und trinken sie das abgeseihte Wasser einen Monat lang bzw. so lange, bis alle Beschwerden, die mit dem Geschwür zusammenhängen, abgeklungen sind. Wiederholen Sie die Behandlung immer dann, wenn Sie wieder Schmerzen bekommen.

Die Heilung schreitet schneller voran, wenn man gleichzeitig 1 Teelöffel zerriebene, rohe Gelbwurz (Kurkuma, indischer Safran) einnimmt. Der rohe Wurzelstock, der wie gelber Ingwer aussieht, ist in indischen und asiatischen Lebensmittelgeschäften erhältlich. Kurkuma ist wichtig, weil das Gewürz dazu beiträgt, die Leber zu heilen, die bei Geschwüren immer angegriffen ist.

6. *Bluthochdruck:* 4 Teelöffel Samen über Nacht in ½ Liter Wasser einweichen. Trinken Sie 2–3mal am Tag von dem abgeseihten Wasser, bis es aufgebraucht ist.

Bereiten Sie den Trunk jeden Abend *frisch* zu, und trinken Sie ihn 15 Tage lang. Dieses Heilmittel ist in Verbindung mit Kulthi-Wasser besonders hilfreich (siehe den Abschnitt über Kulthi auf Seite 245).

7. *Verdauungsstörungen:* Herstellung einer Paste: eine Handvoll Blätter bei mittlerer Hitze in 1 Teelöffel Pflanzenöl kochen, bis sie zerfallen (nach 1–2 Minuten). Anschließend 1 Tasse Wasser hinzufügen und etwa 15 Minuten kochen, bis eine weiche Paste entsteht. Wenn Sie Salz essen dürfen, nach Geschmack salzen. Nehmen Sie 1 Teelöffel nach den Mahlzeiten, wann immer es notwendig ist.

8. *Durchfall:* 1 Teelöffel Samen in etwas Quark oder Joghurt einrühren. Nach dem Aufstehen und vor dem Zubettgehen einnehmen.
Die Behandlung ein paar Tage fortführen, bis der Durchfall abgeklungen ist.

9. *Kosmetische Anwendung*

Fürs Gesicht: Mit 1–2 Tassen frischen Blättern und etwas Wasser eine
Paste herstellen. Die Blätter dazu in einem Mörser oder mit einem
Mixer zerkleinern. Die Paste vor dem Zubettgehen auftragen, ½ Stunde
einwirken lassen und anschließend mit lauwarmen Wasser abwaschen.
Die Paste wirkt reinigend und ist gut gegen Falten, Pickel und Mitesser.

Fürs Haar: Eine Paste, mit der man das Haar geschmeidig machen und
seine natürliche Farbe erhalten kann, läßt sich mit frischen Blättern
oder Samen des Bockshornklees herstellen.

Für die Herstellung der Paste aus Blättern siehe die obige Anleitung.
Herstellung einer Paste mit den Samen: 1 Eßlöffel Samen über Nacht
in warmem Wasser einweichen. Am Morgen etwas Milch hinzufügen
und die Mischung im Mixer pürieren. Tragen Sie die Paste regelmäßig
vor dem Haarewaschen für ½ Stunde auf die Haare auf.

Gemüse und Gemüsesäfte mit heilender Wirkung

Mohrrüben

Anwendung: Mohrrüben haben eine starke Reinigungswirkung und
sind reich an alkalischen Elementen, die das Blut reinigen und revitalisieren. Sie stärken den ganzen Körper und helfen, den Säure-Basen-
Haushalt auszugleichen. Mohrrüben sind reich an Vitamin A, und
Möhrensaft ist ein ausgezeichnetes Tonikum zur Stärkung des gesamten Nervensystems. Mohrrüben beleben Körper und Geist und verbessern außerdem das Sehvermögen.

Fügen Sie ½ Tasse Möhrensaft zu 1 Tasse warmer Milch hinzu, um ein
leichtes Tonikum zuzubereiten, das Sie jederzeit trinken können.

Spinat

Anwendung: Roher Spinat ist reich an Oxalsäure, einem wertvollen
Stimulans für Magen und Darm. *Spinat sollte nie gekocht oder er-*

hitzt werden. Beim Kochen wird die Oxalsäure in gefährliche anorganische Kristalle umgewandelt, die Nierenschmerzen verursachen können.

Spinatsaft eignet sich hervorragend zur Reinigung des Verdauungstrakts. Er bewirkt auch eine Regenerierung der Magen-, Zwölffingerdarm- und Dünndarmschleimhaut. Daneben empfehle ich ihn gegen Antriebslosigkeit, Herzschwäche, Kopfschmerzen und Blutdruckveränderungen.

Eine Mischung aus Spinat- und Möhrensaft ist einer der wirksamsten und gehaltvollsten Gesundheitsdrinks.

Weißkohl

Anwendung: Roher Weißkohl ist reich an Cholin, Jod und Schwefel. Weißkohl reinigt den Verdauungstrakt, stärkt das Immunsystem und hilft, Infektionen vorzubeugen. Er ist am gesundheitsfördernsten, wenn man ihn *roh* und *ohne Salz und Essig* ißt oder als *Saft* zu sich nimmt. Weißkohlsaft kann man auch mit Spinat- oder Möhrensaft mischen. Bei Geschwüren hilft es, neben der üblichen Schonkost über den Tag verteilt ½ Tasse Weißkohlsaft zu sich zu nehmen.

Wenn Sie Blähungen bekommen, nachdem Sie Weißkohlsaft getrunken haben, weist dies auf eine Verdauungsstörung hin.

Gewürze als Heilmittel

Ingwer

Anwendung: Ingwer ist ein vielseitiges Gewürz, das bei zahlreichen Krankheiten und Beschwerden verwendet werden kann. Ich empfehle die Ingwerwurzel als Heilmittel bei Nierenentzündungen, Koliken, Durchfall, Ruhr, Kopfschmerzen, Neuralgien, Zahnschmerzen und Rheumatismus.

Zubereitung und Dosierung: Die Ingwerrezepturen unterscheiden sich nach Anwendungsbereich.

1. *Nierenentzündung:* 1 Teelöffel fein geriebenen Ingwer einmal täglich dem Essen hinzuzufügen, hilft, diese Nierenerkrankung zu heilen.

2. *Koliken, Durchfall, Ruhr, Kopfschmerzen, Neuralgien, Zahnschmerzen und Rheumatismus:* ⅓ Teelöffel fein geriebenen Ingwer in 500 ml

Wasser auflösen. Dreimal täglich 150 ml trinken, bis die Symptome abgeklungen sind.

3. *Als Kompresse:* Ein Stück Ingwer, dessen Größe sich nach dem zu behandelnden Bereich richtet, in einem Beutel kochen, das Wasser abgießen, und den heißen Beutel mit dem Ingwer auf den erkrankten Körperbereich legen.

Kardamom

Anwendung: Kardamom regt die Verdauung an und ist somit bei Verstopfung zu empfehlen. Verwenden Sie die Kardamomfrüchte mit der dicken braunen Haut, nicht die kleinere, dünnhäutige Art.

Zubereitung und Dosierung: 2 große Kardamomfrüchte mit der Haut in etwas Wasser zerstampfen. 1 Tasse heißes Wasser hinzufügen. Die Flüssigkeit abseihen und trinken. Sie verspüren sofort Stuhldrang, und der Darm entleert sich vollständig.

Kreuzkümmel- und Anissamen

Anwendung: Kreuzkümmelsamen kann man als allgemeines Tonikum und zur Förderung der Verdauung verwenden. Auch Anissamen haben eine verdauungsfördernde Wirkung.

Kreuzkümmel als allgemeines Tonikum: 2 Teelöffel Kreuzkümmelsamen über Nacht in einem Glas Wasser einweichen. Die Flüssigkeit nach dem Aufstehen abseihen, mit etwas Honig süßen und trinken.

Kreuzkümmel- oder Anissamen zur Förderung der Verdauung: Nach einer Mahlzeit sehr gründlich 1 Teelöffel Kreuzkümmel- oder Anissamen zu kauen, wirkt verdauungsfördernd. Die Samen schmecken besser, wenn man sie in einer Pfanne ohne Öl röstet.

Muskat

Anwendung: Muskat läßt sich als Heilmittel zur Linderung von Schmerzen bei Arthritis, Spondylitis und anderen Krankheiten einsetzen.

Zubereitung und Dosierung: 160 g Butter oder Ghee (geklärte Butter) erwärmen. Fein gemahlenen Muskat von einer großen Muskatnuß hinzufügen. Das Fett abkühlen lassen und in einem Glasgefäß aufbewahren. Schütteln Sie es, bevor Sie es auftragen, weil der Muskat sich auf dem Boden absetzt.

Nelken

Anwendung: Mit Nelken lassen sich Zahnschmerzen lindern.*

Zubereitung und Dosierung: Den Mund mit warmem Wasser ausspülen und anschließend 2–3 zerstampfte Nelken auf die Wurzel des schmerzenden Zahns auftragen.

Zimt

Anwendung: Auch gemahlener Zimt lindert Zahnschmerzen. Darüber hinaus empfehle ich Zimt zur Behandlung von Hämorrhoiden und chronischen Kopfschmerzen.

Zubereitung und Dosierung: Die Rezepturen richten sich nach der gewünschten Wirkung.

1. *Zahnschmerzen:* Gemahlenen Zimt nach dem Ausspülen des Mundes mit warmem Wasser auf den schmerzenden Zahn auftragen.

2. *Hämorrhoiden:* ¼ Teelöffel gemahlenen Zimt mit 1 Teelöffel Butter oder Margarine mischen und 2mal täglich einnehmen. Man muß diese Behandlung einige Zeit lang durchführen, um eine vollständige Heilung zu erzielen.

3. *Chronische Kopfschmerzen:* ¼ Teelöffel gemahlenen Zimt mit 1 Eßlöffel Butter mischen und direkt oberhalb der Ohren auf die Schläfen und Stirn auftragen. Dies hat eine sehr schmerzlindernde Wirkung.

Gumboschoten (Bamjafrüchte, Okraschoten) und Malabaräpfel

Die kleinen grünen Gumboschoten heißen auf Bengali *Bindi.* Der Malabarapfelbaum *(Jamun)* ist in Indien heimisch und heute in allen tropischen Regionen zu finden.

Botanische Namen: Gumbo: *Hibiscus esculentus*; Malabarapfelbaum: *Syzygium cumini* oder *Eugenia jambolana*

---

* Hierbei ist allerdings Vorsicht geboten, weil es zu Zahnfleischreizungen kommen kann. (Anm. d. Ü.)

Anwendung: In der ayurvedischen Medizin werden Gumboschoten und Malabaräpfel zur Senkung des Blutzuckerspiegels bei Patienten mit drohender oder bestehender Zuckerkrankheit angewendet.

Zubereitung und Dosierung: Frische, junge, zarte Gumboschoten wählen, längs halbieren und in 1 Tasse Wasser kochen, bis die Schoten weich sind und das Wasser auf ½ Tasse eingekocht ist.

Zu den weichgekochten Gumboschoten in ½ Tasse Wasser ½ Teelöffel (1 g) getrockneten, pulverisierten Malabarapfel hinzufügen. Nehmen Sie die Mixtur einmal am Tag zu einer beliebigen Zeit zu sich.

Lassen Sie vor Beginn der Behandlung einen Blutzuckertest machen. Nach einer zehntägigen Behandlung sollte Ihr Blutzuckerspiegel erheblich niedriger sein, natürlich unter der Voraussetzung, daß Sie die für Zuckerkranke empfohlene Diät mit verminderter Kohlenhydratzufuhr einhalten.

Man kann die Behandlung jederzeit abbrechen, wenn der Blutzuckerspiegel auf einen unbedenklichen Wert gesunken ist, und sie auch jederzeit wiederaufnehmen.

Kanta Gokhur

Botanischer Name: Tribulus terrestris

Kanta Gokhur ist eine dornige Kletterpflanze, die in ganz Indien wächst. Es gibt zwei Subspezies: Die größere Art heißt Kabli Gokhur und die kleinere Kanta Gokhur. Die getrockneten, dornigen Früchte beider Pflanzen werden als Heilmittel gegen Nierenerkrankungen verwendet. Ich bevorzuge die kleinere Art Kanta Gokhur.

Anwendung: Bei Nieren- oder Harnwegserkrankungen hat der aus den Früchten der Pflanze hergestellte wäßrige Auszug in Verbindung mit Melonen- und Gurkensaft eine große Heilwirkung.

Zubereitung und Dosierung: Die Rezeptur richtet sich nach der Schwere der Erkrankung und dem Krankheitsbild.

1. SCHWERE Harnwegs- oder Niereninfektionen: Die getrockneten Früchte zunächst mahlen, dann 2 Teelöffel der pulverisierten Droge über Nacht in 2 Tassen Wasser einweichen. Die Flüssigkeit am Morgen durch Kochen auf 1 Tasse reduzieren. Abseihen und ½ Tasse der erwärmten Flüssigkeit am Morgen auf nüchternen Magen trinken.

Trinken Sie die andere ½ Tasse vor dem Zubettgehen. (Wenn es Ihnen besser paßt, können Sie die pulverisierten Früchte auch tagsüber einweichen und abends kochen.) Wenn es sehr heiß ist, sollten Sie die zweite ½ Tasse im Kühlschrank aufbewahren und vor dem Trinken erwärmen.

Lassen Sie nach 10 Tagen eine Urinprobe untersuchen, um festzustellen, ob die Nieren- oder Harnwegsinfektion abgeklungen ist.

2. *LEICHTE Niereninfektionen:* Bereiten Sie die Hälfte der oben angegebenen Mixtur zu, und trinken Sie sie 10 Tage lang 2mal am Tag, morgens und abends.

3. *Urintrübung bei Männern:* Zur Urintrübung kommt es bei Männern infolge von Prostataproblemen. Nehmen Sie morgens und abends ½ Teelöffel der pulverisierten Droge in etwas Wasser ein, bis der Urin wieder klar ist. Man kann das Mittel vor oder nach den Mahlzeiten einnehmen.

Knoblauch und Zwiebeln

Knoblauch

Anwendung: Knoblauch ist reich an den Vitaminen A, B, C und D. Überdies enthält er Phosphor, Kalzium, Schwefel und Kalium. Knoblauch findet als natürliches Heilmittel bei vielen Erkrankungen und Beschwerden Anwendung. Ich empfehle Knoblauch bei Asthma, Emphysemen, Arteriosklerose, Gedächtnis- und Konzentrationsstörungen, Wasser in den Gelenken und Lippenkrebs. Das einzige Problem ist der unangenehme Mundgeruch, der sich nach dem Verzehr von Knoblauch entwickelt und besonders stark ist, wenn man ihn roh ißt. Um dem Geruch vorzubeugen, können Sie geschälte Knoblauchzehen über Nacht in etwas Quark oder Joghurt einweichen.

Zubereitung und Dosierung: Die Rezepturen sind von dem zu behandelnden Krankheitsbild abhängig.

1. *Asthma:* 2–3 geschälte Knoblauchzehen in ½ Tasse Essig kochen, bis sie gerade weich werden. Mit etwas Honig süßen. Kauen und hinunterschlucken. Täglich zu einer beliebigen Tageszeit einnehmen.

Alternative: Vor dem Zubettgehen 2–3 geschälte Knoblauchzehen in ½ Tasse Milch weichkochen. Kauen und hinunterschlucken.

Regelmäßig eingenommen, reduziert Knoblauch Asthmaanfälle.

2. *Emphysem:* Ein paar geschälte Knoblauchzehen mit einer Knoblauchpresse auspressen. 5–7 Tropfen Knoblauchsaft zu ½ Tasse kalter Milch hinzufügen. Einmal am Tag zu einer beliebigen Tageszeit trinken. Wie bereits erwähnt, kann man dem unangenehmen Geruch vorbeugen, indem man die geschälten Knoblauchzehen über Nacht in Quark oder Joghurt einweicht.

3. *Arteriosklerose:* Knoblauch beugt Arteriosklerose (Arterienverkalkung; Verengung der Arterien durch Ablagerungen fettiger Massen an den Gefäßwänden) vor.
Weichen Sie 2 geschälte Knoblauchzehen über Nacht in Quark oder Joghurt ein. Schneiden Sie die Zehen in kleine Stücke, und schlucken Sie sie, ohne zu kauen, hinunter.

4. *Gedächtnis- und Konzentrationsstörungen:* Zur Verbesserung der Gedächtnisleistung vor dem Zubettgehen 1 oder 2 geschälte Knoblauchzehen kauen und hinunterschlucken. Die Zehen tagsüber in Quark oder Joghurt einweichen, um dem Geruch vorzubeugen. Danach etwas warme Milch trinken.

5. *Wasser in den Gelenken:* Geschälte Knoblauchzehen auspressen und damit eine Knoblauchpaste herstellen. Tragen Sie die Paste ein paarmal am Tag auf die erkrankten Gelenke auf, um sich Linderung zu verschaffen.

Zwiebeln

Anwendung: Wie Knoblauch ist auch die Zwiebel eine Gemüsepflanze, die bei einer Vielzahl von Erkrankungen als Heilmittel Anwendung findet. Ich empfehle Zwiebeln bei trockenem Husten, Heiserkeit, Blasenschwäche, Schlafstörungen und Arthritis.

Zubereitung und Dosierung: Je nach Erkrankung sind unterschiedliche Rezepturen erforderlich.

1. *Trockener Husten:* Ein trockener Husten entsteht infolge von Schleimstauungen im Brustraum. Rezeptur: 1 mittelgroße Zwiebel in kleine Stücke zerschneiden. Die Zwiebelstücke in 1 Tasse Olivenöl kochen, bis das Öl braun ist. Das Öl abseihen und in einem fest verschlossenen Glasbehälter aufbewahren. Massieren Sie Hals, Brust und

Rücken mit dem Öl, und wischen Sie es nach ein paar Minuten mit einem Tuch ab. Tragen Sie es nach Bedarf auf, bis der Husten abgeklungen ist.

2. *Heiserkeit:* Verrühren Sie 2 Teelöffel Zwiebelsaft mit der gleichen Menge reinen Honigs. Erwärmen und trinken Sie die Mixtur.

3. *Blasenschwäche:* Dosierung: 1 Teelöffel Zwiebelsaft täglich. Regelmäßig eingenommen, heilt Zwiebelsaft Blasenschwäche.

4. *Schlaflosigkeit:* 2 Teelöffel fein geraspelte Zwiebeln mit 2 Teelöffeln Quark oder Joghurt mischen und vor dem Zubettgehen essen.

5. *Arthritis:* Ich konnte die arthritischen Knie eines alten Mannes mit einer Paste aus Zwiebeln und Kurkuma heilen.

Stellen Sie eine Paste aus 3 Teilen Kurkuma und 1 Teil Zwiebeln her, die Sie im Mixer pürieren. Tragen Sie die Paste großzügig auf das erkrankte Gelenk auf, und wickeln Sie eine Plastikfolie darum, damit nichts auf Ihre Kleidung kommt. Lassen Sie die Paste den ganzen Tag einwirken, und waschen Sie sie vor dem Schlafengehen sorgfältig ab. Fahren Sie mit der Behandlung fort, bis die Schmerzen abgeklungen sind.

Kule Khara

Botanischer Name: Asteracantha longifolia nees. (Familie der *Acanthacea*) oder *Hygrophila polysperma*

Kule Khara wächst in der Regenzeit im Winter in den Reisfeldern von Assam und Bengalen. Es ist ein sehr bemerkenswertes Kraut, das außerhalb dieser zwei Gebiete wenig bekannt ist.

Anwendung: Kule Khara ist erstaunlich wirksam bei Anämie, vor allem bei Patienten, die Eisen nicht vertragen. Ich habe es schon sehr vielen Menschen verordnet und sogar bei Patienten mit einer schweren Anämie ausgezeichnete Ergebnisse damit erzielt. Das Kraut fördert auch die Blutbildung, so daß man es anstelle einer Bluttransfusion einsetzen kann. Dieser Verwendungszweck scheint mir aus verschiedenen Gründen der wichtigste zu sein.

Zubereitung und Dosierung: Die Rezepturen richten sich nach der gewünschten Wirkung.

1. *Anämie:* Eine gute Handvoll Blätter zerreiben, um 4 Teelöffel Preßsaft zu gewinnen. Den Saft etwas erwärmen und 2 Teelöffel davon

irgendwann im Laufe des Tages trinken. Die restlichen 2 Teelöffel vor dem Schlafengehen einnehmen.

Binnen 7 Tagen steigt die Anzahl der Blutkörperchen.

2. *Als Ersatz für eine Bluttransfusion:* Bereiten Sie das Kraut, wie oben beschrieben, zu. Binnen 7 Tagen nimmt die Anzahl der Blutkörperchen zu.

3. *Kombinationsbehandlung mit Kurkuma gegen Herpes:* Frische Kule Khara-Blätter und rohen, zerkleinerten Kurkuma-Wurzelstock zu gleichen Teilen mahlen. Auf Herpesbläschen aufgetragen, verschafft die Paste sofortige Linderung und bewirkt eine schnelle Abheilung der Bläschen.

Kulthi (Pferdebohnen)

Botanischer Name: Dolichus biflorus

Anwendung: Kulthi, eine Kletterbohnenart, wird in ganz Indien angebaut. Wasser, in dem man Kulthi über Nacht eingeweicht hat, ist eines der Heilmittel, die ich am häufigsten empfehle, vor allem Patienten mit Nierenschwäche, Niereninfektionen, Nierensteinen, Bluthochdruck und/oder einem zu hohen Cholesterinspiegel.

Reinigung: Bevor man Kulthi in Wasser einweicht, muß man die Bohnen mit einem weichen, trockenen Tuch säubern – nicht waschen – und alle Verunreinigungen beseitigen. Die Bohnen dürfen nicht gewaschen werden, weil die wertvolle oberste Schicht, die besonders wirksam ist, entfernt wird, wenn Wasser darüber läuft. Mit einem Pfund Pferdebohnen kommt man mehrere Monate lang aus.

Aufbewahrung: Kulthi muß an einem kühlen Ort in einem luftdicht verschlossenen Behälter gelagert werden. Ich bewahre die Bohnen in einer Plastiktüte in einer Metalldose auf. Die Bohnen *dürfen nicht* mit Metall in Kontakt kommen, wenn sie naß sind oder eingeweicht werden.

Zubereitung und Dosierung: 1 Eßlöffel Kulthi über Nacht in einem Glas Wasser einweichen, das mit einem Seihtuch bedeckt ist. Das Wasser am Morgen gründlich mit einem Plastiklöffel – es darf kein Metallöffel sein – umrühren, warten, bis sich die Bohnen am Boden absetzen und das Wasser dann trinken. Es hat dann einen leichten, nicht unangenehmen Bohnengeschmack.

Das Glas anschließend noch 2mal mit Wasser auffüllen und es zu Mittag und am Abend trinken. Die Bohnen danach wegwerfen und einen neuen Trunk für den nächsten Tag ansetzen. Wenn es sehr heiß ist, können Sie alle zwei Stunden von dem Kulthi-Wasser trinken.

Ich habe festgestellt, daß Kulthi-Wasser bei den folgenden Erkrankungen eine besonders heilsame Wirkung hat:

1. *Bluthochdruck:* Durch regelmäßiges Trinken von Kulthi-Wasser wird der Blutdruck erheblich gesenkt.

Führen Sie die Behandlung einen Monat lang durch, und messen Sie vorher und nachher Ihren Blutdruck. Der Blutdruck ist stets niedriger, mitunter sogar erheblich.

2. *Erhöhter Cholesterinspiegel:* Kulthi-Wasser senkt den Cholesterinspiegel, weil es das Fett im Körper »wegschmilzt«. Führen Sie die Behandlung drei Monate lang durch, und lassen Sie vorher und nachher Ihre Cholesterinwerte ermitteln.

3. *Nierenschwäche und -infektionen:* Durch tägliches Trinken von Kulthi-Wasser werden die Nieren durchgespült und gesund erhalten.

Ich empfehle allen Nierenpatienten, neben dem Kulthi-Wasser 6–8 Gläser Wasser am Tag zu trinken.

Wasser reinigt die Nieren und ist eines der wirksamsten Heilmittel, die für uns alle leicht verfügbar sind.

4. *Nierensteine:* Patienten, die schon einmal Nierensteine hatten, empfehle ich wärmstens, als vorbeugende Maßnahme Kulthi-Wasser zu trinken. Natürlich können damit auch vorhandene Nierensteine beseitigt werden.

Ich habe festgestellt, daß die Heilung beschleunigt wird, wenn man eine Kombinationsbehandlung mit Cystone® durchführt. Dieses Mittel wird von der Himalaya Drug Company in Bangalore, einem seit langem etablierten indischen Hersteller von ayurvedischen Arzneien, und einigen anderen Firmen in Europa und den USA vertrieben. Die Firmenadressen sind am Ende dieses Kapitels angegeben. Ein weiteres exzellentes ayurvedisches Heilmittel gegen Nierenerkrankungen ist Turaico®. Auch dazu finden Sie am Ende dieses Kapitels Bestellinformationen.

Petersilie

Anwendung: Petersilie ist keine einheimische Pflanze, wird aber heute vielerorts in Indien angebaut. Die therapeutische Wirkung des Krauts ist in Europa, woher es stammt, schon seit langem bekannt. Ich habe festgestellt, daß Petersiliendekokt (Absud) die Nierenreinigung fördert und die Nierenfunktion unterstützt. Daneben hat es eine anregende Wirkung auf die Nebennieren und die Schilddrüse.

Zubereitung und Dosierung: Eine Handvoll Petersilienstengel in einen Topf geben und mit Wasser bedecken – keiner der Stengel sollte aus dem Wasser ragen. Die Stengel einige Minuten lang kochen und den Topf dann vom Herd nehmen. Den Sud abkühlen lassen und ihn anschließend in einen Glasbehälter abseihen. Diese Flüssigkeit kann man zu einer beliebigen Tageszeit pur trinken oder zu Obst- oder Gemüsesäften hinzufügen.

Sojabohnen und Kichererbsen

Botanische Namen: Sojabohnen: *Glycine max mere*; Kichererbsen: *Cicer arietinum, Linn.*

Anwendung: Ich empfehle manchmal eine Kombinationsbehandlung mit Sojabohnen und Kichererbsen, um den Cholesterinspiegel zu senken.

Zubereitung und Dosierung: 12–15 Sojabohnen gründlich waschen und über Nacht einweichen. Am Morgen wieder waschen und die rohen Bohnen zum Frühstück essen und dabei sehr gut kauen. *Nehmen Sie jeweils nicht mehr als 12–15 Bohnen zu sich.*

Wechseln Sie nach 15 Tagen zu Kichererbsen. Für ihre Zubereitung und Anwendung gelten die gleichen Anweisungen wie oben. Führen Sie die Behandlung mit den Kichererbsen ebenfalls 15 Tage fort.

Lassen Sie vorher und nachher Ihre Cholesterinwerte ermitteln. Beenden Sie die Behandlung, wenn sich Ihr Cholesterinspiegel normalisiert hat.

Steinsalz (Halit)

Anwendung: Ich empfehle dieses grobkörnige Salz wärmstens als sanftes Heilmittel, dem ohne Zweifel eine große heilende Wirkung zugeschrieben werden kann. In Indien ist es überall erhältlich, in Deutschland kann es über Lieferanten für ayurvedische Produkte (siehe Adressenliste auf Seite 250) bezogen werden.

Ich verwende das erwärmte Salz für Kompressen zur Behandlung von Bandscheibenvorfällen, entzündlichen Wirbelgelenkserkrankungen (Spondylitis), Ohrenschmerzen, Schwerhörigkeit, Nasennebenhöhlenentzündungen und anderen Arten von Schmerzen oder Entzündungen. Ausnahmen bilden Zahnschmerzen und Schmerzen oder Entzündungen im Schädel.

Bei Zahnschmerzen ist es am besten, mit heißem Wasser zu gurgeln. Man sollte nie indirekte Wärmeanwendungen, wie Kompressen mit Steinsalz oder Vater Causanals Pflaster, verwenden.

Zubereitung und Dosierung: Etwa 500 g der Salzkristalle in kleine Stücke zerstampfen, anschließend bei starker Hitze in einer Pfanne erwärmen, bis es sehr heiß ist. Das heiße Salz auf eine sehr dicke Unterlage – 2–3 Schichten Mull oder ein dickes Tuch – schütten. Das Verbandsmaterial oder das Tuch mit Klebeband zukleben, damit sich die Wärme mindestens eine Stunde lang hält. Decken Sie den zu behandelnden Bereich mit einem Handtuch ab, und legen Sie die Salzkompresse anschließend darauf. Belassen Sie die Kompresse dort, bis das Salz abgekühlt ist.

Weitere Heilmittel

Aluminium

Anwendung: Ich empfehle Aluminium als unterstützendes Heilmittel bei Gebärmutterhalsentzündung.

Zubereitung und Dosierung: ½ Teelöffel Aluminiumpulver in ein weiches Mulltuch geben und das Tuch zuknoten. Führen Sie das Säckchen in die Scheide ein. Wechseln Sie es täglich, und setzen Sie die Behandlung 5–6 Tage lang fort. Dadurch wird die Entzündung, die eine Schwangerschaft verhindert, gelindert.

Glyzerin

Anwendung: Ich empfehle Glyzerin zur Behandlung von Zahnfleischabszessen.

Zubereitung und Dosierung: Verwenden Sie reines Glyzerin, um das Zahnfleisch zu massieren.

Olivenöl und Honig

Anwendung: Magen- und Zwölffingerdarmgeschwüre.

Zubereitung und Dosierung: ½ Teelöffel reines Olivenöl und ½ Teelöffel Honig mischen. Nehmen Sie diese Mixtur einen Monat lang morgens auf nüchternen Magen ein.

Teeblätter und Rosenwasser

Anwendung: Bindehautentzündung.

Zubereitung und Dosierung: Verwenden Sie eine Augenwanne, um das Auge 2–3mal in einer Lösung, die aus gleichen Anteilen kaltem Tee und reinem Rosenwasser besteht, zu baden. Legen Sie anschließend eine Kompresse auf das geschlossene Auge. Die Kompresse besteht aus Blättern einer milden Teesorte und einem Baumwolltuch, das mit lauwarmem Tee getränkt wurde. Mit dieser Behandlung läßt sich eine Bindehautentzündung in einem Tag heilen.

Bezugsquellen und Bestellinformationen

Vater Causanals (französisches) Pflaster

Causanal Plaster Makers
Chemmarkudi Road, Tamil Nadu
South India 629001

Ayurvedische Heilmittel

Die heutigen ayurvedischen Arzneien basieren auf der jahrtausendealten ayurvedischen Heilkunde, werden heute jedoch nach standardisierten Rezepturen hergestellt, um eine gleichbleibende Qualität zu gewährleisten. In diesen Kombinationspräparaten dominiert keiner der natürlichen Inhaltsstoffe. Statt dessen ergänzen sich die verschiedenen Substanzen, so daß die Heilwirkung als Ganzes verbessert wird.

- Abana® ist ein Herztonikum, das das Herz schützt, Durchblutungsstörungen vorbeugt und Sorgen und Ängste, die häufig zu einer Herzneurose führen, lindert.

- Liv.52® ist im wesentlichen eine Mixtur der Extrakte von sieben Kräutern und Mineralien, die in Indien heimisch sind. Das Mittel fördert die Leberfunktion, schützt die Leber vor den Wirkungen von giftigen Chemikalien, Schwermetallen und Strahlen, stärkt die Abwehrkräfte der Leber bei Infektionen und dient als Ergänzung zu verschiedenen Formen der Chemotherapie. Seit es 1956 auf dem Weltmarkt eingeführt wurde, ist das Arzneimittel nach Schätzung der Hersteller weltweit von mehr als sechzig Millionen Menschen verwendet worden.
- Cystone® fördert die Durchspülung der Nieren und des Harntrakts und sorgt für eine optimale Funktionsweise des Harnsystems.

Hersteller von Abana®, Liv.52® und Cystone®
The Himalaya Drug Company, Makali, Nelamangala
Bangalore 562 123, Indien

US-Importeur dieser Heilmittel
Ayurvedic Concepts, Ltd., 6950 Portwest Dr., Ste. 170 Houston
TX 77024, Email: himalaya@ayurvedicconcepts.com

Hersteller von Turaico®
J & J De Chane Laboratories Private, Ltd., 4-1-324 Residency Road
Hyderabad 500-001, Indien

Lieferanten für ayurvedische Heilmittel in Europa
Sat Nam Versand, Rhönstr. 117-119
D-60385 Frankfurt, Tel.: 0 69/43 44 19, Fax: 0 69/43 85 71

MTC, Postanschrift: Postfach 1417
D-41844 Wegberg, Tel.: 02 41/5 59 07 80

The Ayurveda Shop, Jenaer Str. 4, D-64372 Ober-Ramstadt
Tel.: 0 61 54/63 08 63, Fax: 0 61 54/63 08 64

Ayurvedic Company of Great Britain Ltd., 50 Penywern Road
London, SW5 9SX, Tel.: 00 44-171/3 70 22 55

Holistic Health Products, Postbus 242, NL-8240 AE Lelystad

Richtiges Atmen und Gesundheit: Prana und Selbstheilung

Yoga-Atemübungen

Die richtige Vollatmung, die so viele Menschen vernachlässigen, ist grundlegend für die Gesundheit. Die Atmung ist eine der wenigen automatischen Körperfunktionen, die wir leicht kontrollieren lernen können, und richtiges Atmen – ob wir nun krank oder gesund sind – birgt unschätzbare Vorteile. Der von Yoga-Praktizierenden häufig zitierte Satz »Atem ist Leben« ist nur zu wahr.

Es gibt viele unterschiedliche Atemübungen, ich empfehle jedoch an dieser Stelle nur die vier Übungen, die meiner Erfahrung nach am heilsamsten sind.

- Die *rhythmische* oder *ausgleichende Atmung* sollte man täglich üben, um die Lungen zu reinigen. Sie sollte auch immer am Beginn einer speziellen Atemübung stehen.
- Die *Nasenwechselatmung* sollte man täglich praktizieren, um die Nerven zu reinigen.
- Die *revitalisierende Atmung* ist allen Patienten mit einer lebensbedrohlichen Krankheit zu empfehlen.
- Die *Atmung mit herausgestreckter, eingerollter Zunge* (im Sanskrit Sithali) ist eine Atemübung, die nur Patienten mit einer Schilddrüsenunterfunktion ausführen sollten.

Die rhythmische oder ausgleichende Atmung

Achten Sie darauf, daß Sie bequem sitzen oder stehen, wenn möglich mit dem Gesicht zur Morgensonne. Der Rücken sollte gerade sein.

Atmen Sie durch die Nase ein, und zählen Sie dabei bis sieben. Halten Sie den Atem eine Zeiteinheit lang an. Atmen Sie durch die Nase aus, und zählen Sie dabei wieder bis sieben. Warten Sie eine Zeiteinheit, und wiederholen Sie anschließend den ganzen Rhythmus. Durch diesen besonderen Rhythmus wird die Atmung ausgeglichen. Wenn Sie EINATMEN, ist es wichtig, die ganze Lunge zu füllen (Vollatmung). Legen Sie eine Hand auf den Bauch, um zu überprüfen, ob er sich ausdehnt, wenn Sie EINATMEN.

Ziehen Sie beim AUSATMEN behutsam den Bauch ein. Dadurch wird die Luft in die oberen Luftwege gepreßt.

Ich erkläre dies so genau, weil ich immer wieder mit Erstaunen feststelle, daß Menschen, die nie Yoga gelernt haben, häufig keine Ahnung haben, wie man richtig atmet. Wenn Sie die rhythmische Atmung täglich üben, vorzugsweise am frühen Morgen, werden Sie bald bemerken, daß diese Methode des Ein- und Ausatmens Ihnen in Fleisch und Blut übergeht.

Rhythmisches Atmen hilft Ihnen, sich in einen meditativen Zustand zu versetzen. Sie sollten *immer* drei- bis viermal rhythmisch atmen, bevor Sie mit den im folgenden beschriebenen speziellen Atemübungen beginnen.

Die Nasenwechselatmung (Anuloma Viloma)

Im Yoga repräsentiert das linke Nasenloch den Mond (Kälte) und das rechte die Sonne (Wärme).

Obwohl unsere Atmung im Laufe des Tages variieren kann, ist es immer richtig, tagsüber durch das linke Nasenloch (den Mond) und in der Nacht durch das rechte (die Sonne) zu atmen. Der Mondatem ist auch immer vorherrschend, wenn wir eine kreative Tätigkeit – Malen, Singen usw. – ausüben. Wenn wir in Einklang mit uns selbst sind, atmen wir durch das linke Nasenloch. Wenn wir dagegen wütend oder aufgeregt sind, atmen wir durch das rechte Nasenloch. Man kann die Nasenwechselatmung durchführen, indem man ein Nasenloch zuhält und den Atem zum anderen umlenkt.

Im Yoga wird die Nasenwechselatmung zur Reinigung der Nerven empfohlen. Und so geht es (es ist viel schwerer, die Übung zu beschreiben, als sie auszuführen):

Nehmen Sie mit geschlossenem Mund zwei oder drei rhythmische Atemzüge (siehe oben).

Legen Sie sich nun Daumen und Zeigefinger auf die Nase. Halten Sie sich zunächst mit dem Daumen das rechte Nasenloch zu, und atmen Sie tief durch das linke ein. Wechseln Sie sofort die Seite, indem Sie mit dem Zeigefinger das linke Nasenloch zuhalten, und atmen Sie durch das rechte Nasenloch aus.

Atmen Sie nun tief durch das rechte Nasenloch ein, während Sie das linke weiter zuhalten. Halten Sie mit dem Daumen erneut das rechte Nasenloch zu, und atmen Sie durch das linke aus.

Üben Sie diese Nasenwechselatmung mehrmals am Tag fünfmal.

Die revitalisierende Atmung

Ich lege allen meinen Patienten, die an einer lebensbedrohlichen Krankheit leiden, die revitalisierende Atmung sehr ans Herz. Mit dieser Atemübung allein kann man die Krankheit natürlich nicht heilen, aber man kann die Genesung beschleunigen.

Reinigen Sie zunächst die Lunge, indem Sie drei- bis viermal rhythmisch atmen. Atmen Sie anschließend tief ein, und halten Sie, so lange Sie können, die Luft an. Drücken Sie nun die Zunge gegen den Gaumen, öffnen Sie den Mund, und atmen Sie so kraftvoll aus, wie Sie können, wobei Sie ein lautes Geräusch machen. Es sollte so klingen, als würde Dampf aus einer Dampfmaschine entweichen. Führen Sie diese Übung zwischen fünfzig- und zweihundertmal täglich mit Geduld und Zuversicht aus. Sie werden verblüfft sein, wieviel Energie sie erzeugt.

Überdies ist es für Patienten mit einer lebensbedrohlichen Erkrankung sehr wichtig, eine einfache Yoga-Fingerhaltung, das Prana-Mudra, zu üben (siehe Seite 267f).

Die Atmung mit herausgestreckter, eingerollter Zunge

Diese Atemübung, die im Sanskrit *Sithali* heißt, sollten *nur* Patienten mit einer Schilddrüsenunterfunktion ausführen.

Reinigen Sie zunächst die Lunge mit drei bis vier rhythmischen Atemzügen im Rhythmus sieben-eins-sieben-eins.

Strecken Sie die Zunge nun etwas heraus, und rollen Sie die Zungenränder so ein, daß sich eine Rille bildet. Atmen Sie über die eingerollte Zunge mit einem Zischlaut ein. Halten Sie – so lange Sie können, ohne daß es für Sie unangenehm ist – die Luft an, und atmen Sie anschließend behutsam durch beide Nasenlöcher aus.

Führen Sie die Übung zwei Wochen lang morgens und abends zehnmal aus. Vergessen Sie nicht, die Lunge zuvor jedesmal mit drei bis vier rhythmischen Atemzügen zu reinigen.

Zur Unterstützung der Behandlung der Schilddrüsenunterfunktion sollten Sie außerdem mindestens einmal am Tag das auf den Seiten 267 und 268 beschriebene Prana-Mudra ausführen. Gehen Sie nach zwei Wochen zum Arzt, um Ihre Schilddrüse untersuchen zu lassen. Wenn er feststellt, daß sich Ihr Zustand normalisiert hat, können Sie mit den Übungen aufhören und sie, wann immer erforderlich, wieder aufnehmen.

Prana und Selbstheilung

Ich habe das Prana, die alles durchdringende Lebensenergie, schon an anderer Stelle in diesem Buch erwähnt. Das Prana ist ein zentraler Begriff in der hinduistischen Philosophie, auf der das Yoga gründet. Ich glaube, daß ein paar Informationen zu dieser Philosophie Ihnen ein besseres Verständnis meiner Vorstellung vom Heilen ermöglichen können. Dadurch wird Ihnen auch klarer, warum richtiges Atmen, Yoga-Übungen und Meditation so wichtig für die Selbstheilung sind – dadurch wird nämlich eine lebenswichtige Verbindung zum Prana hergestellt.

In »Raya-Yoga«, seinem berühmten Werk über hinduistische Philosophie, schreibt der große indische Heilige Swami Vivekananda, daß das ganze Universum aus zwei Substanzen bestehe: *Akasha,* dem inaktiven Material, aus dem alles im Universum erschaffen wird, und Prana, der Lebensenergie, die das Universum aktiviert. Hier ein Zitat aus dem Kapitel »Prana« seines Buches:

Es ist dies die allgegenwärtige, alles durchdringende Substanz. Alles Gestaltete, alles, was aus einer Verbindung hervorgeht, hat sich aus diesem Akasha entwickelt. Es ist das Akasha, das zur Sonne, zur Erde, zum Mond, zu den Sternen und Kometen wird; es ist das Akasha, das zum menschlichen und zum tierischen Körper, zur Pflanze und zu jeder Form, die wir sehen, wird, zu allem, was sinnlich wahrnehmbar ist, zu allem, was existiert. Es selber ist nicht wahrnehmbar, es ist so subtil, daß es sich jeder gewöhnlichen Wahrnehmung entzieht. Man kann es erst sehen, wenn es sich verdichtet hat und Gestalt geworden ist. Am Beginn der Schöpfung gibt es nur dieses Akasha. Am Ende des Zyklus löst sich das Feste, Flüssige und Gasförmige wieder in das Akasha auf, und auch die nächste Schöpfung geht wieder aus diesem Akasha hervor.

Durch welche Kraft wird aus dem Akasha dieses Weltall gebildet? Durch die Kraft des Prana. Genau so wie Akasha der unendliche, allgegenwärtige Stoff dieses Weltalls ist, ist Prana die unendliche, allgegenwärtig sich manifestierende Kraft. Am Anfang und am Ende eins jeden Zyklus wird alles zum Akasha und alle Kräfte des Weltalls lösen sich wieder in Prana auf. Im nächsten Zyklus entwickelt sich aus diesem Prana alles das, was wir Energie, was wir Kraft nennen. Es ist das Prana, das sich als Bewegung, als Schwerkraft, als Magnetismus kundtut. Es ist das Prana, das sich in den Verrichtungen des Körpers, den Nervenbahnen und als Denkkraft offenbart. Vom Gedanken abwärts bis zur untergeordnetsten Kraft ist alles einzig und allein die Manifestation des Prana. *

Nach der hinduistischen Philosophie kommt es zur Krankheit, wenn das Prana nicht ungehindert durch den Körper fließen kann – sei die Blockade körperlich oder geistig. Körper und Geist sind eng miteinander verbunden, der eine Teil kann nicht gesund sein, wenn es der andere nicht ist.

Um Körper und Geist gesund zu erhalten, sollte man sein Bestes tun, um Wissen und Kontrolle über das Prana zu erlangen: durch richtiges Atmen und Yoga-Übungen für den Körper und durch Meditation für den Geist.

Vivekananda schreibt, daß die offensichtlichste Manifestation des Prana im menschlichen Körper die Bewegung der Lungen ist. Wenn die Atmung aussetzt, erlöschen in der Regel auch alle anderen Manifestationen von Energie im Körper. Ziel der Atemkontrolle ist es also, uns in Harmonie mit uns selbst und

* Swami Vivekananda: Raja-Yoga, Freiburg, 1988, S. 32 f.

dem ganzen Universum zu bringen. In gleicher Weise dienen Yoga-Übungen (Asanas) dazu, den Körper zu kontrollieren, damit alle Atome des Körpers das nährende Prana aufnehmen können.

Meditation könnte als Suche nach der Wahrheit, als geistige Disziplin, die es unserem Geist ermöglicht, das Prana zu erfahren, beschrieben werden. Das Wort Yoga bedeutet »eins mit sich sein«. Wenn wir meditieren, treten wir eine Reise nach innen an, um der Flut unserer Gedanken, die in unserer komplexen, modernen Gesellschaft von allen Seiten Nahrung erhalten, Herr zu werden. Einzig durch die Praxis der Meditation reift die Seele heran. Wir können dies den Weg der Selbsterkenntnis oder die Suche nach der Wahrheit nennen. Die Erfahrung, das innere Licht zu sehen, die nur wenigen Menschen durch Gottes Gnade gewährt wird, läßt sich damit vergleichen, hundert Sonnen zu sehen. Um noch einmal aus »Raya-Yoga« zu zitieren:

Diese kleine Welle des Prana, die unsere eigenen Kräfte, die geistigen wie die körperlichen, darstellt, ist uns von allen Wellen im unendlichen Meer des Prana die nächste. Nur wenn uns die Beherrschung dieser kleinen Welle gelingt, können wir hoffen, die Herrschaft über alles Prana zu gewinnen. *

Die beste Methode, körperlich gesund zu bleiben und die Selbstheilung zu fördern, besteht darin, durch geistige und körperliche Übungen das Prana steuern zu lernen. Als ganzheitliche Heilerin ist es meine Aufgabe, das Prana bei den Patienten, die bei mir Hilfe suchen, zu erwecken und zu kanalisieren.

Auf metaphysischer Ebene bedeutet die Steuerung des Prana,

* ebd. S. 35

257

Harmonie mit dem ganzen Universum zu erlangen und so das Wachstum der Seele zu fördern. Mit Vivekanandas Worten:

Jede Seele ist ihrem Wesen und Vermögen nach göttlich. Das Ziel ist die Offenbarung dieses innewohnenden Göttlichen durch Beherrschung der äußeren und der inneren Natur. Erreichen Sie dies entweder durch Arbeit, oder durch Andacht, oder durch Kontrolle der seelischen Vorgänge, oder durch Philosophie, durch eines, oder einige davon, oder alle – und seien Sie frei. Das ist das Ganze der Religion. Lehrsätze und Dogmen oder Riten oder Bücher oder Tempel oder Bräuche sind nur nebensächliches Beiwerk.*

* ebd. S. 208

Asanas:
Heilende Übungen für den Körper

Von den unzähligen Yoga-Übungen (Asanas) empfehle ich nur jene, die meiner Erfahrung nach eine vorbeugende oder heilende Wirkung haben.

Es ist sinnvoll, Yoga unter fachlicher Anleitung zu erlernen, um sicherzugehen, daß man die Übungen richtig ausführt. Drei der Asanas, die ich empfehle, können Sie jedoch ohne Bedenken alleine üben. Ich rate Ihnen jedoch davon ab, den Schulterstand (Sarvang-Asana) ohne Hilfe eines Yoga-Lehrers zu üben. Wenn Sie die Übung noch nicht ganz beherrschen, könnten Sie stürzen und sich dabei verletzen.

Ich empfehle die folgenden Asanas:

- Das *Sarvang-Asana* (Schulterstand): Bei Schilddrüsenunterfunktion. Der Schulterstand hilft, die Schilddrüse zu aktivieren, weil dabei Druck auf sie ausgeübt wird.

- Das *Paschimottan-Asana* (Kopf-Knie-Stellung): Bei Zuckerkrankheit. Diese Stellung regt die Bildung von Insulin in der Bauchspeicheldrüse an.

- Das *Shashank-Asana*: Bei Asthma. Mit einiger Übung kann man mit diesem Asana einen sich ankündigenden Anfall verhindern.

- Das *Siddh-Asana* (halber Lotussitz): Bei Bluthochdruck.

- Das *Sarpa-Asana* (Kobrastellung): Bei Rückenproblemen.

- Ein Asana, das ich zur Heilung von Bandscheibenvorfällen entwickelt habe.

Im folgenden sind diese Yoga-Übungen im einzelnen beschrieben.

Das Sarvang-Asana (Schulterstand)
Bei Schilddrüsenunterfunktion

Hinweis: Sie sollten den Schulterstand nicht ohne Anleitung und Hilfestellung durch einen Experten ausführen.

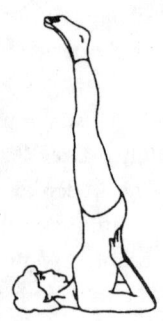 Legen Sie sich flach auf den Boden. Der Kopf sollte gerade sein und mit dem sonstigen Körper eine Linie bilden. Reinigen Sie die Lunge durch rhythmisches Atmen, und atmen Sie dann tief ein. Stemmen Sie beim Ausatmen langsam in einer fließenden Bewegung Beine, Hüften und Rumpf hoch, bis Sie in der Senkrechten sind, wobei Sie das Kinn fest auf die Brust drücken. Achten Sie darauf, daß Ihr Körper gerade nach oben gestreckt ist. Hinterkopf, Nacken, Schultern und Oberarme ruhen auf dem Boden.

Zu Anfang müssen Sie Ihren Körper wahrscheinlich mit den Händen abstützen. Wenn Sie mehr Übung haben, können Sie die Arme auf dem Boden ausstrecken. Begeben Sie sich sehr vorsichtig wieder in die Rückenlage, indem Sie die Beine beugen und Wirbel für Wirbel abrollen. Lassen Sie den Nacken auf dem Boden, wenn Sie zur Ausgangsposition zurückkehren.

Anfangs können Sie die Stellung wahrscheinlich nur etwa zehn Sekunden halten. Mit ein wenig Übung werden Sie feststellen, daß Sie leicht drei Minuten oder länger in dieser Stellung verbleiben können.

Das Paschimottan-Asana (Kopf-Knie-Stellung)
Bei Zuckerkrankheit

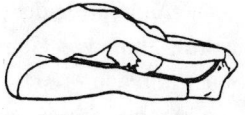 Setzen Sie sich auf den Boden, und strecken Sie die Beine aus. Beginnen Sie mit rhythmischem Atmen. Atmen Sie anschließend langsam ein, während Sie die Arme gerade über dem Kopf ausstrecken. Machen Sie sich so lang wie möglich, um die Wirbelsäule zu dehnen. Atmen Sie jetzt langsam aus, und beugen Sie sich, von der Hüfte abwärts vor, wobei Sie den Rücken so lange wie möglich gerade halten, bis Ihr Kopf die Knie berührt und Sie die Zehen mit den Händen umfassen können. Ziehen Sie die Zehen zu sich, so als würden Sie versuchen, sie mit dem Kopf zu erreichen.

Bleiben Sie zu Anfang ein paar Sekunden lang in dieser Position, und lassen Sie den Atem fließen. Kommen Sie langsam wieder hoch, und strecken Sie dabei die Arme nach oben. Halten Sie den Rücken gerade, wenn Sie die Sitzposition erreicht haben. Lassen Sie die Arme nun langsam zur Seite sinken.

Anfangs finden Sie diese Übung womöglich sehr schwierig. Wahrscheinlich sind Sie nicht in der Lage, die Zehen mit den Händen zu erreichen. Dehnen Sie sich nur so weit, wie Sie können, und konzentrieren Sie sich darauf, den Rücken möglichst gerade zu halten. Mit einiger Übung wird Ihr Körper beweglicher, und es wird Ihnen zunehmend leichter fallen, die Übung auszuführen. Wie bereits erwähnt, regt sie die Bauchspeicheldrüse an, Insulin zu bilden.

Das Shashank-Asana
Bei Asthma

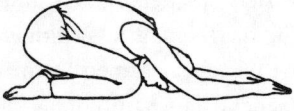 Wenn Sie an Asthma leiden, können Sie die Bildung von Glukokortikoiden anregen – Ärzte verabreichen sie bei schweren Anfällen –, indem Sie diese Yoga-Stellung üben.

Setzen Sie sich auf die Fersen, heben Sie die Arme über den Kopf, und beugen Sie sich vor, bis Sie mit der Stirn den Boden berühren und die Arme vor Ihrem Körper ausgestreckt sind. In dieser Körperhaltung werden die Nebennieren stimuliert, Glukokortikoide zu bilden.

Entspannen Sie sich, und bleiben Sie zehn bis 15 Minuten lang in dieser Stellung. Wenn Sie an einem Gefühl der Enge in der Brust und Atemnot erkennen, daß ein Asthmaanfall naht, können Sie diese Yoga-Übung machen, um den Anfall in den Griff zu bekommen.

Das Siddh-Asana (halber Lotussitz)
Bei Bluthochdruck

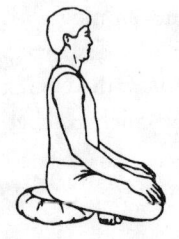 Dies ist die Haltung, die wir beim Meditieren einnehmen. Man sitzt aufrecht und mit ganz geradem Rücken im Schneidersitz: Die linke Ferse liegt am Damm. Den rechten Fuß zieht man, wenn möglich, auf den linken Oberschenkel, oder man läßt ihn am Boden, je nach Gelenkigkeit. Die Oberschenkel sollten so flach auf dem Boden liegen wie möglich. Sie können die Hände auf die Knie legen oder eines der Mudras

(heilende Fingerhaltungen) ausführen, auf die ich im nächsten Kapitel eingehe.

Diese Sitzhaltung birgt viele Vorteile. Sie ist zum Beispiel eine gute Dehnübung bei steifen Kniegelenken. Ich empfehle diese Yoga-Übung jedoch besonders, um Bluthochdruck zu senken.

Das Sarpa-Asana (Kobrastellung)
Bei Rückenproblemen, Bandscheibenvorfällen, Spondylitis

Meiner Erfahrung nach verschafft die Kobrastellung Linderung bei Bandscheibenvorfällen und entzündlichen Wirbelgelenkserkrankungen (Spondylitis).

Legen Sie sich mit gestreckten, geschlossenen Beinen flach auf den Bauch, so daß die Stirn den Boden berührt. Becken und Knie sollten auf dem Boden aufliegen. Mit den Füßen gehen Sie in den Zehenstand. Winkeln Sie die Arme an, und legen Sie die Hände in Schulterhöhe mit den Handflächen nach unten parallel zum Körper auf den Boden. Lassen Sie den Atem fließen. Atmen Sie dann tief ein, und stemmen Sie den Oberkörper nach und nach mit den Armen hoch. Beugen Sie Wirbelsäule und Kopf weit nach hinten. Der Unterbauch muß dabei auf dem Boden liegenbleiben. Durch die Rückwärtsneigung werden versteifte Rückenmuskeln gelockert und die Kopfmuskeln trainiert.

Bleiben Sie in dieser Stellung, atmen Sie aus und anschließend tief ein. Halten Sie den Atem an, während Sie den Kopf langsam so weit wie möglich nach links drehen, bis Sie über die linke Schulter zur Rückenmitte schauen. Drehen Sie den Kopf wieder in die Ausgangsposition zurück, atmen Sie aus, und nehmen Sie einen weiteren Atemzug. Drehen Sie den Kopf nun sehr langsam nach rechts, während Sie den Atem anhalten, bis Sie über die rechte Schulter zur Rückenmitte schauen. Bringen Sie den Kopf wieder in die Ausgangsposition. Atmen Sie aus, während Sie den Oberkörper absenken, bis die Stirn wieder den Boden berührt. Ruhen Sie sich in der Bauchlage aus, und wiederholen Sie diese Übung fünf- oder sechsmal.

Ein einfaches Asana ohne Namen
Bei Wirbelsäulenleiden

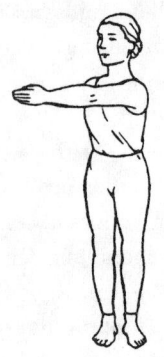

Dieses namenlose Asana habe ich selbst für Patienten mit Rückenproblemen, vor allem Bandscheibenvorfälle, entwickelt.
Stellen Sie sich mit leicht gespreizten Beinen gerade hin, und lassen Sie die Arme seitlich herunterhängen. Heben Sie die gestreckten Arme nun vor dem Körper bis auf Schulterhöhe an, und legen Sie die Handflächen aneinander, so daß sich Ihre Fingerspitzen berühren.
Nehmen Sie einen tiefen Atemzug – das ist sehr wichtig –, und drehen Sie den Oberkörper, während Sie den Atem anhalten, langsam nach links. Drehen Sie sich wieder zurück, atmen Sie aus, und lassen Sie die Arme sinken. Wiederholen Sie die Bewegung nach rechts. Machen Sie dieses Asana bei jedem Üben drei- oder viermal. Die Übung macht die ganze Wirbelsäule beweglicher und hilft, Bandscheibenvorfälle in allen Wirbelsäulenabschnitten zu heilen. Als ich diese Übung einmal einem Patienten zeigte, hörten wir beide, wie es »schnakkelte« und etwas wieder an den rechten Platz rutschte.

Mudras:
Heilende Fingerhaltungen

Ich glaube ganz fest daran, daß es wichtig ist, möglichst einfache Empfehlungen zu geben, wenn ich meinen Patienten helfe, sich selbst zu helfen.

Viele Patienten können kaum glauben, daß die einfachen Yoga-Fingerhaltungen (Mudras) aus dem Hatha-Yoga, die ich im folgenden im einzelnen erläutere, ihnen wirklich helfen können. »Es erscheint mir einfach zu leicht«, höre ich oft von Patienten, die Yoga noch nicht kennen. Viele Yoga-Stellungen sind tatsächlich sehr einfach, und viele meiner Patienten haben ihre Genesung gefördert und ihren Körper gesund erhalten, indem sie ihn mit den im folgenden beschriebenen Fingerhaltungen ins Gleichgewicht gebracht haben.

Es gibt Hunderte von Mudras. Ich empfehle hier jedoch nur jene, die ich für die Selbstheilung als wichtig erachte. Ehe ich die eigentlichen Fingerhaltungen beschreibe, möchte ich Ihnen einige allgemeine Informationen über die Mudras und ihre Bedeutung vermitteln.

Die Bedeutung der Mudras

In der Philosophie des Yoga stellt man sich das Individuum als ein Miniuniversum vor, das ein Abbild des größeren Universums ist. Ziel der Yoga-Übungen ist es, Körper und Geist des Individuums mit der universellen Kraft oder Lebensenergie (dem Prana) in Einklang zu bringen.

Nach der yogischen Denkweise setzt sich unser Körper aus fünf Elementen zusammen: Feuer oder Energie; Luft; Himmel oder Äther; Erde und Wasser. Jeder unserer fünf Finger repräsentiert eines dieser Elemente.

1. Der Daumen repräsentiert Feuer oder Energie.
2. Der Zeigefinger repräsentiert Luft.
3. Der Mittelfinger repräsentiert Himmel oder Äther.
4. Der Ringfinger repräsentiert Erde.
5. Der kleine Finger repräsentiert Wasser.

In der yogischen Praxis geht man von folgendem Grundsatz aus: Immer wenn ein Ungleichgewicht besteht – wenn ein Element aktiver oder weniger aktiv ist als die anderen –, entsteht Disharmonie in unserem Körper, die Krankheit verursacht.

Bei allen Mudras muß man das Element Feuer (den Daumen) einbeziehen. Mudras basieren darauf, mit den Fingerspitzen, Knöcheln oder Fingergrundgelenken leicht den Daumen – immer den Daumen – zu berühren, um Energieströme zu erzeugen. In den Fingerspitzen befinden sich viele Nervenenden. Wenn Sie eine feine Wahrnehmung und mehr Übung mit den Mudras haben, werden Sie den Energiefluß wahrscheinlich spüren.

Wie lange sollte man ein Mudra üben?

Jedes der Mudras sollte jeweils mindestens 45 Minuten lang ausgeführt werden. Wenn Sie dazu keine Gelegenheit haben, sollten Sie die Übungszeit auf zweimal dreißig Minuten verteilen. Die Heilwirkung eines Mudras ist um so größer, je mehr Sie es üben, außer es wird ausdrücklich eine andere Übungsanweisung gegeben.

Mudras mit beiden Händen gleichzeitig ausführen

Sofern nicht anders angegeben, ist ein Mudra am wirkungsvollsten, wenn Sie es gleichzeitig mit beiden Händen ausführen. Wenn dies nicht möglich ist – zum Beispiel, wenn Sie schreiben oder mit einer Hand ein Buch halten, das Sie lesen –, können Sie das Mudra mit der Hand ausführen, die Sie nicht benutzen. Viele Menschen haben die Erfahrung gemacht, daß sich ein Mudra gut beim Gehen, beim Fernsehen oder im Kino ausführen läßt. Anstatt die Hände in den Schoß zu legen, sollten Sie sich angewöhnen, Mudras zu üben.

Bitte beachten Sie folgenden Hinweis: Die meisten Mudras dienen der allgemeinen Gesundheit und können von jedem jederzeit ausgeführt werden. Ein Mudra, das sogenannte Shunya-Mudra, sollten jedoch nur Patienten üben, die unter Ohrenbeschwerden leiden.

Das Prana-Mudra

Zur Förderung der allgemeinen Gesundheit und bei allen lebensbedrohlichen Erkrankungen
Prana bedeutet im Sanskrit Lebensenergie. Das Prana-Mudra ist das Mudra, das ich am häufigsten zur Förderung der allgemeinen Gesundheit empfehle.

Für die Abbildungen, die die Mudras verdeutlichen, wurden Srees Hände fotografiert. In Ruhe sind sie zart und klein wie die eines Kindes. Sie erlangen jedoch eine unglaubliche Stärke, wenn Sree sie zum Heilen gebraucht. (Anm. d. Red.)

Vorgehensweise: Legen Sie die Fingerspitzen von Daumen (Feuer oder Energie), Ringfinger (Erde) und kleinem Finger (Wasser) aneinander.

Wirkung und Nutzen: Wenn Sie diese drei Finger zusammenbringen, wird eine besondere Energie in Fluß gebracht und der ganze Körper verjüngt. Die »Batterie« des Körpers wird wieder aufgeladen, und Funktionsstörungen werden beseitigt – die Lebensenergie beginnt mit enormer Kraft durch den Körper zu fließen.

Ich empfehle dieses Mudra allen Patienten mit einer lebensbedrohlichen Erkrankung, wie zum Beispiel Krebs, weil es hilft, das Immunsystem zu aktivieren. Je mehr man es übt, desto besser ist das Ergebnis.

Ich lege das Mudra auch Menschen mit einer Schilddrüsenunterfunktion ans Herz. Viele meiner Patienten haben bemerkenswerte Ergebnisse damit erzielt.

Das Mudra hilft auch Patienten mit Sehstörungen.

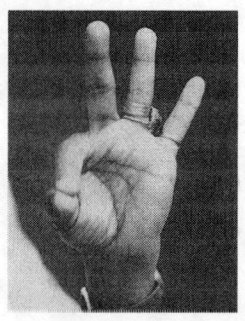

Das Jnana-Mudra

Bei Gedächtnis- und Konzentrationsstörungen und Schlaflosigkeit
Das Jnana-Mudra wird als Haltung der Weisheit bezeichnet, weil *Jnana* im Sanskrit Wissen bedeutet. Bei Buddha-Statuen ist diese Handhaltung häufig zu sehen.

Vorgehensweise: Beim Jnana-Mudra vereint man das Element Feuer mit dem Element Luft, indem man die Fingerspitzen von Daumen und Zeigefinger zusammenbringt.

Wirkung und Nutzen: Dieses Mudra erhöht den Blutfluß zum Gehirn und fördert aus diesem Grund die mentale Leistungsfähigkeit und das Gedächtnis.

Dieses Mudra kann auch Menschen helfen, die unter Schlaflosigkeit leiden. Hier spreche ich aus eigener Erfahrung, denn ich habe meine Schlafstörungen mit diesem Mudra kuriert.

Darüber hinaus erzeugt dieses Mudra Harmonie, Frieden, Glückseligkeit und ein Verständnis des geheimnisvollen Universums, das sich jenseits unseres bewußten Wissens befindet.

Das Bayau-Mudra

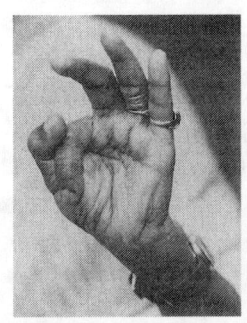

Bei Gelenkschmerzen
Im Sanskrit bedeutet *Bayau* Luft. Dieses Mudra dient dazu, die lebenswichtige Luft im Körper in Fluß zu bringen.

Vorgehensweise: Auch bei diesem Mudra kommen der Daumen (Feuer) und der Zeigefinger (Luft) zum Einsatz, aber in einer anderen Haltung. Der Zeigefinger berührt und drückt leicht auf das Daumengrundgelenk. Der Daumen ist gebeugt und berührt den Fingerknöchel des Zeigefingers.

Wirkung und Nutzen: Dies ist ein ausgezeichnetes Mudra zur Linderung von Gelenkschmerzen bei Erkrankungen wie Rheumatismus und Arthritis. Sogar Lähmungserscheinungen lassen sich damit lindern. Es hilft jedoch nicht bei Beschwerden wie Ohren- oder Magenschmerzen, die nicht mit der sich in unserem Körper befindenden Luft zusammenhängen.

Um optimale Ergebnisse zu erzielen, sollten Sie das Mudra abwechselnd mit dem Prana-Mudra üben (siehe oben).

Das Prithvi-Mudra

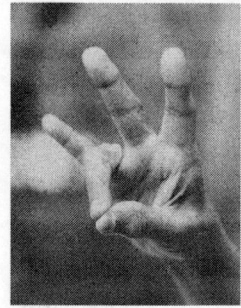

Zur Steigerung der körperlichen Energie und der geistigen Beweglichkeit
Im Sanskrit bedeutet *Prithvi* Erde. Wenn das Feuer die Erde berührt, wird die »Batterie« des Körpers wieder aufgeladen.
Vorgehensweise: Bringen Sie die Fingerspitzen von Daumen (Feuer oder Energie) und Ringfinger (Erde) zusammen.

Wirkung und Nutzen: Dieses Mudra hilft, wenn der Körper aufgrund eines Vitaminmangels geschwächt ist. Da es den Energiefluß ankurbelt, werden geschwächte Körperbereiche wieder mit Energie versorgt.

Dieses Mudra fördert auch die geistige Beweglichkeit. Man wird offener, weniger starrsinnig und empfänglicher für die Gedanken anderer Menschen. Das Üben dieses Mudras kann auch zur Erfahrung von verschiedenen Formen der Glückseligkeit führen.

Das Surya-Mudra

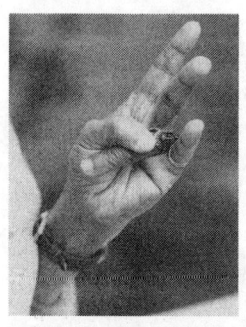

Zur Beseitigung körperlicher Lethargie
Surya bedeutet auf Sanskrit Sonne. Die spezifische Stellung von Daumen und Ringfinger dient dazu, eine andere Art von elektrischen Impulsen zu erzeugen.
Vorgehensweise: Berühren Sie zunächst mit der Fingerspitze des Ringfingers (Erde) das Grundgelenk des Daumens (Feuer). Beugen Sie dann den Daumen, bis er den Knöchel des Ringfingers berührt.

Wirkung und Nutzen: Man kann dieses Mudra anwenden, wenn man sich körperlich schwerfällig oder lethargisch fühlt. Es erzeugt ein Gefühl der Leichtigkeit. Überdies verleiht es mystische Kraft, wie seltsam das auch klingen mag.

Das Varun-Mudra

Bei Nierenerkrankungen und unreinem Blut
Im Sanskrit bedeutet *Varun* Wasser. Dieses Mudra hilft bei allen Gesundheitsstörungen, die mit Flüssigkeitsmangel zusammenhängen.

Vorgehensweise: Dieses Mudra ist sehr leicht auszuführen. Man berührt mit der Fingerspitze des kleinen Fingers (Wasser) die Fingerspitze des Daumens (Feuer oder Energie).

Wirkung und Nutzen: Unser Körper besteht zu siebzig Prozent aus Wasser. Bei Flüssigkeitsmangel gerät der gesamte Organismus aus dem Gleichgewicht. Ich empfehle dieses Mudra häufig Patienten, die unter Nierenfunktionsstörungen, körperlicher Steifheit und Blutverunreinigungen leiden.

Das Linga-Mudra

Bei Anfälligkeit für Krankheiten im Brustbereich
Bei diesem Mudra kommen alle Finger beider Hände zum Einsatz. Es erzeugt Wärme im ganzen Körper.

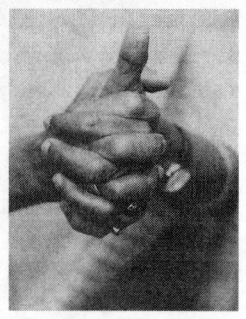

Vorgehensweise: Falten Sie die Hände so, daß nur der linke Daumen senkrecht steht. Daumen und Zeigefinger der rechten Hand umschließen den linken Daumen fest.

Wirkung und Nutzen: Wenn einem kalt ist, wärmt dieses Mudra den ganzen Körper. Es ist auch ausgezeichnet für Menschen geeignet, die ständig unter Husten und Erkältungen leiden. Wenn man es geduldig übt, kann man erstaunliche Ergebnisse erzielen.

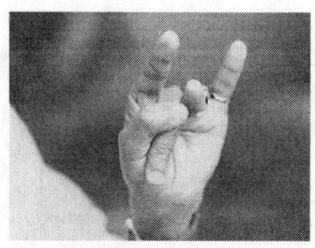

Das Shunya-Mudra

Bei Ohrenerkrankungen
Hinweis: Dieses Mudra sollten nur Menschen mit einem Ohrenleiden ausführen. Menschen, die kein Ohrenleiden haben, sollten es nicht anwenden, weil es zu einer Blockade der Ohren führen könnte. Bitte benutzen Sie bei diesem Mudra nur eine Hand.

Wenn das rechte Ohr betroffen ist, müssen Sie das Mudra mit der rechten Hand üben.

Ist das linke Ohr betroffen, dann ist das Mudra mit der linken Hand auszuführen.

Vorgehensweise: Bei diesem Mudra kommen der Daumen (Feuer oder Energie) und der Mittelfinger (Himmel oder Äther) zum Einsatz. Der Mittelfinger berührt das Daumengrundgelenk, der Daumen ist gebeugt und drückt auf den Knöchel des Mittelfingers.

Patienten mit einer Ohrenerkrankung sollten dieses Mudra so oft wie möglich für jeweils 45 Minuten oder zweimal dreißig Minuten ausführen. Je öfter man dieses Mudra übt, desto größer ist seine Heilwirkung.

Im letzten Kapitel des ersten Teils (siehe Seite 217 ff.) habe ich den Fall eines fünfjährigen Jungen beschrieben, der mit Hilfe dieses Mudras sein Hörvermögen wiedererlangte, nachdem alle Ärzte seinem Vater prophezeit hatten, daß er für den Rest seines Lebens teilweise taub sein würde.

Das Apana-Vayu-Mudra
oder Mrita-Sanjibani-Mudra

Bei allen Formen von Herzschwäche

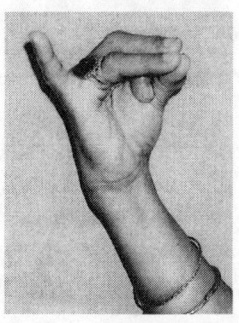 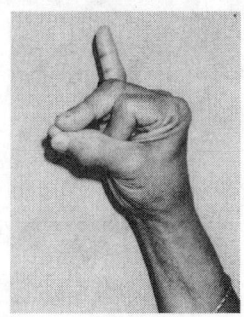

Vorgehensweise: Berühren Sie mit der Fingerspitze des Zeigefingers (Luft) das Grundgelenk des Daumens (Feuer). Legen Sie anschließend die Fingerspitzen des Mittel- und des Ringfingers (Himmel und Erde) auf die Fingerspitze des Daumens.

Wirkung und Nutzen: Dieses Mudra hilft bei allen Formen von Herzschwäche. Überdies wird sogar behauptet, daß man damit einem drohenden Herzinfarkt vorbeugen kann. Das kann ich selbst nicht bezeugen. Patienten, die unter Symptomen leiden, die auf einen Herzinfarkt hindeuten, und auf den Arzt warten oder auf dem Weg ins Krankenhaus sind, können das Mudra jedoch sicherlich ausführen, um sich zu beruhigen.

Das Apana-Mudra

Bei Harnwegsblockaden, die nicht *mit einer Prostataerkrankung zusammenhängen*

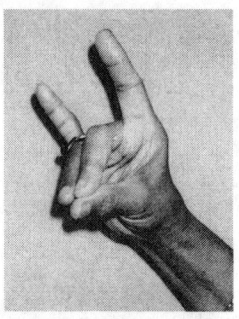 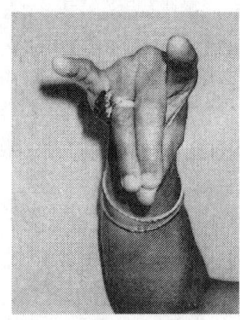

Vorgehensweise: Berühren Sie die Fingerspitze des Daumens (Feuer) mit den Fingerspitzen des Mittel- und des Ringfingers (Himmel und Erde).

Wirkung und Nutzen: Dieses Mudra hilft Patienten mit Harnwegsblockaden, die sie daran hindern, Wasser zu lassen. Darüber hinaus wird es bei diabetisch bedingten Harnabflußstörungen empfohlen.

Das Mudra ist auch bei einer verstopften Nase hilfreich und trägt zur Öffnung der Poren bei. Der Patient kann dann schwitzen und der Körper wird entgiftet. Darüber hinaus fördert es die Selbsterkenntnis.

Heilende Farben

Die Farbmeditation ist eine uralte Yoga-Praxis, bei der man Farben visualisiert, um den Körper zu revitalisieren und zu heilen. Ehe ich die Theorie und Praxis der Farbmeditation beschreibe, werde ich für jene Leser, die nicht mit der Meditation vertraut sind, kurz die Meditationstechnik erklären, die ich anwende. Die visualisierten Farben entsprechen der Reihenfolge der Farben eines Regenbogens, dem universellen und konstruktiven Symbol für Hoffnung.

Anleitung zur Meditation

Ich möchte Sie auf sechs spezifische Elemente der Meditation hinweisen, durch die man eine Entspannungsreaktion hervorrufen kann.

1. Eingangs sei erwähnt, daß Sie beim Meditieren nie vergessen sollten, den Rücken gerade zu halten. Setzen Sie sich mit geradem Rücken im Schneidersitz auf den Boden oder auf eine feste Unterlage, wenn Ihnen das ohne große Anstrengung und ohne Schmerzen möglich ist. Machen Sie sich keine Sorgen, wenn Sie diese Haltung nicht bequem einnehmen können. Setzen Sie sich dann einfach in einen Sessel oder auf einen Stuhl, je nachdem, was Ihnen lieber ist, aber vergessen Sie nicht, gerade zu sitzen.
2. Schließen Sie die Augen.
3. Entspannen Sie alle Muskeln, beginnend mit den Muskeln in den Füßen und in Richtung Kopf fortschreitend.

4. Atmen Sie durch die Nase, und harmonisieren Sie Ihre Atmung durch rhythmisches Atmen: beim Einatmen bis sieben zählen, für eine Zeiteinheit die Luft anhalten, beim Ausatmen wieder bis sieben zählen, die Luft wieder für eine Zeiteinheit anhalten usw.

5. Wenn Sie sich an diesen Rhythmus gewöhnt haben und Ihr Atem ganz natürlich fließt, können Sie beginnen, bei jedem Ausatmen im stillen »om« zu sagen. Meditieren Sie zehn bis zwanzig Minuten lang mit diesem Mantra. Sie können die Silbe »om« auch laut aussprechen, wenn Sie sich an einem Ort befinden, an dem Sie das ungestört tun können. Die Vibrationen, die beim Aussprechen der Silbe in Ihrem Körper erzeugt werden, haben eine Heilwirkung.

6. Bleiben Sie nach Abschluß der Meditation noch ein paar Minuten lang ruhig mit geschlossenen Augen sitzen, und öffnen Sie dann die Augen.

Die theoretischen Grundlagen der Farbmeditation

In der yogischen Philosophie assoziiert man jede der sieben Farben des Regenbogens mit einem der sieben *Chakren,* den unsichtbaren Energiezentren entlang der Wirbelsäule. Chakra bedeutet im Sanskrit Rad oder Kreis in Bewegung. Man stellt sich die Chakren als lotusförmige, sich drehende Energieräder oder -wirbel vor, die durch die Kraft des Geistes »geöffnet« werden können, um das Prana, die Lebensenergie, in den Körper zu ziehen. Diese Lebensenergie wird dann durch das Netz der Energiebahnen, die von den Chakren ausgehen, im Körper verteilt.

Auf der physischen Ebene assoziiert man jedes Chakra mit einer endokrinen Drüse, die bestimmte Körperfunktionen steuert. Wenn Sie sich die Farbe, die einem Chakra zugeordnet ist, bildlich vorstellen, hilft die Energie, die dadurch erzeugt wird, den Körperbereich, mit dem es in Verbindung steht, zu heilen.

Im folgenden erläutere ich jedes einzelne Chakra, die Farbe, die damit assoziiert wird und den Körperbereich, den es steuert.

Erstes Chakra: Das Wurzelchakra (Muladhara)

Lage: Am unteren Ende der Wirbelsäule.

Meditationsfarbe: Rosenrot.

Element: Erde.

Zugeordnete endokrine Drüsen: Gonaden.

Wenn man sich beim Meditieren auf dieses Chakra konzentriert, kann man Gefühle von Begierde, Neid und Wut steuern. Außerdem hat dieses Chakra einen Einfluß auf den Geruchssinn und fördert unsere Sprachfähigkeit.

Das Wurzelchakra visualisiert man auch als Quelle der Kundalini-Shakti (Schlangenkraft). Man stellt sich eine Schlange vor, die um das untere Ende der Wirbelsäule gewickelt ist. Wenn man diese Kraft durch Meditation richtig aktiviert, steigt sie durch die anderen Chakren in der Wirbelsäule auf und vereint sich schließlich mit dem Kronenchakra auf dem Scheitelpunkt des Oberkopfes, dem Sahasrara, was im Sanskrit tausendblättriger Lotus bedeutet. Dies ist das Ziel aller intensiv übenden Yogis – die Lotusblumen langsam eine nach der anderen zu erwecken, bis die Einheit mit dem Göttlichen erreicht ist.

Zweites Chakra: Das Sakralchakra (Svadisthana)

Lage: Am ersten Lendenwirbel.

Meditationsfarbe: Orangerot.

Element: Wasser.

Zugeordnete endokrine Drüsen: Nebennieren.

Beim Meditieren die Farbe Orangerot zu visualisieren, hilft, die Nierenfunktion zu kontrollieren und den ganzen Körper, einschließlich der Beine, zu vitalisieren.

Drittes Chakra: Das Nabelchakra (Manipura)

Lage: In der Nabelgegend.

Meditationsfarbe: Gelb.

Element: Feuer.

Zugeordnete endokrine Drüse: Bauchspeicheldrüse.

Wenn man sich beim Meditieren die Farbe Gelb vorstellt, strömen gelbe Strahlen in den Bauch, die die Bauchspeicheldrüse stimulieren und die Leber, die Gallenblase und das gesamte Nervensystem stärken.

Dies ist ein sehr wichtiges Zentrum beim Meditieren, weil es seinen Sitz im Bereich des Solarplexus, des Reservoirs für psychische Kraft, hat.

Viertes Chakra: Das Herzchakra (Anahata)

Lage: Am ersten Brustwirbel auf der Höhe des Herzens.

Meditationsfarbe: Grün.

Element: Luft.

Zugeordnete endokrine Drüse: Thymusdrüse.

In der Farbe Grün des Herzchakras vereint sich das Gelb des darunter liegenden Chakras mit dem Himmelblau des darüber liegenden Chakras. Dies symbolisiert die zentrale Rolle des vierten Chakras. Es sorgt für die Umwandlung der Energie der unteren Chakren, die die Instinkte regulieren, und ist die Verbindung zu den höheren Bewußtseinsebenen der oberen Chakren. Im physischen Körper kommt diese zentrale Rolle in der Kraft des Herzens, das Blut zu reinigen und den Körper zu vitalisieren, zum Ausdruck.

Bei dieser Farbmeditation sollten Sie sich ein gleichmäßiges grünes Licht im Zentrum des Herzens vorstellen. Farbmeditationen mit der Farbe Grün sind besonders wertvoll für Patienten, die an einer Herzerkrankung oder an Durchblutungsstörungen leiden.

Fünftes Chakra: Das Halschakra (Vishuddha)

Lage: In Höhe des dritten Halswirbels.
Meditationsfarbe: Himmelblau.
Element: Äther.
Zugeordnete endokrine Drüse: Schilddrüse.

Mit dieser Farbe zu meditieren – was dem Anfänger möglicherweise schwerfällt –, wirkt kühlend und erzeugt ein Gefühl von Ruhe und Frieden, wenn die Energie nach oben in den Halsbereich aufsteigt. Diese Meditation beeinflußt Lunge, Bronchien, Verdauungskanal und Sprachfähigkeit positiv.

Sechstes Chakra: Das Stirnchakra (Ajna)

Lage: Zwischen den Augenbrauen
Meditationsfarbe: Indigoblau.
Zugeordnete endokrine Drüse: Zirbeldrüse.

Das Stirnchakra, das auch als drittes Auge bezeichnet wird, und das siebte Chakra, das Kronenchakra, werden sowohl mit der Zirbeldrüse als auch mit der Hirnanhangsdrüse in Verbindung gebracht. Farbmeditationen mit Indigoblau helfen bei Gesundheitsstörungen im unteren Teil des Gehirns und bei Ohren- und Augenleiden.

Man glaubt, daß ein Yogi, der kurz vor seinem Tod beim Meditieren die Konzentration auf das sechste Chakra richtet, in dem Augenblick, in dem die Seele seinen Körper verläßt, eins mit Gott wird.

Siebtes Chakra: Das Kronenchakra (Sahasrara)
Lage: Auf dem Scheitelpunkt des Oberkopfes.
Meditationsfarbe: Violettweiß.
Zugeordnete endokrine Drüse: Hirnanhangsdrüse (Hypophyse).

Das Kronenchakra repräsentiert jenen transzendentalen Zustand, der über das Bewußtsein hinausgeht. Es beherrscht die Energie der sechs darunter liegenden Chakren und wandelt sie um. Das Kronenchakra steuert den oberen Teil des Gehirns und das rechte Auge. Es ist der Knotenpunkt entgegengesetzter Polaritäten: Shiva und Shakti, männlich und weiblich, elektrisch und magnetisch, Sonne und Mond. Dieses Chakra ist der Verbindungspunkt zum universellen Energiefeld und das höchste Ziel der Meditation.

Die Praxis der Farbmeditation

Sie haben sich auf das Meditieren eingestimmt und atmen ruhig im regelmäßigen Rhythmus sieben-eins-sieben-eins. Stellen Sie sich nun vor, daß Sie das Rosenrot des ersten Chakras einatmen. Visualisieren Sie, wie die Sonne diese Farbe abstrahlt und sie in Ihren Körper strömt, sich im ganzen Körper ausbreitet und ihm Stärke und Vitalität verleiht. Entspannen Sie sich, und lassen Sie die Farbe durch Sie hindurchfließen.
Visualisieren Sie als nächstes die Farbe Orangerot. Auch sie repräsentiert die Sonne mit all ihrer heilenden Energie.
Stellen Sie sich nun die Farbe Gelb vor, um Bauchspeicheldrüse, Magen und Leber zu stimulieren.
Versuchen Sie jetzt, die Farbe Grün zu visualisieren. Dies ist vor allem bei Funktionsstörungen des Herzens wichtig.
Probieren Sie als nächstes, sich die Farbe Himmelblau bildlich

vorzustellen. Verlieren Sie nicht den Mut, wenn es zunehmend schwieriger wird, die Farben der höheren Chakren zu visualisieren. Versuchen Sie es nun mit der Farbe Indigoblau. Sie wirkt wie die Farbe Himmelblau kühlend und beruhigend und fördert die spirituelle Heilung.

Das Violettweiß des siebten Chakras schließlich bildet die oberste Stufe der Farbmeditation und erzeugt Klarheit des Geistes, Gelassenheit und Frieden.

Durch Meditation und geeignete Atemübungen entwickeln wir unseren Geist weiter. Je ausgereifter die Techniken sind, desto größer ist seine Kraft. Unsere emporstrebenden Gedanken tragen zur Heilung des gesamten Universums bei. Mit der Kraft des Geistes können wir die Angst vor Krankheit, und sogar dem Tod überwinden. Am Ende unserer irdischen Reise, wenn die Zeit für unsere Vereinigung mit Gott gekommen ist, werden wir unseren Körper friedlich verlassen:

Alles ist aus dem Absoluten hervorgegangen, und alles muß dorthin zurückkehren.

Heilende Klänge

Klänge werden im Yoga sowohl zur Vitalisierung des Körpers als auch zur Einstimmung auf die Meditation verwendet.

»The Ten-Point Way to Health« (»Der Zehn-Punkte-Weg zur Gesundheit«) von Rajah of Aundh ist ein wertvoller Ratgeber, der die Verwendung von Klängen beim Heilen beschreibt und auch mir persönlich wichtige Anregungen für eine gesunde Lebensführung gegeben hat. Leider ist das ausgezeichnete Buch – es enthält auch ein Übungsprogramm – nicht mehr lieferbar. Ich empfehle tägliche Übungen mit den folgenden sieben Klängen: dem kosmischen Klang Om (dem *Pranava*), und im Anschluß daran mit den sechs Klängen, die als *Bija-Mantras* bezeichnet werden – Hram, Hrim, Hrum, Hraim, Hraum und Hrah.

Die Heilwirkung der Klänge

Im folgenden erläutere ich, warum es eine heilende Wirkung hat, wenn man diese Klänge laut und deutlich rezitiert, wie es Yogis jahrhundertelang getan haben:

- Om – o-o-o-m-m-m ausgesprochen – läßt die Wirbelsäule leicht vibrieren und vitalisiert den ganzen Körper.
- Das »H« in den sechs Bija-Mantras erzeugt Vibrationen, die vom Herzen ausgehen, und bewirkt, daß das Herz schneller schlägt und das Blut gereinigt wird.
- Das »M« am Ende von fünf der sechs Bija-Mantras hilft ebenfalls, das Blut zu reinigen, wenn man durch die Nase

ein- und ausatmet. Überdies werden Nase und Luftröhre gesund erhalten, wenn man die fünf Mantras mit dem langgezogenen »M« abschließt.

- Der Laut »R« in den Mantras gilt fast noch als wichtiger als die Silbe Om. Wenn man den Konsonanten »R« ausspricht, berührt die Zungenspitze den Gaumen und versetzt das Gehirn in Schwingungen. Somit werden Herz, Luftröhre und Gehirn gekräftigt, wenn man die Silben der ersten fünf Mantras ausspricht.

Hinweis: Beim Rezitieren der Bija-Mantras atmet man tief durch die Nase ein, öffnet dann den Mund für das »H« und schließt ihn für das »M«. Vergessen Sie nicht, daß alle Laute *lang* ausgesprochen werden müssen.

Aussprache der Laute

- Om: Dieses Mantra, das allen sechs Bija-Mantras vorausgeht, wird o-o-o-m-m-m ausgesprochen und reimt sich auf »home« (Heim). Öffnen Sie für das o-o-o den Mund, und schließen Sie ihn für das m-m-m.

- Hram: Dieses Mantra wird wie H-r-a-a-a-m-m-m ausgesprochen und reimt sich auf »calm« (ruhig). Das langgezogene »a« in Hram stärkt den Brustkorb, reinigt den Verdauungskanal und säubert und stimuliert den oberen Teil der Lunge. Somit kann dieses Mantra helfen, Asthma und Bronchitis zu heilen.

- Hrim: Dieses Mantra wird wie H-r-i-i-m ausgesprochen und reimt sich auf »seem« (scheinen). Hrim stimuliert die Funktionen von Kehle, Gaumen und Nase und des oberen Teils des Herzens. Außerdem befreit er die Atemwege und den Verdauungstrakt von Schleim.

- Hrum: Dieses Mantra wird wie H-r-u-u-m ausgesprochen und reimt sich auf »room« (Zimmer). Es stimuliert Leber, Milz, Magen und Darm und verringert den Bauchumfang. Es ist besonders wichtig für Frauen, die unter chronischen Unterleibserkrankungen leiden.
- Hraim: Dieses Mantra wird wie H-r-e-i-m ausgesprochen und reimt sich auf »time« (Zeit). Es regt die Nierenfunktion an und wirkt harntreibend.
- Hraum: Dieses Mantra wird wie H-r-a-u-m ausgesprochen. Es normalisiert die Funktionen von Mastdarm und After.
- Hrah: Dieses Mantra wird wie H-u-r-r-a-h ausgesprochen und versetzt Brust und Kehle in Schwingungen.

Zusammenfassung

Klang	Reimt sich auf	Zugeordnete Körper-bereiche/Heilwirkung
Om	»home« (Heim)	Wirbelsäule/allgemeine Vitalisierung
Hram	»calm« (ruhig)	Lunge/Asthma und Bronchitis
Hrim	»seem« (scheinen)	Kehle, Gaumen, Nase, oberer Teil des Herzens/Reinigung von Atemwegen und Verdauungstrakt
Hrum	»room« (Zimmer)	Leber, Milz, Magen und Darm
Hraim	»time« (Zeit)	Nieren
Hraum	das »AK« wird wie das »ou« in »round« (rund) ausgesprochen	Mastdarm und After
Hrah	wird wie »hurrah« ausgesprochen	versetzt Brust und Kehle in Schwingungen

Es gibt keine feste Regel dafür, wie oft man diese Mantras rezitieren sollte. Sie sollten sie jedoch – immer mit Om beginnend – mindestens zehnmal wiederholen. Als Faustregel gilt: Je öfter man sie rezitiert, desto besser.

Lebenshilfe